KB175483

베들레헴을 향해 웅크리다

베들레헴을 향해 웅크리다

조앤 디디온 지음 | 김선형 옮김

2021년 4월 8일 초판 1쇄 발행
2023년 11월 15일 초판 3쇄 발행

펴낸이 한철희 | 펴낸곳 돌베개 | 등록 1979년 8월 25일 제406-2003-000018호
주소 (10881) 경기도 파주시 회동길 77-20 (문발동)
전화 (031) 955-5020 | 팩스 (031) 955-5050
홈페이지 www.dolbegae.co.kr | 전자우편 book@dolbegae.co.kr
블로그 blog.naver.com/imdol79 | 페이스북 /dolbegae | 트위터 @Dolbegae79

주간 송승호 | 편집 김혜영
표지디자인 민진기 | 본문디자인 이은정·이연경
마케팅 심찬식·고운성·한광재 | 제작·관리 윤국중·이수민·한누리
인쇄·제본 한영문화사

ISBN 979-11-91438-00-0 (03300)

책값은 뒤표지에 있습니다.

베들레헴을 향해 웅크리다
Slouching Towards Bethlehem

조앤 디디온 지음

김선형 옮김

돌베개

퀸타나를 위하여

넓어지는 회오리 속에서 돌고 돌고
매는 매잡이의 소리를 듣지 못한다.
산산이 해체된다. 중심이 버티지 못한다.
그저 무정부 상태가 세상에 풀려 퍼지고
피로 흐려진 조수가 풀리고 사방에서
무구함을 받드는 의식이 물에 잠겨 가라앉는다.
가장 훌륭한 이들은 모든 신념을 잃고, 가장 저열한 자들은
치열한 열정으로 충만하다.

틀림없이 뭔가 계시가 임박해 있다.
틀림없이 재림이 코앞으로 다가왔다.
재림! 그 단어를 내뱉자마자
'세계정신'에서 광막한 이미지가 나와
내 시야를 괴롭힌다. 어딘가 사막의 모래 속에서
사자의 몸에 인간의 머리가 붙은 형상이,
태양처럼 무표정하고 무자비한 시선이
느릿한 허벅지를 움직이고, 그 주위로 온통
성난 사막 새들의 그림자가 비틀거린다.
어둠이 다시 툭 떨어진다. 그러나 이제 나는 안다
이십 세기에 걸친 돌 같은 잠이
흔들리는 요람에 동요해 악몽으로 변했다는 걸.
그리고 이제 어떤 거친 짐승들이, 마침내 도래한 그들의 시간을 맞아,
태어나 베들레헴을 덮치려 웅크리고 있는가?

— W. B. 예이츠

나는 부처, 예수, 링컨, 아인슈타인, 그리고 케리 그랜트에게서
용기를 배웠다.

— 미스 페기 리

일러두기

1. 이 책은 조앤 디디온Joan Didion의 *Slouching Towards Bethlehem*(1968)을 완역한 것이다.
2. 외국 인명, 지명, 작품명 및 독음은 외래어 표기법을 따르되 관용적인 표기와 동떨어진 경우에는 절충하여 실용적 표기를 따랐다. 단, "존 바에즈"Joan Baez는 관용적인 표기 대신 저자와 이름이 같다는 점을 강조해 "조앤 바에즈"로 옮겼다.
3. 원서에서 이탤릭체로 강조한 부분은 고딕체로 표시했다.
4. 원서의 부연과 옮긴이 주는 모두 소괄호로 처리했고, 옮긴이 주에는 "─옮긴이"를 덧붙였다.
5. 책 제목은 겹낫표(『 』)로, 편명은 낫표(「 」)로, 신문과 잡지 등의 매체명은 겹꺾쇠(《 》)로, 영화명, 미술작품명, 텔레비전 프로그램명, 곡명은 홑꺾쇠(〈 〉)로 묶었다.

이 책의 제목이 "베들레헴을 향해 웅크리다"인 이유는, 앞에 실은 예이츠의 시가 외과수술로 이식한 것처럼 몇 년째 내 귓속에서 웅웅 울리고 있기 때문이다. 넓어지는 회오리, 매 잡이의 소리를 듣지 않는 매, 태양처럼 무표정하고 무자비한 시선. 이 시 구절들이 내 준거점이었고 오로지 이 이미지들에 대비할 때에만 내가 듣고 보고 사유하는 것들이 패턴으로 정렬되는 느낌이었다. "베들레헴을 향해 웅크리다"는 이 책에 실린 글 제목이기도 하다. 샌프란시스코 헤이트 애시베리 지구에서 시간을 보내며 써 내려간 기사는, 모든 글을 통틀어 내게 가장 절박하게 중요했고 또 인쇄된 후 유일하게 나를 실의에 빠뜨렸다. 그때 나는 처음으로 원자화의 증거, 만물이 해체되는 물증을 정면으로 직접 다루었다. 샌프란시스코로 갔던 이유는 몇 달째 일이 손에 잡히지 않아서였다. 글쓰기가 무의미한 행위고 내가 아는 세계는 이제 존재하지 않는다는 확신에 사로잡혀 아무것도 할 수가 없었다. 다시

일하려면 반드시 무질서와 화해해야 했다. 그래서 내게는 그 글이 중요했다. 그런데 잡지에 기사가 실린 후, 정면으로 직접 말했다 생각했는데도 글을 읽고 심지어 좋아한다는 수많은 이에게 의미를 전달하지 못했음을 깨달았다. 이마에 만다라를 그리고 다니는 소수의 아이들을 넘어선 보편적인 이야기임을 암시하는 데 실패했다. 디스크자키들이 우리 집에 전화를 걸어 (방송에서) 헤이트 애시베리의 '쓰레기' 문제를 논하고 싶어했고, 지인들은 내게 "이제 유행이 다 죽어서 끝장, 완전 끝장이 났는데" 기사를 "딱 시간 맞춰" 완성했다면서 축하 인사를 건넸다. 글을 쓰는 사람이라면 자기 말을 들어주는 독자가 없다는 의혹에 시달리는 시간이 있겠지만, 그때는 (아마 그 글이 내게 중요했기 때문에) 이토록 하나같이 요점을 빗나가는 피드백을 받아본 적도 처음이라는 느낌이었다.

여기 실린 모든 글은 1965년, 1966년, 1967년에 걸쳐 잡지에 기고했고, 질문을 받기 전에 미리 대답하자면 대부분 '내 아이디어'였다. 캐멀 밸리에 가서 조앤 바에즈의 학교를 취재해달라고, 하와이에 가라고, 존 웨인에 대해 글을 써달라고 요청받았던 것 같다. 《아메리칸 스칼러》가 '도덕성'에 대한 짧은 글을 써달라고 했고, '자존감'에 대한 글은 《보그》의 청탁이었다. 스무 편의 글 중 열세 편은 《새터데이 이브닝 포스트(이하 '포스트')》에 게재되었다. 어떻게 양심을 걸고 《포스트》에 기고할 수 있느냐고 묻는(따지는) 편지를 토론토 같은 곳에서 종종 받는다. 대답은 아주 간단하다. 《포스트》는 글 쓰는 사람의 바람을 몹시 너그럽게 수용하고 일을 제대로 할 수 있도록 수당을 충분히 주고 원고를 바꾸지 않는다는 원칙을 몹시 까다롭게 지킨다. 간혹 《포스트》에 싣는 기사에서 미묘한 어조가 사라질 때가 있긴 해도 기자로서의 양심이 훼손되었다고 생각지는 않는다. 물론 이 책에 실린 글이 모두 주제 면에서 보편적 붕괴와 만물의 해체를 다루는 건 아니다. 그런 건 거창하고 주제넘은 개념이며 이 책에는 사소하고 개인적인 글도 많다. 다만 나는 카메라의 눈도 아니고 내게 흥미롭지 않은 글을 쓰는 데 취미도 없어서 내가 쓰는 글은 무조건, 간혹 불필요하리만큼, 내가 느끼는 바를 반영한다.

이 글들에 대해 무슨 얘기를 더 할 수 있을지 잘 모르겠다. 다른 것보다 더 쓰기 좋았던 기사가 있긴 하지만 모든 글이 쓰기 어려웠고 아마도 글의 가치에 비해 너무 오랜 시간을 쏟았을 거라는 말은 할 수 있다. 잘못된 서두가 적힌 종이들로 말 그대로 도배된 방에 앉아서 한 단어 다음에 다음 단어를 이어 쓰기가 어찌나 어려웠는지, 혹시 나도 모르게 경증의 뇌출혈을 앓았고 겉보기에는 멀쩡하지만 실제로는 실어증에 걸린 게 아닐까 상상하며 글을 썼을 때는 그럴 만한 이유가 있다. 사실, 살면서 「베들레헴을 향해 웅크리다」를 쓸 때만큼 아파본 적이 없다. 통증에 밤잠을 설쳤고, 하루에 20시간에서 21시간 동안 통증을 둔하게 하려고 뜨거운 물에 진을 타서 마시고, 진의 숙취를 둔하게 하려고 덱세드린을 먹으며 썼다. (내가 그렇게까지 끈질기게 일한 게 대단한 프로페셔널리즘이라든가, 마감을 맞추기 위해서라고 믿어주면 좋겠지만, 그건 전적으로 사실이 아니다. 실제로 마감이 있긴 했지만 내게 괴로운 시기이기도 했고 통증을 진이 덜어주었듯이 괴로움은 일이 덜어주었다.) 또 할 말이 뭐가 있을까? 나는 다른 사람을 인터뷰하는 데 소질이 없다. 타인의 홍보 담당자와 얘기해야 하는 상황을 피한다. (그래서 대다수 배우들에 대한 글 청탁이 미리 걸러지는데, 그것만도 보너스다.) 전화를 거는 것도 좋아하지 않고 아침에 어딘가의 베스트웨스턴 모텔 침대에 앉아서 검사보에게 어떻게든 연락을 해보려 애쓰던 나날을 헤아리고 싶지도 않다. 기자로서 내 유일한 이점은 체구가 너무 작고 기질적으로 눈에 잘 띄지 않고 신경이 너무 약해 말도 잘하지 못하기 때문에 상대가 내 존재를 잊고 자신의 이득에 반하는 행동을 하기 쉽다는 것뿐이다. 그것이 기억해야 할 마지막 한 가지다. 글 쓰는 사람들은 언제나 누군가를 팔아넘기고 있다는 것.

차례

II
개인적인
글들

III
마음의
일곱 장소

I

황금의 땅
라이프스타일

황금빛 꿈을 꾸는 사람들

어느 살인에 대하여

이 이야기는 황금의 땅에서의 사랑과 죽음에 대한 것으로, 그 대지로부터 시작한다. 샌버너디노 밸리는 로스앤젤레스에서 샌버너디노 고속도로를 타면 한 시간 만에 갈 수 있지만 어떤 면에서 몹시 생경한 장소다. 그곳은 아열대의 황혼이 내리고 태평양에서 온화한 서풍이 부는 캘리포니아의 해안지대가 아니다. 산맥 너머 모하비 사막의 유령에 시달리고 시속 100마일(160km)로 산을 타고 내려와 유칼립투스 방풍림에서 신경을 긁으며 울부짖는, 뜨거운 샌타애나 바람이 부는 더 혹독한 캘리포니아다. 10월은 바람이 좋지 못한 달이라서 숨쉬기가 힘들고 언덕이 삽시간에 뜨겁게 달아오른다. 4월 이후로 비가 내리지 않았다. 목소리가 모두 비명으로 들린다. 바람 부는 곳 어디나, 자살과 이혼과 따끔따끔한 두려움이 성행하는 계절이다.

모르몬교도들은 이 불길한 땅에 정착했다가 결국 저버리고 떠났지만, 그들이 떠날 무렵에는 이미 첫 번째 오렌지나무가 심어졌고 그 후로 백 년 동안 샌버너디노 밸리는 영험한 과실수에 둘러싸여 메마른 공기를 마시고도 얼마든지 잘 살 수 있다고 믿는 사람들을 끌어들였다. 그 사람들은 중서부풍 건물과 요리법과 기도를 가지고 와서 이 땅에 접붙이하려 들었다. 접붙이는 희한한 방식으로 이루어졌다. 여기는 아티초크를 먹지 않고 천주교인이나 유대인을 한 명도 만나지 않아도 살 수 있는 캘리포니아다. '매일 전화 기도문 서비스'에는 쉽게 접속할 수 있지만 책을 한 권 사기는 어려운 캘리포니아다. 여기는 창세기의 직설적 해석에 대한 믿음이 영화 〈이중배상〉의 직설적 해석에 대한 믿음으로 슬그머니 녹아드는 땅이다. 인생이 내미는 약속이 고작 왈츠 한 곡을 위해 하얀 웨딩드레스를 입었다가 킴벌리나 셰리나 데비라는 이름의 아기를 낳고 멕시코 티후아나에서 이혼한 후 미용학교로 복학하는 것으로 종결되는, 거꾸로 빗어 한껏 부풀린 머리와 카프리 바지를 입은 소녀들의 땅이다. "우린 그냥 정신 나간 철부지들이었지." 소녀들은 후회하는 내색도 없이 말하고 미래를 바라본다. 황금의 땅에서 미래는 항상 좋아 보인다. 아무도 과거를 기억하지 않는다. 여기는 뜨거운 바람이 불고 과거의 방식은 무의미해 보이며 이혼율은 전국 평균의 두 배고 서른여덟 명 중 한 사람은 트레일러에 사는 곳이다. 여기는 어딘가 다른 곳에서 온 사람들의 종착지다. 추위와 과거와 구식의 삶으로부터 멀리 표류해온 이들. 그런 사람들은 여기서 새로운 라이프스타일을 찾으려 한다. 유일하게 그들이 볼 줄 아는 매체인 영화와 신문을 들여다보면서. 그리고 루실 마리 맥스웰 밀러 사건은 이 새로운 라이프스타일에 바치는 타블로이드의 기념비다.

바니안 스트리트를 먼저 떠올려보자. 이곳에서 사건이 일어났기 때문이다. 바니안으로 가려면 샌버너디노에서 66번 국도를 타고 서쪽으로 달리다가 풋힐 불러바드로 나가면 된다. 샌타페이 조차장(객차와 화차를 열차로 편성하거나 분해하는 목적으로 설치된 정차장.─옮긴이)을 지나면 포티 윙크스 모텔이 나온다. 스투코 외장의 인디언 천막 열아홉 개가 늘어선 모텔을 지나친다. "인디언 원형천막 위그웸에서의 숙박─이왕이면 같은 왐펌(인디언이 화폐 대신 활용한 조가비 구슬.─옮긴이)에 더 좋은 숙소를!" 폰타나 드랙 시티와 폰타나 나사렛교회와 피트 스톱 어 고고 레스토랑을 지나고 카이저 철강을 지나 쿠카몽가를 가로질러 카푸카이 레스토랑-바 겸 커피숍으로 나가서 66번 국도와 카닐리언 애비뉴의 교차점으로 간다. '금지된 바다'라는 뜻인 카푸카이에서 카닐리언 애비뉴를 타고 올라간다. 분양 공고가 적힌 현수막이 가혹한 바람을 받아 세차게 펄럭인다. "반¼ 에이커의 목장! 스낵바 구비! 대리석 장식 현관! 95달러 인하!" 그 도로는 도중에 꺾인 계획들의 자취이며 새로운 캘리포니아에서 떠내려온 부유물의 흔적이다. 카닐리언 애비뉴의 표지판들이 띄엄띄엄 사라지고 어느덧 집들도 스프링타임 택지 소유주들의 밝은 파스텔색 주택 대신 포도 몇 송이를 기르고 닭 몇 마리를 방목하는 칙칙한 방갈로로 바뀌면 언덕은 가팔라지고 오르막에서 방갈로도 거의 없어진다. 바로 여기가—인적 없고 지형도 험난하고 유칼립투스와 레몬 덤불이 우거진 이곳이—바니안 스트리트다.

이 땅이 대체로 그렇듯, 바니안 스트리트에도 괴팍하고 부자연스러운 구석이 있다. 3, 4피트(1m) 높이의 옹벽을 따라 우거진 레몬 숲은 푹 꺼져 있어, 눈을 들면 지나치게 푸르르고 불안하리만큼 번들거리는 악몽 같은 녹음을 똑바로 대면하게 된다. 쓰러진 유칼립투스 나무의 껍질에는 먼지가 잔뜩 쌓여 뱀들이 꼬여 산란하기 딱 좋은 자리를 만든다. 돌도 자연석이 아니라 사람들이 잘 모르는 대변동으로 무너진 잔해처럼 쌓여 있다. 서리 피해를 막는 훈증기며 폐쇄된 물탱크도 있다. 바니안 한편에는 평탄한 계곡이 있고 반대편으로는 샌버너디노 산맥이, 지나치게 높이, 지나치게 빨리, 9천 피트, 1만 피트, 1만 1천 피트 해발고도로, 레몬 숲 바로 위로, 시커먼 위용을 드러내며 솟아오른다. 바니안 스트리트의 자정에 빛은 없고, 유칼립투스를 스치는 바람 소리와 아득하게 멀리서 개 짖는 소리만 들린다. 어딘가 개집이 있을 수도 있고, 개가 아니라 코요테일 수도 있다.

바니안 스트리트는 1964년 10월 7일 밤에 24시간 문을 여는 메이페어 마켓에서 집으로 돌아가는 길에 루실 밀러가 탔던 도로다. 달이 어둡고 바람이 불던 밤, 루실 밀러의 집에 우유가 떨어졌다. 바니안 스트리트는 대략 오전 12시 30분에 루실 밀러의 1964년형 폭스바겐이 갑자기 멈춰 불이 붙더니 활활 타기 시작한 곳이기도 하다. 루실 밀러는 한 시간 십오 분 동안 바니안 스트리트 양방향으로 뛰어다니며 도움을 청했지만 차 한 대 지나가지 않았고 도와줄 사람도 없었다. 그날 새벽 3시, 불이 꺼지고 캘리포니아 고속도로 순찰대가 보고서를 마무리하던 그 시각에도 루실 밀러는 여전히 흐느껴 울며 앞뒤가 안 맞는 말을 지껄이고 있었다. 남편은 불탄 폭스바겐 안에 있었다. "애들한테 뭐라고 해? 다 타버렸어. 관에 넣을 유해도 안 남았어." 루실 밀러는 위로하려고 전화한 친구에게 울먹이며 말했다. "다 타버리고 없다는 말을 애들한테 어떻게 해?"

하지만 무언가 남은 게 있긴 했다. 타고 남은 유해는 일주일 후 드레이퍼 추모 예배당에서 뚜껑을 덮고 분홍색 카네이션으로 장식한 황동 관에 안치되었다. 2백여 명의 조문객이 온타리오주 제7일 안식일 예수 재림교회(이하 '재림교회') 장로 로버트 E. 덴턴의 추도사를 들었다. "우리 가운데 분노가 폭발해 터져 나왔습니다." 덴턴 장로는 이제 고든 밀러에게는 "죽음도 없고, 가슴앓이도 없고, 오해도 없을 것이라"고 말했다. 앤설 브리스틀 장로는 그 시각의 "특별한" 비탄을 언급했다. 프레드 젠슨 장로는 "온 세상을 얻은들 영혼을 잃는다면 사람이 무슨 덕을 보겠는가?"라고 물었다. 가벼운 비가 내렸다. 메마른 계절에 축복이었다. 한 여가수가 "예수님의 품에서 안전하도다"를 찬송했다. 예배는 테이프로 녹취해 고인의 부인에게 전달했다. 그녀는 샌버너디노 카운티 교도소에 일급 살인죄로 보석 없이 수감되어 있었다.

당연히 루실 밀러는 외지인이며 영화에서 보고 라디오에서 들은 무언가를 찾아 여기로 왔다. 이것은 남부 캘리포니아의 이야기이기 때문이다. 루실 밀러는 1930년 1월 17일에 매니토바 위니펙에서 고든과 릴리 맥스웰 부부의 외동딸로 태어났다. 부부 모두 교육자였고 재림교회의 독실한 교인이었다. 재림교회는 토요일에 안식일을 지키고 종말과 예수 재림을 믿으며 전도에 힘을 쏟는 경향이 있다. 엄격하게 교리를 적용하면 담배도 피우지 않고 술도 마시지 않고 고기를 먹지 않고, 화장을 하거나 보석 장신구를 걸치지 않아서 심지어 결혼반지도 끼지 않는다. 당시 부모님이 교편을 잡고 있던 워싱턴주 칼리지 플레이스의 왈라왈라 칼리지에 등록했을 때 루실 맥스웰은 열여덟 살이었고 평범한 미모와 비범한 기상의 소유자였다. "루실은 넓은 세상을 보고 싶어했습니다." 루실의 아버지 맥스웰 씨는 훗날 회상했다. "결국 그 세상을 찾았던 것 같아요."

높은 기상은 왈라왈라 칼리지의 교육과정에는 쓸모가 없었던 모양으로, 1949년 봄 루실 맥스웰은 왈라왈라 칼리지와 오리건 치과대학을 졸업하고 군의관으로 포트 루이스에 임관해 있던 스물네 살의 고든('코르크') 밀러를 만나 결혼하게 된다. "첫눈에 반한 사랑이라고 말할 수도 있겠지요." 맥스웰 씨는 회상한다. "공식적으로 소개를 받기 전부터 고든은 루실에게 장미 수십 송이를 보냈고, 동봉한 카드에 자기와 데이트를 하지 않더라도 꽃은 예쁘다고 생각하면 좋겠다고 썼어요." 맥스웰 부부는 딸이 "환하게 빛나는" 신부였다고 기억한다.

불행한 결혼들의 모습은 너무나도 닮았기에 우리는 이 결혼이 파국에 이르는 과정을 파고들어 굳이 많은 걸 알려 할 필요가 없다. 코르크가 군 복무를 마칠 때까지 루실 밀러와 함께 살았던 괌에서 불화가 있었을 수도 있고 없었을 수도 있다. 처음 소규모로 치과를 개원했던 오리건의 소도시에서 문제가 생겼을 수도 있고 아닐 수도 있다. 두 사람은 캘리포니아로 이주할 때 상당한 실망감을 느꼈던 것으로 보인다. 코르크 밀러가 친구들에게 속마음을 털어놓은 적이 있다. 의사가 되고 싶었는데 치과의사로 살면서 불행했다고. 샌버너디노에서 몇 마일 남쪽 로마린다에 소재한 재림교회 의과대학에 진학할 생각이 있었다고. 그러나 그러지 않고 샌버너디노 카운티 서쪽 끝에 있는 치과의원을 샀고 가족도 정착했다. 소박한 주택이 자리한 거리에는 삼륜 오토바이의 왕래가 끊이지 않았고 리볼빙 신용대출과 더 큰 집, 더 좋은 거리에 대한 꿈들이 상주했다. 그게 1957년의 일이다. 1964년 여름 밀러 가족은 더 좋은 거리에 있는 더 큰 집으로 이사했고 승승장구하는 가족의 낯익은 구색을 갖추었다. 연봉 3만 달러, 크리스마스카드에 잘 어울리는 세 아이, 전망창, 가족실, "온타리오 심장 기금 의장 고든 밀러 부인"으로 신문에 실린 기사 사진들. 그들은 낯익은 대가를 치렀다. 그리고 낯익은 이혼의 계절로 접어들었다.

아무라도 겪을 수 있는 지독한 여름, 아무라도 겪을 수 있는 무더위와 신경쇠약과 편두통과 돈 걱정의 총공세였지만, 이번 건은 특히나 일찍이, 특히나 고약하게 시작되었다. 4월 24일 오랜 친구 일레인 헤이턴이 갑자기 세상을 떠났다. 루실 밀러는 일레인이 사망하기 불과 하루 전날 그녀를 만났다. 5월에는 코르크 밀러가 출혈성 궤양으로 입원했고 안 그래도 내향적이던 성격이 우울증으로 치달았다. 코르크는 회계사에게 "쩍 벌린 입속을 쳐다보는 일에 진력이 난다"며

26

자살 의향을 내비쳤다. 7월 8일쯤이 되자 벨라비스타 8488번지에서는 흔하디흔한 사랑과 돈 문제가 흔하디흔한 교착 상태에 빠졌고, 루실 밀러는 이혼 신청을 했다. 그러나 밀러 부부는 한 달도 못 되어 화해한 것 같다. 그들은 결혼 상담사를 만났다. 넷째 아이를 갖는 이야기도 했다. 결혼 생활은 건통 적인 휴진에 들이긴 깃으로 보였다. 부부가 체념하고 상실과 희망을 상각하는 지점에 다다른 것 같았다.

그러나 밀러 부부에게 고난의 계절은 그리 쉽게 끝나지 않았다. 10월 7일은 하나도 다를 바 없는 하루로 시작되었다. 따분함과 소소한 좌절감에 이를 악무는 그저 그런 하루로. 그날 오후 샌버너디노의 기온은 섭씨 39도에 달했고, 밀러 가의 자녀들은 교사 연수 때문에 학교에 가지 않고 집에 있었다. 맡겨야 할 다림질거리도 있었다. 처방받은 넴부탈을 받으러 가고 셀프서비스 드라이클리닝 가게에도 들러야 했다. 초저녁에는 폭스바겐과 연관된 불쾌한 사고가 있었다. 코르크 밀러는 저먼 셰퍼드 한 마리를 치어 죽이고 나서, 머리에 "대형 트럭을 한 대 얹고 다니는 느낌"이라고 호소했다. 원래 그런 말을 자주 했었다. 그날 저녁 기준으로 코르크 밀러의 부채는 63,479달러에 달했는데, 그중에는 새로 산 집의 담보대출 29,637달러가 포함되어 있었다. 거액의 부채 규모에 코르크 밀러는 압박감을 느꼈다. 책임감을 불편하게 짊어지는 남자였던 그는 항시 두통을 호소했다.

그날 밤 코르크 밀러는 거실에서 티브이를 보며 혼자 식사를 했다. 그리고 밀러 부부는 티브이 영화 〈달리는 그들을 보라〉에 나오는 존 포사이스와 젠타 베르거를 보았고 11시쯤 영화가 끝나자 코르크 밀러가 핫초콜릿을 먹고 싶다면서 우유를 사러 나가자고 했다. 그리고 그는 소파에서 담요와 베개를 들고 나와서 폭스바겐 조수석에 올라탔다. 루실 밀러는 진입로로 후진하며 팔을 뻗어 조수석 문을 잠근 기억이 있다. 코르크 밀러는 메이페어 마켓에서 출발한 후 바니안 스트리트에 다다르기 오래전 이미 잠이 든 것으로 보인다.

화재가 발생한 시각인 오전 12시 30분부터 신고가 들어온 오전 1시 50분 사이에 벌어진 일에 대해서는 루실 밀러의 마음속에 상당한 혼돈이 있다. 루실 밀러는 시속 30마일(56km)쯤 되는 속도로 동쪽으로 바니안 스트리트를 달리던 도중 폭스바겐이 날카롭게 우측으로 이탈하는 느낌을 받았다고 말한다. 정신을 차리고 보니 차는 옹벽에 거의 닿다시피 둔덕에 걸려 있었고 뒷좌석에서는 불길이 치솟고 있었다. 뛰쳐나온 기억은 없다. 박힌 돌을 파내서 남편 쪽 유리창을 깬 후 옹벽을 짚고 비틀거리며 막대기를 찾으러 간 기억은 있다. "어떻게 그이를 밀어서 빼내야 할지 모르겠더라고요." 루실 밀러는 말한다. "막대기라도 있으면 꺼낼 수 있을 거라는 생각이 들었어요." 그러나 그럴 수가 없어서 바니안 스트리트와 카닐리언 애비뉴가 교차하는 지점까지 뛰어갔다. 교차로에는 집이 없었고 통행량도 거의 없었다. 차 한 대가 멈추지 않고 지나치자 루실 밀러는 바니안 스트리트를 따라 불타는 폭스바겐 쪽으로 다시 달려갔다. 멈추지는 않았지만 달리는 속도를 늦춰서 불길에 휩싸인 남편을 볼 수 있었다. "그냥 새카맸어요." 그녀는 말했다.

폭스바겐에서 반 마일(800m) 떨어신 곳에서 사파이어 애비뉴로 돌아든 루실 밀러는 첫 번째 집에서 마침내 도움의 손길을 찾았다. 로버트 스웬슨 부인은 경찰을 불렀고 루실 밀러의 요청에 따라 밀러 부부의 담당 변호사이자 절친한 친구인 해럴드 랜스에게 전화를 걸었다. 해럴드 랜스는 루실 밀러를 자택으로 데려가 아내인 조앤에게 맡겼다. 해럴드 랜스와 루실 밀러는 바니안 스트리트로 두 번 돌아가 고속도로 순찰대 경관들과 이야기를 나누었다. 세 번째에는 해럴드 랜스 혼자 현장을 다시 찾았고, 그는 집에 와서 루실 밀러에게 말했다. "그래요. …이제부터는 아무 말도 하지 말아요."

다음 날 체포될 때 루실 밀러는 샌디 슬레이글과 함께 있었다. 샌디 슬레이글은 밀러 부부의 아이들을 돌봐주던 베이비시터로, 열렬하고 꿋꿋하게 의리를 지킨 의대생이다. 샌디 슬레이글은 1959년 고등학교 졸업 이후 내내 밀러 가족과 함께 살았다. 밀러 부부 덕에 어려운 가정환경에서 빠져나온 샌디 슬레이글은 루실 밀러를 "어머니나 언니 같은 사람"일 뿐 아니라 자기가 만나본 사람 중 "가장 멋진 캐릭터"라고 생각하고 있다. 사고 당일 밤, 샌디 슬레이글은 로마린다 대학교 기숙사에 있었지만 루실 밀러가 이른 새벽에 전화해 집에 와달라고 부탁했다. 샌디 슬레이글이 와 보니 의사가 집에서 루실 밀러에게 넴부탈 주사를 놓고 있었다. "아줌마는 약효에 잠이 드는 순간에도 울고 계셨어요." 샌디 슬레이글은 회상한다. "거듭 말하고 또 말했어요. '샌디, 그이를 살리려고 몇 시간이나 그렇게 애썼는데, 대체 나한테 다들 어쩌려고 이러는 걸까?'라고요."

그날 오후 1시 30분, 중앙강력계 윌리엄 패터슨 경사와 찰스 캘러핸과 조지프 카 형사가 벨라비스타 8488번지에 도착했다. "방문 앞에 경찰 한 사람이 나타났어요." 샌디 슬레이글은 기억한다. "그러더니 아줌마한테 '옷 입을 시간 십 분 주겠습니다. 그때는 그 상태 그대로 가는 겁니다'라고 말하더군요. 나이트가운밖에 안 입고 있어서, 내가 옷을 입혀줬어요."

샌디 슬레이글은 이제 이야기에 인이 박힌 듯 말투가 기계적이고 눈빛에 흔들림도 없다. "그래서 팬티와 브래지어를 입혀줬는데 그 사람들이 다시 문을 열어서 카프리 바지를 주워다 입혔어요. 있잖아요, 그 스카프하고." 샌디 슬레이글의 어조가 푹 가라앉는다. "그러더니 그냥 데려가버렸어요."

체포는 바니안 스트리트에 사고가 났다는 첫 신고가 들

어가고 불과 열두 시간 후 진행되었고, 이 속도는 나중에 루실 밀러의 변호인이 사건 전체가 무모한 체포를 정당화하기 위한 목적으로 구성되었다고 주장하는 근거가 된다. 사실 그날 새벽 처음 바니안 스트리트에 달려온 형사들이 그 사고에 평소와 달리 주의를 기울이게 된 계기는 몇 가지 명백한 실제적 모순들 때문이었다. 루실 밀러는 차선을 이탈해 급정차했을 때 시속 35마일로 달리고 있었다고 말했으나 식어가는 폭스바겐을 조사한 결과 기어가 낮은 단에 들어가 있었고 주행등이 아니라 주차등이 켜져 있었다. 게다가 앞바퀴는 루실 밀러의 사고 설명과 정확히 들어맞지 않는 위치에 있었고 오른쪽 뒷바퀴는 공회전한 듯 땅이 패어 있었다. 시속 35마일에서 급정차한 상황에서 뒷좌석의 가솔린 통이 쓰러질 정도로 충격이 심했는데도, 뒷좌석 바닥에 있던 우유갑 두 개는 넘어지지 않았거니와 폴라로이드 카메라 상자의 잔해도 뒷좌석에 똑바로 서 있었던 것으로 보였다.

그러나 공포에 질린 한순간에 무슨 일이 일어나고 무슨 일이 일어나지 않았는지 말해줄 사람은 아무도 없었고, 이런 모순들은 그 자체로 범죄 의도를 구성하는 반박 불가능한 증거가 될 수 없었다. 그러나 지방경찰서는 관심을 가졌다. 더욱이 사고 당시 고든 밀러는 확실히 의식이 없었고, 루실 밀러가 도움을 요청하는 데까지는 시간이 너무 오래 걸렸다. 게다가 세 번째로 현장에 돌아와 수사가 종결될 기미가 없음을 알게 된 해럴드 랜스의 태도에도 어쩐지 수상쩍은 구석이 있었다. "랜스의 행동거지가 정곡을 찔린 사람 같더랍니다." 검사는 나중에 이렇게 말했다.

그리하여 10월 8일 새벽, 의사가 루실 밀러에게 진정제 주사를 놓으러 왔을 당시 샌버너디노 카운티 지방경찰서에서는 12시 30분에서 1시 50분 사이의 사건 경위를 달리 구성하려 노력하고 있었다. 경찰 측에서 결국 제시하게 될 가설은 루실 밀러가 원래 세웠던 계획이 실패했다는 다소 심란한 전제에 기반하고 있었다. 인적 없는 도로에 차를 세우고 약에 취해 의식을 잃은 남편의 몸에 가솔린을 뿌린 후 액셀러레이터를 막대기로 눌러 "부드럽게" 폭스바겐을 둔덕 너머로 밀기만 하면 차가 자동으로 4피트(1m)를 굴러 내려가 레몬 숲에 처박힐 것이고, 거의 틀림없이 폭발할 터였다. 이런 일이 발생하면 루실 밀러는 어떻게든 카닐리언 스트리트로 2마일(3km) 거리를 가서, 사고가 발견될 무렵이면 이미 집에 가 있을 수 있다. 경찰의 가설에 따르면 이 계획은 자동차가 둔덕을 넘지 못했을 때 틀어졌다. 루실 밀러는 겁에 질려 이성을 잃었을 테고—이를테면 서너 번 엔진을 꺼뜨리고 가솔린을 이미 뿌린 상태로 어두운 도로에 서 있는데 개들이 울부짖고 바람이 휘몰아치고 전조등 한 쌍이 갑자기 바니안 스트리트를 밝혀 그곳에 서 있는 그녀의 모습을 훤히 노출할지 모른다는 차마 말할 수 없는 두려움에 휩싸였다고 생각해보자—직접 불을 질렀을지도 모른다.

　이런 가설이 일부 실체적 증거를 해명할 수 있다고 해도—정지 상태에서 시동을 걸었기 때문에 기어가 저단에 들어가 있었고, 해야 할 일을 하려면 불빛이 필요했기 때문에 주차등을 켜두었으며, 차를 둔덕 너머로 넘기려고 거듭 시도했기 때문에 뒷바퀴가 공회전했고, 급정거는 없었기 때문에 우유갑은 똑바로 서 있었다—그 자체로는 루실 밀러의 진술만큼이나 신빙성 없게 느껴진다. 더욱이 실체적 증거 일부는 오히려 루실 밀러의 진술을 뒷받침하는 것으로 보였다. 앞바퀴 타이어에 못이 하나 박혀 있고 차에서 4킬로그램가량 무게의 돌덩어리가 발견되었는데, 남편을 구하려고 차창을 깨뜨린 돌로 추정된다. 며칠 내로 이루어진 부검은 고든 밀러가 산 채로 불에 탔다는 사실을 확인했고 이 역시 검찰 측의 주장에 특별히 도움이 되지는 않았다. 혈중에서는 평범한 사람을 잠재울 만한 용량의 넴부탈과 산돕탈이 검출되었으며, 고든 밀러는 실제로 잠들어 있었다. 한편 고든 밀러는 상습적으로 넴부탈과 피오리널(평범한 두통 처방약으로 산돕탈을 포함하고 있다)을 복용했고 지병도 있었다.

　앞뒤가 맞지 않는 건이었고 기소를 성립시키려면 반드시 동기를 찾아야 했다. 부부가 불행했다는 얘기도 있었고, 다른 남자 이야기도 돌았다. 검찰은 향후 몇 주에 걸쳐 이런 유의 동기를 구성할 작정이었다. 그래서 회계사 원장과 보험의 이중배상 계약 조항, 모텔 투숙 기록을 찾으며 중산층의 모든 약속을 믿었던 여자를 움직일 만한 동기를 규정할 작정으로 나섰다. 심장 기금의 회장이며 믿을 만한 의상실 하나쯤은 항상 알고 있고 프레리 지역의 종교적 근본주의라는 황량한 배경을 등지고 상상 속의 좋은 삶을 찾아 나선 여자―무엇이 그런 여자로 하여금 벨라비스타라는 이름을 가진 거리에 앉아 새 전망창 너머 공허한 캘리포니아의 태양을 바라보며 남편을 폭스바겐에 태워 산 채로 불태워 죽이는 꿈을 꾸게 할 수 있을까. 검찰은 원했던 쐐기를 예상보다 훨씬 가까운 곳에서 찾아냈다. 재판 과정에서 증언을 통해 밝혀지겠지만 1963년 12월 루실 밀러는 친구 남편과 혼외 관계를 시작했던 것으로 보였다. 남자의 딸은 "루실 아줌마"라고 불렀으며, 남자는 코르크 밀러에게 두드러지게 결핍된 친화력과 돈과 멋진 삶을 갖고 있었다. 샌버너디노의 유명한 법조인으로서 한때 지방검찰청에 근무했던 아스웰 헤이턴이었다.

어찌 보면, 환하고 우아한 것도 적고 미래를 걸 곳도 마땅찮아 침대에서 찾기 일쑤인 샌버너디노 같은 장소에서는 관습적인 밀회였다. 루실 밀러의 살인 사건 재판이 진행되는 7주에 걸쳐, 돈 A. 터너 검사보와 변호인 에드워드 P. 폴리는 희한하게 예측 가능한 이야기를 풀어냈다. 허위로 기재된 모텔 투숙 기록들이 있었다. 점심시간의 데이트, 아스웰 헤이턴의 붉은 캐딜락 컨버터블을 타고 떠난 드라이브 여행들도 있었다. 억울한 배우자들에 대한 왈가왈부가 끝도 없이 이어졌다. 비밀을 아는 막역한 친구도 있고("나는 모든 걸 알아요." 샌디 슬레이글은 나중에 열을 올리며 주장했다. "모든 시간과 장소, 모든 걸 낱낱이 알고 있어요.") 삼류 잡지 기사에서 기억해낸 말들도 있었으며("나한테 키스하지 말아요. 그러면 걷잡을 수 없어질 테니까." 루실 밀러는 어느 날 점심을 먹고 폰타나의 해럴드 클럽 주차장에서 아스웰 헤이턴에게 그렇게 말했다고 기억했다), 쪽지로 달콤한 말들이 오가기도 했다. "안녕, 우리 예쁜 자기! 자기는 내 이상형이야! 생일 축하해. 누가 봐도 당신은 하루도 안 넘고 딱 스물아홉 같아!! 당신의 베이비, 아스웰."

끝으로 치달으며 악감정도 쌓였다. 1964년 4월 24일, 헤이턴의 아내 일레인이 갑자기 죽었고, 그 후로는 좋은 일이 하나도 없었다. 아스웰 헤이턴은 자신의 크루저 캡틴스 레이디를 몰고 그 주말에 카탈리나에 갔다. 금요일 밤 9시에 집에 전화를 걸었지만 루실 밀러가 전화를 받아 일레인은 샤워 중이라고 말했기 때문에 아내와 통화를 하지는 못했다. 다음 날 아침 헤이턴 부부의 딸이 침대에 누워 죽어 있는 어머니를 발견했다. 신문들은 그 죽음이 우발적 사고이며 아마도 헤어스프레이 알레르기 때문일 거라고 보도했다. 아스웰 헤이턴이 주말에 비행기를 타고 카탈리나에서 돌아왔을 때는 루실 밀러가 공항에 마중을 나왔지만 파국의 결말은 이미 쓰인 후였다.

이 정사情事가 관습적인 양태를 탈피해서 제임스 M. 케인의 소설들, 1930년대 후반의 영화들, 그러니까 중산층의 삶에 폭력과 협박과 공갈이 아무렇지 않게 난무하는 양 보이게 만드는 허망한 꿈들을 닮아가기 시작한 건 결별부터의 일이다. 이 사건에서 가장 놀랄 만한 사실은 캘리포니아 주 정부가 루실 밀러를 기소하려던 근거가 법률과 아무 상관이 없다는 점이다. 그보다는 석간신문의 8단 표제를 장식한 적은 없어도 항상 존재했던 어떤 것, 바로 허망한 꿈들이 꿈꾸는 자에게 삶을 살아가는 방식을 가르쳤다는 깨달음에 있었다. 여기 1964년 초여름, 목사님의 조언대로 이제 헤어지자는 애인의 말을 듣고 나서 루실 밀러가 한 말이 있다. "일단, 내가 자기의 그 소중한 목사님을 만나서 몇 가지 말씀을 드릴 거야. 그러고 나면 자기는 레드랜즈 교회 신도가 아니게 될 테고. 자, 봐봐, 평판이 엉망진창이 되면 당신 아마 사는 게 생지옥이 될걸." 여기 아스웰 헤이턴이 루실 밀러에게 한 말이 있다. "프랭크 블랜드 보안관을 찾아가서 당신 얘기를 좀 귀띔해줘야겠군. 아스웰 헤이턴이라는 이름을 들어보지도 못했던 때로 돌아가고 싶어지게 만들어주지." 재림교회 치과의사의 아내와 재림교회 상해 전문 변호사의 대화치고는 상당히 이상해 보인다.

"어차피 그 애송이는 뛰어봤자 내 손바닥 안이야." 루실 밀러는 나중에 아스웰 헤이턴의 사업 파트너이자 두 연인 모두의 친구였던 종합보수공사 사장 어윈 스프렝글에게 이렇게 말했다. (친구인지 아닌지 몰라도, 이 경우 어윈 스프렝글은 어쩌나 보니 자기 전화에 녹음선 코일을 무작해둔 덕분에 루실 밀러와의 통화를 녹취할 수 있었던 모양이다.) "게다가 그이는 나한테 불리한 증거를 하나도 입증 못 해. 아니, 나는 확실한 물증을 잡고 있지만, 그 사람한테는 구체적인 게 하나도 없단 말이야." 어윈 스프렝글과 나눈 같은 대화의 녹취에서 루실 밀러는 몇 달 전 아스웰 헤이턴의 차에서 몰래 녹음한 테이프를 언급한다.

"내가 그이한테 말했어. '아스웰, 아무래도 난 이용당하는 기분이야.' 그러니까 엄지를 빨면서 '사랑해. 어제 갑자기 생겨난 마음이 아니야. 할 수만 있다면 당장 내일이라도 당신과 결혼하고 싶어. 나는 일레인을 사랑하지 않아'라고 말했다고. 그 녹음을 재생해서 들려주면 참 좋아할 거야, 그치?"

"그래." 테이프에 녹음된 스프렝글의 목소리가 느릿하게 말했다. "그러면 그 친구 모양새가 좀 거시기하게 되겠네, 그렇지?"

"모양새가 **좀** 그렇게 되겠지." 루실 밀러가 동의했다. "하지만 실제로도 나쁜 놈이야."

테이프 후반부에 스프렝글은 코르크 밀러의 안부를 물었다.

"애들 데리고 교회에 갔어."

"당신은 안 가고?"

"응."

"못됐어."

게다가 이 모든 일이 '사랑'의 이름으로 행해졌다. 연루된 사람들 모두가 이 말의 효과를 마술처럼 신봉했다. 자신을 "사랑"하고 일레인을 "사랑하지 않는다"는 아스웰의 말에서 루실 밀러가 읽어낸 의미가 있었다. 나중에 재판에서 아스웰은 자기는 절대 그런 말을 한 적이 없으며 "별 의미 없이 귀에 달콤한 말을 속삭였을"지는 모르지만(루실 밀러의 변호인은 아스웰 헤이턴이 귓전에 달콤한 말을 속삭인 여자가 한둘이 아닐 거라는 암시를 했다) 그 단어를 입 밖에 내어 말하고 "사랑"을 선포해 특별한 봉인을 허락한 기억은 없다고 말했다. 루실 밀러와 샌디 슬레이글이 아스웰 헤이턴을 미행해 뉴포트 비치에 정박한 새 선박까지 따라갔던 여름밤도 있었다. 두 사람은 아스웰이 탄 상태에서 뱃줄을 풀었다. 훗날 아스웰의 증언에 따르면, 그때 같이 타고 있던 젊은 여자와 핫초콜릿을 마시며 티브이를 보고 있었다고 한다. "일부러 그랬어." 루실 밀러는 나중에 어윈 스프렝글에게 말했다. "내

심장이 뭔가 미친 짓을 저지르기 전에 살길을 찾으려고."

1965년 1월 11일은 남부 캘리포니아의 청명하고 따뜻한 날이었다. 카탈리나호가 태평양의 수평선에 떠 있고 대기에 오렌지 꽃향기가 배어 있는 그런 날에는, 쓸쓸하고 까다로운 동부도 아득히 멀고 추위도 아득히 멀고 과거도 아득히 멀었다. 할리우드에서는 한 여성이 재산 압류에 항거해 자동차 후드 위에 앉아 밤샘 농성을 했다. 일흔 살의 은퇴자가 스테이션왜건을 시속 5마일(8km)의 속도로 몰고 달려가 가데나 포커장 세 군데를 지나치며 유리창으로 피스톨 3정과 12구경 산탄총의 총탄을 모두 발사했고 스물아홉 명의 부상자를 냈다. "카드놀이를 할 돈을 마련하려고 창녀를 자처하는 젊은 여자들이 많다"는 게 유서에서 밝힌 변辯이었다. 배우닉 애덤스의 부인은 남편이 레스 크레인 쇼에서 이혼 계획을 밝혔다는 소식이 "놀랍지 않다"고 말했고, 북부로 더 올라가면 열여섯 살짜리가 금문교에서 뛰어내렸으나 목숨을 건졌다.

그리고 샌버너디노 카운티 법원에서는 밀러 재판이 시작되었다. 군중이 심하게 몰리는 바람에 법정의 유리문들이 박살 난 후로는 줄을 서서 기다린 스물세 명의 방청객에게 신분증이 발급되었다. 새벽 6시부터 줄을 세웠고, 여대생들은 크래커와 '노캘'(최초의 무설탕 탄산음료.—옮긴이)을 잔뜩 싸 들고 밤새 법원 앞에서 진을 쳤다.

처음 며칠 동안 한 일이라고는 배심원 선정밖에 없지만, 사건의 본질이 워낙 센세이셔널해서 부각될 수밖에 없었다. 12월 초에 내정되어 있던 첫 재판이 무산된 바 있었는데, 배심원들이 배석한 날 샌버너디노 지역신문 《선 텔레그램》에서 기소자인 검사보 돈 터너의 말을 인용해 "내부" 기사를 실었기 때문이다. 터너는 말했다. "우리는 헤이턴 부인의 사망 정황을 조사하고 있습니다. 밀러 박사의 사망을 다루는 현 재판의 관점에서는, 헤이턴 부인의 사망에 대해 논평할 입장이 아닙니다." 일레인 헤이턴의 혈중에서 바르비튜레이트(중추신경계를 억제함으로써 진정과 수면을 유발하는 향정신성의약품.—옮긴이)가 검출되었고, 이불 밑에서 사체로 발견된 날 입고 있던 옷에도 평소와 다른 점이 있었다. 그러나 당시 제기된 의혹들은 경찰서까지 전달되지 않았다. "누군가가 판세를 흔들려 했던 것 같습니다." 터너가 나중에 말했다. "저명인사들이 연루되어 있었으니까요."

《선 텔레그램》에는 그런 이야기의 전말이 실리지 않았지만, 즉시 재판 무효가 선언되었다. 그리고 바로 새로운 국면이 전개되었다. 아스웰 헤이턴이 자기 사무실에서 일요일 오전 11시에 기자회견을 소집했던 것이다. 텔레비전 카메라가 집결하고 플래시 전구가 펑펑 터졌다. "신사분들께서 이미 알고 계실지도 모르지만, 담당 의사나 변호사에게 여자들이 사랑의 감정을 품는 일은 아주 빈번히 일어납니다. 그렇다고 해서 의사나 변호사 쪽에서도 환자나 의뢰인에게 로맨스를 느끼는 건 아닙니다."

"밀러 부인과 불륜 관계였다는 사실을 부인하시는 겁니까?" 기자는 이렇게 물었다.

"제 쪽에서는 그 어떤 로맨스도 없었다는 말씀을 드리는 겁니다."

이것은 향후 이어지는 수 주 동안 아스웰 헤이턴이 굳건히 견지할 입장이었다.

그래서 저들은 아스웰을 보러 왔던 것이다. 먼지 덮인 종려나무 아래에서 밀고 밀치고 있는 저 군중들 말이다. 그들은 또한 루실 밀러를 보러 왔다. 가녀린 몸매에 이따금 예뻐 보이는 여자, 이미 햇빛을 보지 못해 안색이 파리해진 여자, 재판이 끝나기 전에 서른다섯이 될 여자, 변호인의 만류에도 불구하고 법정에 설 때는 머리를 높이 올려 반질반질 윤을 내겠다고 고집을 부리는 여자. "재판정에 설 때는 머리를 풀고 오면 좋겠는데 루실은 말을 듣지 않았어요." 변호인이 말했다. 변호인 에드워드 P. 폴리는 땅딸하고 감정적인 아일랜드 천주교도로 법정에서 여러 번 흐느껴 울었다. "전혀 꾸밈을 모르는 사람입니다, 이 여자분은." 그러더니 덧붙여 말했다. "그러나 자신의 외모에 대한 이 정직성 때문에 항상 손해를 봐야 했지요."

재판이 열릴 무렵에는 루실 밀러의 외모에 임부복이 포함되었다. 12월 18일의 검진에서 임신 3개월 반이라는 진단을 받았기 때문이다. 이 사실로 인해 배심원 선정은 평소보다 더 어려워졌는데, 터너의 구형이 사형이었기 때문이다. "불행한 일이지만 그렇게 됐습니다." 터너는 배심원 한 사람 한 사람에게 차례로 말했다. 전원이 배석한 후 배심원의 구성을 보니 일곱 명이 여성이고 최연소자는 마흔한 살로, 루실 밀러가 그토록 필사적으로 밟고 올라서려던 계층—주부, 수리공, 하급 사무직—의 집합이었다.

간통보다 더한 죄가 야욕이었고, 이 때문에 재판 중인 죄목이 더 중범죄로 비춰졌다. 변호인과 검찰 측 모두 루실 밀러가 타락한 여인이며, 아무래도 욕심이 과했다는 사실에 암묵적으로 합의하고 있었다. 다만 검찰이 보기에 루실 밀러는 단순히 새집을 욕심내고 파티에 가고 싶어하고 거액의 통화료(10개월 전화비가 무려 1,152달러에 달했다)를 내는 여자가 아니라 보험금 80,000달러를 노리고 남편을 살해한 후 이중배상을 청구해 사고 보험료로 40,000달러를 더 챙기려 했던 악녀였다. 터너에게 그녀는 자유와 적당한 위자료(이혼 소송을 진행했다면 상당한 위자료를 받을 수 있었다고 변호인 측은 주장했다) 정도로 만족하지 못하고 모든 걸 다 가지려 했던 여자였다. "사랑과 탐욕"의 동기로 움직인 여자였다. 그 여자는 "배후 조종자"였다. "다른 사람을 이용하는" 인간이었다.

반면 에드워드 폴리가 보는 루실 밀러는 "어리석은 그 작은 심장을 통제하지 못했던" 충동적인 여자였다. 터너가 임신을 별것 아닌 일로 치부하려 했던 반면 폴리는 그 점을 한참 강조했고, 죽은 남자의 어머니를 워싱턴에서 불러와 증인을 시켰다. 고든 밀러의 어머니는 루실이 "예전처럼 행복한 가정을 꾸리는 데 도움이 될 거라고 생각한다"면서 아이를 하나 더 갖기로 했다는 얘기를 아들한테서 직접 들었다고 했다. 검찰이 냉철한 "계산기"를 본 지점에서 변호인단은 "횡설수설"을 보았다. 실제로 루실 밀러는 천진하고 꾸밈없이 말을 잘하는 사람처럼 보였다. 남편의 죽음 직전 친구들에게 외도를 털어놓았고 남편이 죽은 후에도 자기를 체포하는 경사와 불륜 이야기로 수다를 떨었다. "당연히 코르크는 몇 년 동안 그 사실을 알고 살았거든요, 왜 있잖아요." 루시 밀러의 목소리가 체포 다음 날 아침의 녹취록에서 패터슨 경사에게 말했다. "일레인이 죽고 나서 어느 날 밤에 그이가 완전히 당황해서는 허둥지둥 어쩔 줄 몰라 헤매더니, 나한테 직설적으로 묻더라고요. 그때 정말로—그 사실을 처음 직시한 것 같아요." 변호인들의 충고를 어기고 취조에 응한 이유를 경사가 묻자 루실 밀러는 명랑하게 말했다. "아, 저는 항상 기본적으로 굉장히 정직한 사람이에요. 선반에 모자를 올려놓고는 10달러 싸게 샀다고 말할 수야 있지만, 기본적으로 내가 살고 싶은 대로 인생을 살아왔어요. 그게 싫으면 날 떠나면 되죠."

검찰 측은 아스웰 외에도 다른 남자들이 있다는 암시를 흘렸고, 이의를 신청하는 폴리의 외침을 누르고 한 사람을 거명하기까지 했다. 변호인단은 고든 밀러에게 자살 충동이 있었다고 말했다. 검찰은 폭스바겐 화재는 사고였을 리 없다고 주장하는 전문가들을 불러왔다. 폴리는 그럴 수도 있다고 말하는 증인들을 불렀다. 당시 오리건에서 중학교 교편을 잡고 있던 루실의 아버지는 기자들에게 이사야서를 인용해 말했다. "너를 대적하여 송사하는 혀는 네게 정죄를 당하리라." "루실이 잘못했죠, 바람을 피웠으니까." 어머니는 사리 판단 바르게 말했다. "그 애한테는 그게 사랑이었어요. 하지만 어떤 사람들한테는 그저 불장난으로 보이겠지요." 열네 살이 된 밀러 부부의 딸 데비가 나와서 차분한 어투로 사고 전 주에 어머니와 함께 슈퍼마켓에 가서 가솔린 깡통을 샀다고 증언했다. 법정에 날마다 출석하던 샌디 슬레이글은 루실 밀러가 남편의 자살을 한두 번 막은 게 아니라고 증언했다. 그는 단순한 자살이 아니라 사고로 위장해 이중배상을 받을 수 있는 방식으로 자살을 시도했다고 했다. 헤이턴 가의 가정교사인 스물일곱 살 노르웨이 미녀 벤케 베르크는 아스웰로부터 루실 밀러가 그의 아이들을 만나거나 아이들과 말하는 걸 막으라는 지시를 받았다고 증언했다.

두 달이 지루하게 흘러갔고, 헤드라인이 그치지 않고 쏟아져 나왔다. 남부 캘리포니아의 범죄 담당 기자들―《더 타임스》의 하워드 허텔, 《헤럴드-이그재미너》의 짐 베넷과 에디 조 버널―은 그 기간 내내 샌버너디노에 본부를 두고 활동했다. 두 달에 걸친 밀러 재판이 헤드라인에서 밀려난 건 아카데미상 후보 발표와 코미디언 스탠 로렐의 사망 때문이었다. 그리고 마침내 3월 2일, 이것은 "사랑과 탐욕"의 사건이라고 터너가 재차 강조하고, 의뢰인은 간통으로 재판을 받고 있는 거라고 폴리가 이의를 제기하고 나서 사건은 배심으로 넘어갔다.

배심원들은 오후 4시 50분에 평결을 가지고 들어왔다. 일급 살인으로 유죄였다. "그 애가 한 짓이 아니야." 루실의 어머니 데비 밀러는 방청석에서 벌떡 일어나며 소리를 질렀다. "그분이 한 짓이 아니에요!" 샌디 슬레이글도 방청석에 풀썩 쓰러져 고래고래 악을 쓰기 시작했다. "샌디, 제발, 제발 그러지 마." 루실 밀러는 법정 끝까지 들리도록 낭랑하게 말했고, 샌디 슬레이글은 잠시 진정하는 듯 보였다. 그러나 배심원들이 법정을 떠날 때는 다시 악을 썼다. "당신들은 살인자야. …당신들 한 사람 한 사람 모두가 살인자야." 그러자 부보안관들이 개입했는데 한 사람도 빠짐없이 "1965년 보안관 로데오"라고 쓰인 스트링타이를 매고 있었다. 그리고 루실 밀러의 아버지, 예수님의 말씀과 세상을 보고 싶다는 욕망의 위험성을 믿었던 슬픈 표정의 중학교 교사는 딸에게 손키스를 날렸다.

　루실 밀러는 현재 캘리포니아 여성 교도소에 수감 중이다. 프론테라에 소재한 이 교도소는 유클리드 애비뉴가 시골길로 바뀌는 지점에 자리하고 있다. 한때 루실 밀러가 살면서 쇼핑을 하고 심장 기금 자선파티를 주최했던 곳과 멀지 않다. 가축들이 길 건너에서 풀을 뜯고 레인버드 스프링클러가 알팔파에 물을 뿌린다. 프론테라에는 소프트볼 구장과 테니스코트가 있고, 캘리포니아의 어느 전문대학 캠퍼스처럼 보인다. 아직 나무들이 사이클론 담장 위로 둘러쳐진 가시철조망을 가릴 만큼 높이 자라지 못했다는 점이 다를 뿐이다. 면회 날에는 주차장에 대형 세단들이 들어온다. 커다란 뷰익과 폰티악들은 조부모와 자매와 아버지들(남편이 있는 수감자는 많지 않다) 소유고 "지역 경찰을 후원합시다"라는 범퍼스티커를 붙인 차들도 있다.

　캘리포니아의 여성 살인자 다수가 여기 살고 있다. 약속을 오해한 젊은 여자들이 많다. 돈 터너는 범죄 기자 사이에 '소다팝 살인'이라고 알려진, 1959년 사막에서 발생한 살인 사건으로 샌드라 가너를 이곳으로(가너의 남편은 샌퀜틴의 가스 처형실로) 보냈다. 캐럴 트레고프도 현재 여기 있다. 핀치 박사 부인의 살인에서 공범으로 기소된 이래로 계속 여기 있었다. 사건이 일어난 웨스트 코비나는 샌버너디노에서 멀지 않다. 캐럴 트레고프는 사실 교도소 병원의 보조 간호사였고, 프론테라에서 루실 밀러가 아기를 낳았다면 현장에 있었을지도 모른다. 그러나 루실 밀러는 밖에서 아기를 낳는 쪽을 선택했고 세인트 버나딘 종합병원의 분만실 바깥을 지키던 경비에게 비용을 지불했다. 데비 밀러가 병원에 와서 아기에게 분홍 리본이 달린 흰 원피스를 입혀 집으로 데려갔다. 데비는 아기 이름을 골라도 좋다는 허락을 받았다. 그리고 아기 이름을 키미 카이로 지었다. 루실 밀러는 10년 이상 프론테라에 있어야 하기 때문에 아이는 지금 해럴드와 존 랜스 부부와 함께 살고 있다. 돈 터너는 최초의 사형 구형을 철회하고(애초에 사형을 구형한 이유는, 폴리의 말에 따르면 "배심원 중에 핏속에 일말의 친절이 흐르는 사람을 모두 걸러내려는 단 한 가지 목적"이었다는 설이 일반적으로 받아들여졌다) 보석 가능성을 열어둔 종신형으로 타협했다. 루실 밀러는 프론테라 교도소 생활을 좋아하지 않고, 적응에 어려움을 겪었다. "겸손을 배워야 할 겁니다." 터너는 말한다. "유혹하고, 자기 마음대로 사람을 조종하는 능력에 기대야 할 거예요."

새집은 이제 텅 비었다. 그 집이 있는 거리에는 다음과 같이 쓰인 표지판이 붙어 있다.

사유 도로

벨라비스타

막다른 길

밀러 부부는 조경을 완성하지 못했고 잡초가 자연석 담장 둘레로 자라났다. 지붕 위의 텔레비전 안테나는 꺾여 있고 쓰레기통에는 가족생활의 잔해가 가득 차 있었다. 싸구려 여행 가방, "거짓말 탐지기"라 불리는 어린이 놀잇감. 잔디밭이어야 할 곳에는 표지판이 있었고 "택지 팝니다"라고 쓰여 있었다. 에드워드 폴리는 루실 밀러 사건을 항소하려 했으나 여러 차례 미루어졌다. "재판은 항상 공감의 문제로 귀결됩니다." 폴리는 이제 기운 없는 어투로 말한다. "아무리 해도 공감대를 형성할 수가 없었습니다." 이제는 모두 다소 기운이 빠져 있었다. 다들 힘없고 체념한 와중에 샌디 슬레이글은 예외였다. 억울한 분노는 아직도 쓰라리다. 샌디 슬레이글은 로마린다 의대 근처의 아파트에 살며 잡지 《경찰 수사의 진상》과 《공식 형사 사건 이야기》에 실린 그 사건 기록을 연구한다. "헤이턴과 엮인 일에 대해서는 그리 많이 이야기하고 싶지 않아요." 샌디 슬레이글은 자기를 찾아오는 사람들에게 미리 말하고 테이프 녹음기를 켜둔다. "차라리 루실 이야기를 더 많이 하고 싶고 얼마나 멋진 사람인지 말하고 싶고 그 인권이 어떻게 유린당했는지 얘기하고 싶어요."

해럴드 랜스는 찾아오는 사람들과 아예 말을 섞지 않는다. "돈 받고 팔 수 있는 사연을 그리 쉽게 털어놓지 않을 겁니다." 해럴드 랜스는 호방하게 말한다. 랜스는 루실 밀러의 개인적 사연을 《라이프》에 팔려는 시도를 한 번 했지만 거절당했다. 지방검사 집무실에서는 지금 다른 살인자들을 기소하고 있고, 이째시 밀러 새판이 ㄱ토독 큰 관심을 슬었는지 모르겠다고 한다. "살인 사건으로 보면 그렇게 흥미로운 건 이 아니었습니다." 돈 터너는 간략하게 말한다. 일레인 헤이턴의 죽음은 이제 수사가 종결되었다. "우리가 알고 싶은 건 다 알고 있습니다." 터너의 말이다.

아스웰 헤이턴의 사무실은 에드워드 폴리의 변호사 사무실 바로 아래층에 있다. 샌버너디노 근방의 어떤 사람들은 아스웰 헤이턴이 고생이 심했다고 생각한다. 또 다른 사람들은 전혀 맘고생을 하지 않았다고 한다. 아마 크게 괴로워하지는 않았으리라. 매일 세계가 새로이 거듭나는 황금의 땅에서는 과거의 시간이 현재나 미래의 시간에 아무 영향도 끼치지 못한다고 믿기 때문이다. 어찌 되었든 1965년 10월 17일, 아스웰 헤이턴은 다시 결혼했다. 재혼 상대는 아이들의 어여쁜 가정교사 벵케 베르크였고, 결혼식은 리버사이드 근교의 실버타운에 자리한 채플 오브 로지스에서 열렸다. 신혼부부는 로즈 가든 빌리지 식당에서 리셉션을 열어 75명의 하객을 접대했다. 신랑은 검은 턱시도를 차려입고 하얀 카네이션을 단춧구멍에 꽂았다. 신부는 포드수아(새틴의 광택이 없는 두꺼운 실크.—옮긴이) 직물로 지은 길고 흰 드레스를 입고 스테파노티스로 띠를 두른 스위트하트 로즈 샤워 부케를 들었다. 작은 진주가 알알이 박힌 왕관이 헛된 환상의 베일을 고정했다.

—1966—

존 웨인: 어떤 사랑 노래
그 남자를 기억하는 수많은 방법

1943년 여름 나는 여덟 살이었고, 아버지와 어머니, 어린 남동생과 콜로라도 스프링스의 피터슨필드에 있었다. 그해 여름을 관통해 8월이 시작되기 직전까지 뜨거운 바람이 불었고, 캔자스의 먼지란 먼지는 모두 콜로라도로 날아와 타르지로 된 막사와 임시 활주로 위로 떠다니다가 파이크스피크(콜로라도주 엘파소 카운티에 있는 산. ― 옮긴이)에 부딪혀서야 비로소 멈추곤 했다. 할 일이 별로 없었다. 그런 여름에는. 처음으로 B-29 폭격기가 도입된 날이 있었는데 기억할 만한 사건이었지만 휴일 프로그램이라고 하기는 어려웠다. 장교 클럽은 있었지만 수영장은 없었다. 장교 클럽에서 흥미를 끌 만한 것은 바 뒤편에 내리던 파란색 인공 비뿐이었다. 남들만큼 나도 그 비가 흥미로웠지만 그렇다고 그걸 보면서 여름을 보낼 수는 없었다. 그래서 우리는, 나와 내 동생은 영화를 보러 갔다.

우리는 일주일에 사나흘씩 오후에 영화를 보러 갔다. 극장 역할을 하던 어두운 반원형 막사의 접이의자에 앉았고, 밖에서는 뜨거운 바람이 몰아치는 1943년 여름 그곳에서 처음 존 웨인을 보았다. 그 걸음걸이를 보고 그 목소리를 들었다. 〈와일드캣의 전쟁〉이라는 영화에서는 존 웨인이 여자에게 "미루나무가 자라는 강가에" 집을 지어주겠다고 하는 말을 들었다. 사실 나는 서부영화 주인공에게 어울리는 여자로 자라나지 못했고 내가 사귄 남자들도 장점이 많았으며 그들이 데려가준 장소들도 사랑하게 되었지만, 그 남자들은 존 웨인이 결코 아니었고 미루나무가 자라는 강가로 데려가준 적도 없다. 영원히 인공 비가 내리는 내 심장 깊은 곳 한 켠에서, 아직도 나는 그 대사를 듣게 될 날을 기다린다.

자기현시의 차원도 아니고 시시콜콜한 기억까지 불러오려 애쓰는 것도 아니다. 그저 존 웨인이 말을 달려 내 유년기를 가로질렀을 때, 아마 당신의 유년기도 가로질렀을 때, 그 남자가 우리 꿈의 형태를 어느 정도는 형성했음을 보여주고자 하는 이야기다. 그런 남자가 병에 걸린다니, 몸속에 병중에서도 가장 난해하고 치료하기 힘든 병을 품고 다닌다니,

도저히 있을 수 없는 일 같았다. 소문은 어떤 모호한 불안을 건드려 느닷없이 우리로 하여금 유년기를 회의하게 했다. 존 웨인의 세계에서는 존 웨인이 대장인 줄 알았는데. "달리자." 존 웨인은 말했다. "말을 타." "앞으로!" 그리고 "사나이는 해야 할 일은 해야 하는 법이다"라고 말했다. "어이, 안녕하쇼." 처음 여자를 만나면 이렇게 인사했다. 건설현장 숙소일 수도 있고 기차일 수도 있고 아니면 웃자란 수풀을 헤치고 말을 달려올 누군가를 기다리며 포치를 어슬렁거리고 있을 때도 있었다. 아무튼 존 웨인이 말하면 의도의 곡해가 있을 수 없었다. 그처럼 강렬한 성적 권위는 어린애라도 알아볼 수 있다. 그리고 이 세상은 돈 욕심과 의혹, 사람의 손발을 묶는 모호성으로 규정된다고 우리가 일찌감치 알아본 상황에서 존 웨인은 다른 세계를 암시했다. 과거에는 있었을 수도 있고 과거에도 없었을 수도 있지만 아무튼 이제는 존재하지 않는 세계, 인간이 자유롭게 움직이고 저 나름의 도덕적 코드를 만들어 지키며 살 수 있는 장소, 남자가 해야 할 일을 한다면 여자를 얻고 역경을 헤치고 달려가서 끝내는 자유인으로서 자기 집에 살게 되는 세상 말이다. 그 남자는 몸속 어디가 잘못되어 병원에 입원하는 게 아니라, 꽃다발과 약과 억지 미소에 둘러싸여 높은 병상에 누워 있는 게 아니라, 반짝이는 강물 어귀 이른 아침 햇살에 은은히 빛나는 미루나무 숲속에 있어야만 한다.

"어이, 안녕하쇼." 웃자란 수풀 앞에 서서 말하기 전에, 그 남자는 어디서 왔을까? 심지어 그 남자의 개인사조차도 좋아 보였다. 그것은 역사의 부재였으므로, 꿈을 침해할 과거가 없었으므로. 존 웨인은 아이오와주 윈터셋 약사의 아들로 매리언 모리슨이라는 이름으로 태어났다. 과거에 '아이오와주 서해안'이라 불렸던 약속의 땅으로 이주하는 대열에 합류해 어릴 때 캘리포니아주 랭커스터로 이사했다. 랭커스터가 약속을 이루어준 땅이었던 건 아니다. 랭커스터는 먼지 바람이 스쳐 불어가는 모하비 사막의 소도시였다. 그러나 랭커스터는 여전히 캘리포니아였고, 일 년도 못 되어 가족은 글렌데일로 이사했는데 그곳은 또 황량함의 정취가 달랐다. 오렌지 숲속에 먼지가 앉지 않게 씌우는 가구 덮개가 널린 그곳은, 포레스트론 공원 묘역으로 이어지는 중산층의 서곡이었다. 글렌데일의 소년 매리언 모리슨을 상상해보라. 보이스카우트, 글렌데일 고등학교로 진학. 캘리포니아 주립대학교에 지원, 시그마카이(미국 명문대학교 남학생들의 사교 모임.―옮긴이) 대학생 클럽 회원. 여름방학, 폭스 영화사 세트장에서 소품을 옮기는 아르바이트. 그곳에서 존 포드와의 만남. 존 포드는 어디서 길을 잘못 들었는지 몰라 앞날이 막막한 한 국가의 갈망을 존 웨인이라는 완벽한 주형틀에 담을 수 있겠다는 가능성을 본 여러 감독 중 하나였다. "빌어먹을." 훗날 라울 월시 감독은 이렇게 말했다. "그 개자식은 진짜 남자다워 보였어요." 그리고 머지않아 글렌데일의 아들은 스타가 되었다. 배우가 아니라 스타가. (존 웨인은 언제나 인터뷰하는 기자들에게 조심스럽게 지적하곤 했다. "몇 번이나 말씀을 드려야 아시겠습니까. 나는 연기라는 걸 하지 않습니다. 다른 사람들 연기에 **반응할** 뿐이지요.") 존 웨인이라는 스타는 님은 삶의 시간 내부분을 그런 감독들과 함께 어딘가 황량하고 인적 없는 로케이션 촬영지에 나가 꿈을 좇으며 보내게 된다.

하늘이 세 배 더 푸르른 저 바깥
우정이 좀더 진실한 저 바깥
그곳에서 서부가 시작된다.

그 꿈속에서 몹시 나쁜 일은 벌어질 수 없다. 사나이가 대적 못 할 일은 일어나지 않는다. 그러나 큰일이 벌어졌다. 루머가 돌더니 헤드라인이 쏟아졌다. "고약한 C(Cancer의 이니셜로 암을 가리킨다.—옮긴이)한테 걸리다." 존 웨인은 존 웨인답게 무법자 암세포들을 다른 무법자와 똑같이 취급하며 공표했지만, 그래도 이번만큼은 결과가 뻔한 싸움이고 이 결투에서만큼은 웨인이 질 수도 있음을 모두 예감했다. 내 옆에 앉은 사람과 마찬가지로 나 역시 환상과 현실을 두고 씨름했고 아마 존 웨인 본인 또한 환상과 현실을 혼동하며 괴로워하고 있을 텐데(나는 그럴 줄 알았다) 굳이 그럴 때 만나고 싶지 않았다. 하지만 나는 존 웨인을 만나러 갔고, 그건 그가 병 때문에 오랫동안 미루어진 영화를 찍고 있던 당시 멕시코, 저 남쪽 꿈의 나라에서였다.

존 웨인의 165번째 영화였다. 헨리 해서웨이의 84번째 영화였다. 딘 마틴에게는 34번째였다. 딘 마틴은 영화제작자 핼 월리스와의 해묵은 계약 때문에 출연했는데 핼 월리스에게 이 영화는 독립제작영화로 65번째였다. 영화 제목은 "서부의 4형제"이고 서부영화였으며, 석 달의 지연 끝에 마침내 두랑고에서 실외 촬영을 했고 이제 멕시코시티 외곽에 있는 에스투디오 추루부스코에서 실내 촬영을 하고 있었다. 해는 뜨겁고 공기는 맑고 때는 점심시간이었다. 저 바깥 후추나무 아래에서는 멕시코 스태프 청년들이 둘러앉아 캐러멜을 빨아 먹고 있었고, 도로 아래 저쪽에서는 기술진 몇 명이 미국 달러 1달러만 주면 속을 채운 바닷가재와 테킬라를 파는 식당에 둘러앉아 있었지만, 내가 거기까지 찾아간 이유인 연기자들은 휑하고 텅 빈 촬영장 식당 안에 있었다. 커다란 식탁에 다 같이 둘러앉아 후에보스 콘 케소(치즈를 곁들인 달걀 요리.—옮긴이)와 카르타 블랑카 맥주를 먹고 있었다. 수염을 깎지 않은 모습의 딘 마틴. 마틴이 가는 곳이면 어디나 따라가는 맥 그레이. 파라마운트 영화사의 홍보 담당으로 예고편을 준비하러 거기까지 날아왔지만 위장이 예민한 밥 굿프리드. "차와 토스트." 밥 굿프리드는 거듭 경고했다. "그거면 직방이에요. 양상추는 못 믿을 음식이고." 감독 헨리 해서웨이는 굿프리드의 말을 듣는 둥 마는 둥하고 있었다. 존 웨인은 아예 남의 말을 듣지도 않는 눈치였다.

"이번 주는 느리게 샀어." 닉 마틴이 세 번째로 말했다.

"어떻게 그런 말을 할 수가 있냐?" 맥 그레이가 따졌다.

"이번…주는…느리게…갔어, 이렇게 말하면 되지."

"설마 끝나면 좋겠다는 말은 아니잖아."

"확실히 말해주지, 맥. 난 끝나면 좋겠어. 내일 밤에는 이 수염을 깎고 '아디오스 아미고!'라고 외치며 공항으로 달려가는 거지! 안녕히, 무차초스!"

헨리 해서웨이가 시가에 불을 붙이고 마틴의 팔을 다정하게 토닥거렸다. "내일은 아니야, 디노."

"헨리, 뭘 덧붙이고 싶은 거예요? 2차 대전?"

해서웨이는 마틴의 팔을 다시 토닥이더니 허공을 바라보았다. 식탁 끝머리에서 누가 몇 년 전에 비행기를 폭파하려다 미수에 그친 사람 이야기를 꺼냈다.

"그 사람은 아직 교도소에 있대." 해서웨이가 불쑥 말했다.

"교도소에요?" 마틴은 골프클럽을 밥 굿프리드 편에 돌려보낼지 맥 그레이에게 맡길지를 두고 고민하다가 그만 정신이 팔렸다. "죽은 사람도 없는데 왜 교도소에 갔어요?"

"살인미수라네, 디노." 해서웨이가 온화하게 말했다. "중범 죄야."

"누가 나를 그냥 죽이려고 시도만 해도 교도소에 잡혀 들어간다는 겁니까?"

해서웨이는 입에서 시가를 빼고 식탁 건너편을 바라보았다. "누가 나를 죽이려 한다면 그놈이 가게 될 곳이 교도소는 아닐 거야. 자네는 어떤가, 듀크(존 웨인의 별명.—옮긴이)?"

아주 천천히, 해서웨이의 질문을 받은 당사자는 입가를 훔치고 의자를 밀더니 일어섰다. 진짜배기였다. 명품이었다. 은막에서 명멸하는 165곳의 서부 개척지와 가상의 전장에서 클라이맥스를 장식했던 그 움직임이었다. 이제 그 움직임은 멕시코시티 바깥의 에스투디오 추루부스코의 촬영장 식당을 배경으로 한 이 장면의 클라이맥스를 장식하려는 참이다. "당연하지." 존 웨인은 느릿하게 내뱉었다. "내가 죽여버릴 테니까."

〈서부의 4형제〉 출연진은 바로 지난주에 거의 모두 귀국했다. 주연급만 남았다. 웨인과 마틴, 얼 홀리맨과 마이클 앤더슨 주니어와 마사 하이어. 마사 하이어는 나와 별로 많이 어울리지 않지만, 이야기 중에 가끔 언급되기는 한다, 대체로는 "그 아가씨"라는 이름으로. 그들은 통틀어 9주간 함께 있었는데 그중 6주는 두랑고에서 보냈다. 멕시코시티는 두랑고와는 좀 달랐다. 아내들은 멕시코시티 같은 곳에는 따라가고 싶어한다. 핸드백 쇼핑도 하고 멀 오베론 팔리아이(영화 〈폭풍의 언덕〉으로 알려진 여배우로, 멕시코 사업가와 결혼했다.—옮긴이)가 여는 파티에 가고 그녀의 그림들을 보는 것도 좋아한다. 그러나 두랑고라니. 그 이름 자체가 환상을 유발한다. 사나이의 땅. 저 바깥 서부가 시작되는 지점. 두랑고에는 아우에우에떼 나무가 있었다. 폭포도, 방울뱀도. 악천후도 있었다. 너무 추워서 추루부스코 실내에서 촬영할 수 있을 때까지 하루 이틀 야외 촬영을 미뤄야 했던 밤도 있었다. "아가씨 때문이었어요." 그들은 설명했다. "여자를 그런 추위에 밖에 세워둘 수가 있어야 말이지." 헨리 해서웨이는 두랑고에서 요리도 했다. 가스파초(야채와 과일을 갈아 만드는 차가운 수프.—옮긴이)와 소갈비와 "사막"에서 비행기를 타고 날아온 딘 마틴이 주문한 스테이크를 구웠다. 해서웨이는 멕시코시티에서도 요리를 하려 했지만, 베이머 호텔 경영진이 객실에 벽돌 바비큐를 설치하지 못하게 막는 바람에 못 했다. "대단한 걸 놓친 거요, 두랑고를 못 본 건." 그들은 입버릇처럼 말했다. 가끔은 농담조고 가끔은 진심으로. 그러다가 그 말은 후렴으로 굳어졌다. 잃어버린 낙원처럼.

그러나 멕시코시티가 두랑고가 아니라고 베벌리힐스인 건 아니다. 그 주에 추루부스코 스튜디오를 쓰는 다른 팀은 없었다. 문에 "LOS HIJOS DE KATIE ELDER"(영화 제목을 스페인어로 옮긴 것.—옮긴이)라고 쓰인 거대한 사운드 스테이지 안에서는, 바깥에 후추나무와 환한 태양이 떠 있는 그곳에서는 서부영화를 만들기 좋아하는 사나이들에게 특별한 세계, 의리와 애정이 담긴 야유의 세계, 감상성과 함께 나누는 시가의 세계, 끝도 없고 두서도 없는 옛이야기의 세계가 여전히 지켜지고 있다. 밤과 바람과 사스락거리는 수풀 소리에 맞서 인간의 목소리를 높이려는 단 한 가지 목적으로 진행되는 캠프파이어의 대화가 있다.

"언젠가 내 영화에서 스턴트맨이 우연히 맞은 적이 있다네." 해서웨이는 정교한 안무로 짜인 액션 장면 사이에 말하곤 했다. "그 친구 이름이 뭐지. 에스텔 테일러하고 결혼했는데. 둘이 애리조나에서 만났을걸."

둥근 원이 그를 감싸고 모여들고, 시가를 만지작거리는 손가락이 바빠졌다. 잘 짜인 액션이라는 섬세한 예술을 사색할 시간이다.

"평생 내가 때린 사람은 딱 하나뿐이야." 그러면 웨인이 말할 것이다. "사고로 말이야. 그게 마이크 마르주키(배우이자 프로레슬링 선수.—옮긴이)였지."

"아주 잘 골랐군." 중얼거리는 소리, 동의.

"고른 게 아니야. 사고였지."

"믿어줄게."

"정말이라니까."

"아, 저런. 마이크 마르주키라니."

그런 식으로 이어지기 마련이다. 20년 동안 웨인의 분장을 맡아온 웹 오버랜더가 파란 윈드브레이커를 입고 구부정하니 앉아서 주시프루트 껌을 나누어주고 있었다. "해충 스프레이." 그는 말할 것이다. "해충 스프레이 얘기는 꺼내지도 말라고. 해충 스프레이 건이 아프리카에서였지, 그렇지? 아프리카 기억나나?" 아니면 "조개찜 말이야. 조개찜 얘기는 꺼내지도 말라고. 〈하타리〉 홍보 투어 돌 때 조개찜은 정말 질리게 먹었잖아. 북바인더스 해산물 레스토랑은 기억하나?" 11년간 웨인의 트레이너로 일한 랠프 볼키도 있다. 그는 빨간 야구모자를 쓰고 헤다 호퍼가 웨인에게 헌정한 기사를 신문에서 오려서 갖고 다녔다. "이 호퍼라는 기자, 대단한 여자분이셔." 그 말을 하고 또 하곤 했다. "다른 남자 기자들과 격이 달라. 그 친구들은 기사에 병, 병, 병 얘기밖에 안 하는데. 아니, 이런 분을 보고 어떻게 병 운운할 수가 있냐고. 통증도 있고 기침도 하는데 종일 일하고 불평 한마디 없는 이런 분을 보고. 뎀프시(세계 헤비급 챔피언이었던 미국 권투 선수.—옮긴이) 이후로 훅이 제일 센데, 병은 무슨."

그리고 165번째 영화 내내 액션을 찍고 있는 웨인 본인이 있었다. 33년 된 박차를 달고 때 탄 네커치프와 파란 셔츠를 걸친 웨인이 있었다. "이런 영화에서는 무슨 옷을 입을까 큰 걱정을 안 해도 돼요." 그는 말했다. "파란 셔츠를 입어도 되고, 모뉴먼트 밸리에서는 노란 셔츠를 입으면 되지." 비교적 새것인 모자를 쓴 웨인은 희한하게 윌리엄 S. 하트와 닮아 보였다. "내가 정말 아끼던 기병대 모자가 있었는데 말이오. 그걸 새미 데이비스에게 빌려줬어요. 돌려받긴 했는데, 도저히 다시 쓸 수가 없는 꼴이더라고. 다 같이 몰려들어서 모자를 납작하게 눌러놓고 오케이, 존 웨인—뭐 농담을 한 거지."

병을 추스르기도 전에 일을 재개하는 바람에 영화가 끝날 때쯤에는 심한 감기와 지독한 기침에 시달리고 늦은 오후가 되면 극심한 피로에 시달리다 못해 세트장에 산소 흡입기를 구비해둬야 하는 존 웨인이 있었다. 그런데도 여전히 그에게 중요한 건 자기만의 행동윤리뿐이었다. "저 친구 말이오." 그는 불쾌감을 유발한 기자 한 사람을 가리키며 중얼거렸다. "내 머리가 빠지고 있다는 얘기는 솔직히 맞아요. 뱃살이 쪘다는 것도 틀린 말은 아니고. 쉰일곱에 안 그런 사람이 어디 있다고? 참 대단한 기삿거리지. 아무튼, 저 친구 말이오."

그러더니 잠시 말을 끊었다. 문제의 핵심을, 불쾌감의 근원을 폭로하기 직전이다. 앞에서 열거한 기사 내용보다도, 그가 이제 과거의 링고(존 포드의 영화 〈역마차〉의 주인공.—옮긴이) 키드가 아니라는 암시보다도, 그의 심기를 거스른 규칙 위반은 바로 이것이었다. "초대도 안 했는데 멋대로 내려왔더라고. 하지만 그래도 어쨌든 오라고 했어요. 그래서 물병에 메스칼(용설란을 증류해 만든 멕시코의 술.―옮긴이)을 담아서 같이 앉아 마셨단 말입니다."

존 웨인은 다시 말을 멈추고 의미심장하게 헨리 해서웨이글 바라보며, 감히 생각할 수도 없는 내단원을 준비했다. "제 발로 자기 방까지 가지도 못 하더라니까."

그들은 프로 권투 선수들의 장단점을 두고 입씨름을 하고, 제이앤비 스카치위스키의 값이 페소로 얼마나 되는지를 두고 입씨름을 했다. 그리고 대사를 두고 입씨름을 했다.

"아무리 거칠어도, 헨리, 어머니 성경까지 팔아버릴 친구는 아닌 것 같은데."

"난 쇼킹한 걸 좋아해, 듀크."

그들은 끝도 없이 합숙 농담을 이어갔다. "이걸 왜 기억력 소스라고 하는지 아나?" 마틴은 칠리소스 한 그릇을 집어 들며 물었다.

"왜지?"

"다음 날 아침에 게워내서 또 보게 될 테니까."

"저 소리 들었어, 듀크? 이걸 왜 기억력 소스라고 하는지 들었느냐고?"

그들은 웨인 영화의 트레이드마크인 난장판 액션 장면의 세세한 부분까지 계획을 세우며 즐거워했다. 동기가 있든,

아무 이유 없는 장면이든, 싸움 시퀀스는 영화에 반드시 들어가야만 했다. 그들이 찍는 걸 너무 좋아했기 때문이다. "이봐, 이러면 진짜 웃길 거라니까. 듀크가 애송이하고 시비가 붙는데, 디노하고 얼이 둘 다 붙어서 문밖으로 쫓아내는 거야. 어때?"

그들은 오래된 농담을 주고받으며 소통했다. 문명으로 이끌고 부드럽게 길들이는 아내들에 대한 신사다운 구식 농담으로 동료애를 굳혔다. "그러니까 우리 마나님께서 어느 날 침소에 드시는 대신 브랜디를 한잔하시기로 마음을 잡수신 거야. 그래서 그날 밤이 새도록 '그래, 필라, 당신 말이 맞아, 여보. 내가 사람을 윽박질러, 필라. 당신 말이 맞아. 내가 참 답이 없는 인간이야' 이랬다니까."

"저 말 들려? 듀크 말로는 필라가 자기한테 테이블을 던졌다더군."

"어이, 듀크, 웃기는 얘기 있어. 자네 오늘 다친 손가락 말이야. 의사한테 가서 붕대 감아달라고 하고 오늘 밤에 집에 가서 필라한테 보여주면서 테이블에 맞아 다쳤다고 해봐. 정말 크게 난동을 부렸다고 착각하게 해보라고."

그들은 최연장자를 존경했고 최연소자를 애정으로 아꼈다. "저 젊은 친구 보이시죠?" 그들은 마이클 앤더슨 주니어를 가리키며 말했다. "대단한 꼬마예요."

"저 친구는 연기를 안 해요. 곧장 심장에서 나온다니까."

해서웨이는 자기 심장을 툭툭 두드리며 말했다.

"어이, 애송이." 마틴이 말했다. "자네, 다음 내 영화에 나올 거야. 우리 수염 싹 밀고 제대로 놀아보자고. 스트라이프 셔츠에 여자들, 하이파이, 아이라이트(인물의 눈동자에 반짝이는 듯한 느낌을 주는 데 사용되는 라이트. ─옮긴이)까지."

그늘은 마이클 앤더슨을 위해 등에 "거물 마이크"라고 쓰인 전용 의자를 주문했다. 의자가 세트장에 도착하자 해서웨이가 앤더슨을 꼭 안아주었다. "저거 보이세요?" 앤더슨이 웨인에게 물었다. 갑자기 부끄러워졌는지 눈도 제대로 맞추지 못한다. 웨인이 보더니 미소 짓는다. 고개를 끄덕인다. 최후의 찬사를 바친다. "나도 봤네, 젊은 친구."

〈서부의 4형제〉 촬영을 종료하던 날 아침, 웹 오버랜더는 윈드브레이커가 아니라 파란 블레이저 차림으로 나타났다. "짐, 어머니." 그는 마지막으로 주시프루트 껌을 나누어주며 말했다. "탈출복으로 갈아입은 겁니다." 하지만 기분은 가라앉아 있다. 정오에 헨리 해서웨이의 아내가 식당에 찾아와 비행기 편으로 아카풀코에 갈 수도 있다고 말했다. "그렇게 해요." 해서웨이가 말했다. "난 여기서 끝내고, 딱 죽지 않을 정도까지만 세코날(안락사에 가장 많이 사용되는 신경안정제. ─옮긴이)을 먹을 테니까." 그들은 모두 풀이 죽어 있었다. 해서웨이 부인이 떠나고 난 후에도 종작없이 과거를 회상하려는 시도가 이어졌지만, 사나이의 땅은 썰물처럼 물러나고 있었다. 그들은 이미 반쯤 집에 가 있었고, 불러낼 수 있는 과거는 1961년 벨에어 화재(샌타애나풍이 촉발해 로스앤젤레스의 부촌 벨에어에서 일어난 화재로 484채의 주택이 파괴되었다.—옮긴이)뿐이었다. 그 당시 헨리 해서웨이는 로스앤젤레스 소방서 사람들을 사유지에서 다 쫓아내고는, 불이 붙을 만한 물건을 모조리 수영장에 던지는 등 온갖 수단을 써서 화재를 직접 진압했다. "그 소방수들은 그냥 포기했을 거요." 웨인이 말했다. "그냥 다 타게 됐겠지." 사실 괜찮은 이야깃거리였고, 그들이 좋아하는 주제도 여럿 담겨 있었지만, 벨에어 이야기는 두랑고 이야기만 못했다.

이른 오후부터 그들은 마지막 신을 찍기 시작했다. 촬영 준비에 최대한 많은 시간을 할애했으나 결국 할 일이 촬영밖에 남지 않은 그 순간이 오고야 말았다. "2번 팀 나갔고, 1번 팀 들어왔고, 문 닫았습니다!" 조감독이 마지막으로 외쳤다. 대역들은 세트장을 나가고 존 웨인과 마사 하이어가 걸어 들어왔다. "좋았어, 다들, 실렌시오, 이제 영화 찍는 거야." 그들은 두 번 촬영했다. 여자는 두 번 존 웨인에게 너덜너덜한 성경을 건넸다. 존 웨인은 두 번 "나는 그런 게 어울리지 않는 곳을 많이 다닙니다"라고 말했다. 아무도 미동조차 하지 않았다. 그 금요일 오후 2시 30분에 헨리 해서웨이는 카메라를 등지고 돌아서서, 숨죽인 정적이 이어지는 중에 모래가

든 양동이에 시가를 비벼 껐다. "좋아." 그리고 말했다. "이거면 됐어."

1943년 그해 여름 이래로, 나는 수많은 방식으로 존 웨인을 생각했다. 텍사스에서 소 떼를 몰고 가는 모습으로, 엔진 하나밖에 없는 비행기를 착륙시키는 모습으로도, 알라모의 아가씨에게 "공화국은 아름다운 단어요"라고 말하는 모습으로도 생각했다. 멕시코시티 차풀테펙 공원의 값비싼 레스토랑에서 가족을 대동하고 나와 남편과 함께 식사하는 모습으로는 생각해본 적이 없다. 그러나 시간은 이상한 변이를 만들어내니, 지난주 멕시코에서 어느 날 밤, 우리는 함께 그렇게 앉아 있었다. 한참은 그저 좋은 저녁, 어디서나 지낼 수 있는 그런 저녁이었다. 우리는 술을 많이 마셨고 테이블 너머의 얼굴이 어떻게 보면 내 남편보다 더 친숙하다는 느낌조차 잊었다.

그러자 어떤 일이 일어났다. 불현듯 실내가 꿈에 젖었는데, 이유는 알 수 없었다. 불현듯 남자 셋이 나타나 기타를 연주했다. 필라 웨인이 몸을 살짝 앞으로 숙였고, 존 웨인이 알아보기 힘들 정도로 미미하게 아내 쪽으로 잔을 기울였다. "이 테이블의 나머지 사람들한테는 푸이퓌세 백포도주가 필요할 것 같고, 듀크한테는 보르도가 좀 있어야겠군요." 우리 모두 미소를 지었고, 사람들은 푸이퓌세를, 듀크는 보르도를 마셨다. 남자들은 내내 기타를 연주했다. 그러다 나는 마침내 그들이 연주하는 곡을 알아들었다. 〈홍하의 골짜기〉(미국 민요이자 존 웨인 주연의 1948년 영화 〈레드 리버〉 주제곡.―옮긴이)와 〈비상착륙〉(존 웨인 주연의 1954년 영화.―옮긴이)의 주제곡이었다. 박자가 정확히 맞지는 않았지만, 이 말을 하는 지금 이 순간, 오랜 시간이 지난 후 다른 나라에 있는 지금도, 내 귓전에는 그 음악이 들린다.

―1965―

키스가 끊이지 않는 곳
조앤 바에즈와 수정 눈물의 감성

캘리포니아주 살리나스에 소재한 몬터레이 카운티 법원 밖에서는 살리나스시 상인회의 크리스마스 장식이 겨울 양상추를 자라게 하는 연한 햇살을 받아 반짝였다. 법원 안에서는 눈이 멀 것 같은 텔레비전 조명을 받으며 군중들이 불편하게 눈을 깜박였다. 몬터레이 카운티 감리위원회의 회의 날이었고, 1965년 크리스마스를 앞둔 따스한 오후, 안건은 '미스 조앤 바에즈'가 소유한 캐멀 밸리의 작은 학교 비폭력연구소가 "몬터레이 카운티의 평화, 윤리, 또는 복지 일반을 침해하는" 부지 사용을 금하는 몬터레이 카운티의 용도지역 규준에 위반되는지 심사하려는 것이었다. 도로를 사이에 두고 학교 건너편에 거주하는 제럴드 펫커스 부인은 문제를 또 달리 설명했다. "이런 학교에 대체 어떤 사람들이 다니는지 궁금하네요." 펫커스 부인은 논쟁 초입에 이미 질문을 던진 바 있다. "왜 나가서 돈을 벌지 않는 거죠."

펫커스 부인은 당혹감 섞인 결의를 풍기는 통통하고 젊은 주부였고, 딸기 분홍색 니트 원피스를 입고 강단으로 나와 "미스 바에즈의 학교와 관련 있는 사람들이 자꾸 찾아와 어디에 있느냐고 묻는 바람에" 시달렸다고 말했다. "어디 있는지 **똑똑히** 알고 있으면서 말이에요. 내가 기억하는 신사분한 분은 턱수염을 길렀더군요."

"뭐, 나는 **상관없어요.**" 펫커스 부인이 울자 앞줄의 누군가 킬킬거렸다. "우리 집에 어린애가 셋이 있어요. 얼마나 책임이 막중한데요. 그런데 이제 하다못해…" 펫커스 부인이 세심하게 말을 잠시 멈췄다. "누가 집 근처를 돌아다니는지까지 걱정해야 하다니요."

청문회는 오후 2시부터 7시 15분까지 이어졌다. 다섯 시간 십오 분에 걸친 참여민주주의에서 한쪽에서는 몬터레이 카운티 감리위원회가 우리 조국을 나치 독일로 만들고 있다고 주장했으며, 다른 쪽에서는 캐멀 밸리에 미스 바에즈와 학생 열다섯 명의 존재로 인해 "버클리 대학교 스타일" 시위가 발생하고 포트오드 육군기지 훈련병들의 기강이 해이해지고 캐멀 밸리 도로를 활용해 미군 선단이 무력화되고 카운티 전역의 부동산 가격이 폭락할 거라고 했다. "솔직히 그런 시설 옆에 땅을 살 사람이 어디 있습니까." 수의사인 펫커스 부인의 남편이 선언했다. 펫커스 박사 부부는, 특히 부인은 거의 울먹이다시피 하며, 무엇보다 주말에 미스 바에즈가 와서 머무른다는 점이 몹시 불쾌하다고 말했다. 미스 바에즈는 야외에 나와 나무 아래 앉아 있거나 사유지를 산책한다는 것이다.

"우리 학교는 1시까지 열지 않아요." 학교에서 온 누군가 이의를 제기했다. "우리는 시끄럽게 굴지도 않지만, 혹시 그렇대도 1시까지는 푹 주무실 수 있는데 뭐가 문젠지 모르겠군요."

펫커스 부부의 변호인이 벌떡 일어났다. "문제는 펫커스 부부의 수영장이 아주 아름다운데, 주말에도 손님을 초청해 수영장을 쓰기 원한다는 겁니다."

"식탁 위에 올라가 서 있어야 학교가 보일 텐데요."

"그런 짓도 할 사람들이죠." 감리위원들에게 존 스튜어트 밀의 『자유론』에서 한 대목을 낭송하며 미스 바에즈를 지지한다는 의사를 이미 밝힌 바 있는 젊은 여성이 외쳤다. "첩보용 쌍안경을 들고 나오지 않으면 다행이에요."

"그럴 리가요." 펫커스 부인이 울부짖었다. "우리 집 침실 창문 세 군데하고 거실 창문에서 학교가 보인단 말이에요. 그 방향에서 보면 보인다고요."

미스 바에즈는 앞줄에 꼼짝도 없이 가만 앉아 있었다. 아일랜드식 옷깃과 소맷동이 달린 긴팔 감색 원피스를 입고 무릎에 양손을 포개고 앉아 있었다. 사진보다 훨씬 더 범상치 않은 외모였다. 카메라는 그 얼굴에서 인디언 같은 분위기를 강조하고 놀랍게 섬세한 골격과 눈을 놓치는 경향이 있다. 특히 무엇보다 강렬한 인상을 남기는 완벽한 직설, 꾸밈없는 솔직함을 포착하지 못한다. 훌륭하고 자연스러운 스타일의 소유자, 옛날이라면 숙녀라고 불렀을 법한 모습이다. "인간쓰레기." '양차 대전 참전 용사'라고 밝힌 노인이 씩씩거렸다. 똑딱이 나비넥타이를 한 노인은 이런 회합에 단골로 참석했다. "스패니얼 개 같으니라고." 미스 바에즈의 머리카락 길이를 말하는 모양이었다. 노인은 지팡이로 톡톡 두드려 미스 바에즈의 관심을 끌려 했지만, 강단에 못 박힌 눈길은 꿈쩍도 하지 않았다. 미스 바에즈는 한참 후에 일어나서 장내가 완벽히 정숙해질 때까지 가만히 서 있었다. 반대편은 바짝 긴장한 채로 앉아서 정치나 학교나 턱수염이나 '버클리대학교 스타일' 시위나 기타 전반적 무질서에 관해 뭐라고 변명을 하기만 하면 벌떡 일어나 반박할 태세를 가다듬었다.

"다들 4만에서 5만 달러 상당의 주택과 사유지의 가격 하락을 걱정하시는데요." 미스 바에즈는 마침내 느릿느릿 말했다. 낭랑한 목소리를 나직하게 깔고 감리위원들을 똑바로 바라보면서. "그냥 한 말씀만 드리고 싶습니다. 저는 캐멀 밸리에 10만 달러 이상을 투자했고 역시 제 사유지를 보호하는 데 관심이 있습니다." 토지 소유주는 펫커스 박사와 부인을 바라보며 천진하게 미소 짓고 나서 완벽한 침묵 속에 제자리에 앉았다.

조앤 바에즈는 흥미로운 소녀였다. 『보스턴 사람들』을 쓸 즈음의 헨리 제임스라면 관심을 가졌을 법한 소녀 말이다. 바에즈는 복음주의적 중산층의, 잡풀처럼 얼키설키 엮인 관계 속에서 자라났다. 퀘이커교도인 물리학 선생의 딸이었고 두 개신교 목사의 손녀였는데 어머니 쪽은 영국 스코틀랜드 성공회였고 아버지 쪽은 멕시코 감리교회였다. 스테이튼 아일랜드에서 태어났으나 미국 전역의 학문 공동체 변두리를 떠돌며 성장했다. 그러다가 캐멀을 발견했으니, 어디 출신도 아닌 셈이다. 고등학교에 갈 때쯤 아버지는 스탠퍼드 대학교에서 강사로 일하고 있었고, 그래서 팰로앨토 고등학교로 진학했다. 거기서 시어스 로벅 백화점에서 산 기타로 〈하우스 오브 더 라이징 선〉을 독학했고, 손가락으로 성대를 두드려 비브라토를 터득하려 애썼으며, 공습 훈련 때 학교에서 나가지 않겠다고 고집을 부려 신문의 헤드라인을 장식했다. 대학에 갈 때가 되자 아버지는 MIT와 하버드 대학교에서 강의했다. 그래서 조앤 바에즈는 보스턴 대학교에 한 달 다니다가 중퇴했고, 한참 동안 하버드 광장 주변의 커피 바를 돌며 노래하고 지냈다. 하버드 광장의 삶을 별로 좋아하지 않았지만("걔들은 그냥 방에 틀어박혀서 대마초나 피우고, 뭐 그렇게 멍청한 짓이나 하고 살아요." 목사의 손녀는 거기서 만난 지인들에 대해 말했다), 다른 삶을 아직 알지 못했다.

1959년 여름, 친구를 따라 제1회 뉴포트 포크 페스티벌에 갔다. 측면에 "조앤 바에즈"라고 쓴 캐딜락 운구차를 타고 뉴포트에 도착해 1만 3천 명의 관중 앞에서 노래 몇 곡을 불렀고, 그러자 눈앞에 펼쳐졌다, 새로운 삶이. 첫 앨범은 여성 포크 가수로서 레코드 역사상 초유의 판매 기록을 세웠다. 1961년 말 뱅가드 음반사에서 두 번째 앨범을 릴리스했고, 총판매량에서 그녀를 앞선 것은 해리 벨라폰테, 킹스턴 트리오와 위버스의 앨범뿐이었다. 이미 첫 장기 투어를 마쳤고, 두 달 전 매진된 카네기 홀 콘서트를 열었고, 일 년에 몇 달 이상은 일하지 않겠다는 이유로 십만 달러 가치의 콘서트 일정을 거절한 후였다.

조앤 바에즈는 시류에 딱 맞춰 등장했다. 레퍼토리는 차일드 민요(19세기 말 제임스 프랜시스 차일드가 영국과 스코틀랜드의 민요 305곡을 엮어 편찬한 민요집에 수록된 노래들.—옮긴이) 몇 곡밖에 없었고("조애니(조앤 바에즈의 애칭.—옮긴이)는 아직도 '메리 해밀턴'(차일드 민요집에 173번으로 수록된 포크 발라드.—옮긴이) 가지고 뭘 하고 있는 거냐?"고 밥 딜런이 조바심을 치는 일도 생겼다), 청아한 소프라노 음색을 갈고닦지도 않았고 소재의 기원을 따지지 않고 "슬픈" 노래면 아무거나 불러서 순수주의자들의 심경을 거스르기도 했다. 그러나 포크의 물결이 정점에 달하는 순간에 파도를 탔다. 순수주의자들이나 상업적 포크 가수들은 그녀처럼 관중에게 다가갈 능력이 없었다. 관심사가 애초에 돈이 아니었더라도, 그렇다고 음악도 아니었다. 그보다 조앤 바에즈는 자신과 관중 사이에서 벌어지는 무언가에 관심을 두었다. "십만 관중과의 관계가 내게는 가장 쉬워요." 그녀는 말했다. "한 사람이 제일 어렵죠."

관중에게 여흥을 제공할 생각은 처음부터, 또 끝까지, 아예 없었다. 그보다는 감동을 주고 감정의 유대를 맺기를 원했다. 1963년 말에는 그 감정의 초점을 시위운동에서 찾았다. 그녀는 남부로 들어갔다. '깜둥이' 대학들에서 노래했고 셀마, 몽고메리, 버밍햄, 어디라도 바리케이드가 설치되면 찾아가 함께 했다. 워싱턴 대행진(1963년, 미국 흑인의 인권과 일자리, 자유를 외치며 마틴 루터 킹 2세를 비롯해 시민 30여만 명이 참여했다.―옮긴이)을 마치고 링컨 기념관 앞에서 노래를 불렀다. 국방 예산에 들어가는 것으로 계산되는 소득세의 60퍼센트는 납부할 수 없다고 국세청에 통보했다. 시위의 목소리를 대변하는 존재가 되었으나, 막상 운동이 모호해지는 순간에는 이상하리만큼 거리를 유지했다. ("시간이 흐르면서 남부의 시위들에 진력이 났어요." 훗날 조앤 바에즈는 이런 말을 할 수 있게 되었다. "거물급 연예인들이 소형 비행기를 전세 내서 타고 와서, 시내에 언제나 3만 5천 명 이상 모이곤 했죠.") 앨범을 몇 장 내지도 않았는데, 이미 《타임》 표지에서 자기 얼굴을 볼 수 있었다. 불과 스물두 살의 일이다.

조앤 바에즈는 온전한 인간이 되기도 전에 유명인사가 되었고, 그런 일을 당한 사람들이 다 그렇듯, 어떤 면에서 보면, 타인이 보는 자기의 모습, 타인이 자기에 관해 쓰는 글, 자기가 어떤 사람이 되거나 되지 않았으면 좋겠다는 타인의 욕망에 하릴없이 휘둘린 희생자이기도 했다. 할당된 역할은 다양하지만 같은 주제의 변주곡들이다. 불만자들의 성모 마리아. 시위운동의 장기 말. 불행한 정신분석의 대상. 목소리를 다듬지 않는 가수. 재규어를 너무 빨리 모는 반항아. 새들과 사슴 속에 숨는 리마(영화 〈녹색의 장원〉의 여주인공으로, 남미 대륙 열대우림에 사는 야생의 소녀.—옮긴이). 무엇보다도 만물과 만사를 "예민하게 느끼는", 청소년의 생기와 고통을 벗어나지 못하는, 영원히 상처받고 영원히 젊은 소녀. 이제, 원하든 원치 않든 상처가 나아야 할 나이에 다다른 조앤 바에즈는 캐멀 밸리를 거의 떠나지 않는다.

몬터레이 카운티의 집단의식 속에서는 바에즈의 활동이 무조건 불길한 색채를 띠는 경향이 있으나, 감리위원 서른 두 명의 투표로 지속적 활동을 허가받은 미스 바에즈의 비폭력연구소에서 실제로 벌어지는 일은 명백하게 무해해 보이기 때문에 아무리 똑딱이 단추 넥타이를 맨 양차 대전 참전 용사라도 누그러질 수밖에 없었다. 미스 바에즈와 열다섯 명의 학생은 일주일에 나흘, 학교에서 만나 점심을 먹는다. 감자 샐러드, 쿨에이드, 휴대용 바비큐에 구운 핫도그가 메뉴나. 점심을 먹은 후에는 비틀스 레코느를 틀어놓고 발레 연습을 하고, 그다음에는 사이프러스 포인트 사진으로 도배한 벽 아래 맨바닥에 둘러앉아 독서 토론을 한다.『간디의 비폭력론』, 루이스 피셔의『간디의 삶과 메시지』, 제롬 프랭크의『사고장벽을 허물다』, 소로우의『시민의 불복종』, 크리슈나무르티의『처음과 마지막 자유』와『이런 것들을 생각하라』, C. 라이트 밀스의『파워 엘리트』, 헉슬리의『목적과 수단』, 그리고 마셜 매클루언의『미디어의 이해』를 읽었다. 5일째에는 평소와 다름없이 만나지만 완벽한 침묵 속에서 오후를 보내는데, 말을 하지 않을 뿐 아니라 독서도 글쓰기도 하지 않고 담배도 피우지 않았다. 심지어 토론 날에도 정해진 이십 분 또는 한 시간 간격으로 주어지는 휴식시간에는 이런 침묵이 권장된다. 한 학생의 말을 빌리자면 이런 실천이 "개인적 번뇌로부터 마음을 깨끗이 정화하는 데 필수적인" 시간이다. 미스 바에즈는 이 일이 "학교에서 가장 중요한 일이라 해도 과언이 아니"라고 말했다.

　지원자의 나이가 18세 이상이어야 한다는 것을 제외하

고 입학 조건은 없다. 매 세션 선착순으로 지원서를 써서 보내는 열다섯 명이 입학 허가를 받는다. 학생들은 전국에서 찾아오는데, 평균적으로 아주 젊고 아주 열성적이고 세상을 많이 겪어보지 않았으며 세상에서 도망치는 난민이 아니라 아직 세상을 모르는 어린아이들이다. "아름다움과 상냥함으로 서로를 대하는 일"을 많이 걱정하며, 실제로도 서로를 지나치리만큼 상냥하게 대해서 학교에서 보내는 오후는 위험하리만큼 비현실의 환상세계로 흘러가는 경향이 있다. 학생들은 버클리 대학교의 베트남의 날 상임위원회(VDC, 미국의 반전운동을 주도한 좌파 단체 연합.—옮긴이)가 폭주족들인 헬스엔젤스를 끌어들이려 설득한 전략이 현명했는가를 두고 논쟁을 벌인다.

"그렇다고 쳐요." 누군가 논박한다. "그런데 엔젤스가 어깨 한번 으쓱하고 '우리는 원래 폭력을 쓰는 사람들이야'라고 말한다면, VDC는 어떻게 응수할 수 있을까요?"

버클리에서 발표한 국제 비폭력 군대 제안을 두고 토론을 한다. "요지는 우리가 베트남에 가서 이런 마을들에 들어가고, 그다음에 그들이 마을을 불태우면 우리도 불태운다 그거지요."

"참 아름다운 단순성이군요." 누군가 말한다.

대다수 학생은 너무 어려서 기억에 남을 시위 행사에 참여한 적이 없으며, 운동에 참여한 소수가 경험이 없는 다수에게 이야기를 들려준다. 보통 그런 이야기들의 서두는 "스크랜턴의 YMCA에서 어느 날 밤…"이나 "최근에 원자력위원회(AEC)에서 있었던 농성에서…"라든가 "캐나다에서 쿠바까지 행진할 때는 당시 간디 추종자와 서신을 주고받는 열한 살짜리 아이가 있었는데…"로 시작된다. 그들은 "독보적인 한 사람, 단 하나의 아름다운 목소리, 유일하게 말하는 사람" 앨런 긴즈버그를 논한다. 긴즈버그는 VDC가 아기를 둘러메고 꽃을 든 여자들을 오클랜드 육군 터미널로 보낸다고 넌지시 폭로한 바 있다.

"아기와 꽃이라니." 어여쁜 소녀가 한숨을 쉰다. "그렇지만 그건 너무 **아름답잖아요**. 그게 무엇보다 **중요하잖아요.**"

"언젠가 주말에 긴즈버그가 여기까지 찾아왔어요." 곱슬곱슬한 금발의 잘생긴 소년이 회상했다. "『노래주머니는 엿 먹어라』를 한 권 들고 왔는데, 우리가 불태워버렸어요." 소년은 키득키득 웃었다. 그러더니 투명한 보라색 대리석을 창문에 대고 햇빛에 비추어 이리저리 돌려 보았다. "조앤이 준 거예요." 소년이 말한다. "어느 날 밤 조앤네 집에서 파티가 열렸는데 다들 서로에게 선물을 줬어요. 마치 크리스마스 같았지만 크리스마스는 아니었죠."

학교 건물은 어퍼 캐멀 밸리의 노란 야산들과 먼지 쌓인 졸참나무 덤불 사이로부터 상당히 먼 외곽에 자리한, 석회 외장의 낡은 진흙벽돌집이다. 학교 둘레 찢어진 철사 울타리를 협죽도가 떠받치고 있고, 표지판도 문패도 아무것도 없다. 이 진흙벽돌집은 1950년까지 카운티가 운영하는 단학급但學級 학교였는데, 그 후 차례로 '소 헬프 미 한나 옻나무 치료제 실험실'과 소규모 산탄총 탄약 생산업체가 자리를 잡았다. 이 두 사업체는 미스 바에즈와 달리 사유지의 가치에 위협이 되지 않았음이 분명하다. 미스 바에즈는 1965년 가을, 카운티 토지계획위원회로부터 용도 제한 문제로 자택에 학교를 설립할 수 없다는 통보를 받은 후 부지를 구입했다. 자택은 학교에서 몇 마일 거리에 소재한 10에이커 상당의 대지에 자리한다. 미스 바에즈는 비폭력연구소의 부이사장 겸 후원인이다. 6주 과정의 등록금인 120달러는 퍼시픽 그로브의 아파트 숙박비까지 포함한 금액이며 학교에서 드는 비용을 충당하지 않는다. 미스 바에즈는 학교 건물에 4만 달러를 투자했을 뿐 아니라 연구소 소장 겸 토론 지도자이고 사실상 이 프로젝트 전체의 배후 조종자인 아이라 샌드펄의 연봉도 책임지고 있다. "우리가 아주 아담하게 시작했다고 생각하실지 모르지만, 가끔 가장 작은 것들이 역사의 흐름을 바꿀 수 있습니다. 베네딕트 수도회를 보세요." 아이라 샌드펄은 말한다.

어떻게 보면 아이라 샌드펄을 빼고 조앤 바에즈에 대해 말한다는 것 자체가 불가능하다. "토지계획위원회에서 어떤 남자가 그러더라고요. 제가 광적인 비주류한테 이끌려 환락과 죄악의 길을 걷고 있다고요." 미스 바에즈는 킬킬 웃는다. "아이라 아저씨가 그 남자한테 미친놈은 당신이고 그 수염이 비주류라고 했죠." 아이라 샌드펄은 마흔두 살의 세인트루이스 토박이로, 턱수염, 삭발한 머리, 큼지막한 핵 군축 엠블럼을 붙인 고뉴보이 재킷, 사명감에 빛나는 눈빛, 높고 갈라진 웃음소리, 그리고 전반적으로, 알아보기도 힘들 정도로 조금이지만 치명적으로 비뚤어진 무지개를 평생 쫓아다닌 남자의 모습이었다. 샌프란시스코, 버클리, 팰로앨토 근방을 돌며 평화주의 운동에 제법 오랜 시간을 바쳤고, 미스 바에즈와 함께 연구소의 아이디어를 떠올렸을 때는 팰로앨토의 어느 서점에서 직원으로 일하고 있었다.

아이라 샌드펄이 열여섯 살의 조앤 바에즈를 처음 만난 건 미스 바에즈가 아버지 손에 이끌려 팰로앨토의 퀘이커교도 회합을 찾았을 때다. "심지어 그 무렵에도 조앤은 어딘가 마술 같은, 비범한 분위기를 풍겼죠." 아이라 샌드펄은 회상한다. "제가 설교한 집회에서 조앤이 노래했던 때가 기억납니다. 그날 밤 청중의 반응이 대단해서 제가 말했죠. '얘야, 네가 어른이 되면 우리 한 팀으로 전도 사업을 하자.'" 그는 미소를 지으며 손을 활짝 벌린다.

두 사람이 친해진 계기는, 아이라 샌드펄에 따르면, 미스 바에즈의 아버지가 유네스코 자문으로 파리에 체재한 일이라고 한다. "제가 가장 오랜 친구였기 때문에, 자연스럽게 조앤이 의지하게 되었죠." 그는 1964년 가을 버클리 시위 당시 그녀와 함께 있었다. "우리가 바로 그 말 많고 탈 많은 외부 선동자들이었지요. 기본적으로 우리는 치열함이 없는 운동을 비폭력운동으로 바꾸기를 원했습니다. 조앤은 슬럼프에 빠진 운동을 끌어내는 데 엄청나게 큰 역할을 해냈지요. 비록 남자들은 지금 와서 그 사실을 인정하지 않겠지만요."

버클리 시위에 참석하고 한두 달 후에 조앤 바에즈는 아이라 샌드펄에게 일 년간 개인 교습을 받을 수 있는지 가능성을 타진했다. "조앤은 정치적인 식견이 높은 사람들과 어울리게 되었지요. 느끼는 **감정**은 강렬했지만, 조앤은 비폭력의 사회적·경제적·정치적·역사적 조건을 전혀 몰랐습니다."

"전부 막연했어요." 초조하게 머리카락을 뒤로 빗어 넘기던 그녀가 말허리를 끊는다. "좀 덜 막연하면 좋겠어요."

그들은 일 년의 개인 교습에 그치지 않고 정해진 기한이 없는 학교를 짓기로 했다. 1965년 늦여름에 첫 학생들이 등록했다. 연구소는 어떤 운동과도 노선을 같이하지 않으며 ("우리를 또 다른, 길고 격렬하고 크나큰 난장판으로 끌고 들어가려는 애들이 있어요"라고 미스 바에즈는 말한다) 사실상 활동 조직 대다수에 대해서는 두드러진 불신이 팽배하다. 예를 들어 아이라 샌드펄은 비폭력을 제한된 전략으로만 간주하고 인습적 권력 집단을 용인하며 심지어 지도자를 국회의원 경선에 내보낸 VDC가 쓸데없는 단체라 생각한다. 샌드펄은 국회라면 치를 떠는 사람이다. "자, 이렇게 말하면 어떨까요. 지금 인권 문제로 대통령이 법안에 서명한다면 누구를 증인으로 부를까요? 애덤 파월(침례교 목사이자 인권운동가로, 미국 의회에 진출한 최초의 아프리카계 미국인.—옮긴이)? 아니지요. (베이어느) 러스틴, (제임스) 파머, (마틴 루터) 킹을 부릅니다. 기존 권력 구조 안에 있는 사람은 **아무도 없**지요." 그는 미스 바에즈와 함께 폭력을 불법으로 규정하는 법안에 서명할 때 증인으로 소환되는 날을 그려보듯 잠시 말을 멈춘다. "낙관하는 건 아니에요. 하지만 희망적이지요. 차이가 있지요. 나는 희망을 품고 있어요."

가스 난방기가 간간이 피식피식 들어왔다가 조용해지고 미스 바에즈는 그걸 지켜본다. 더플코트를 어깨에 두른 채로. "다들 제가 정치적으로 나이브하다고 말하고, 실제로도 그래요." 한참 후에 그녀가 말한다. 그녀는 잘 알지 못하는 사람들한테 이런 말을 자주 한다. "정치를 하는 사람들도 마찬가지 아닌가요. 아니면 우리가 전쟁에 말려들 리가 없잖아요."

문이 열리고 수제 샌들을 신은 키 작은 중년 남자가 걸어 들어온다. 미스 바에즈의 매니저 마누엘 그린힐이다. 5년째 매니저를 맡고 있는데도, 아이라 샌드펄과는 만난 적이 없다.

"드디어!" 아이라 샌드펄이 벌떡 일어나며 외친다. "전화기 속의 육체 없는 목소리가 드디어 여기 계시네! 매니 그린힐이라는 사람이 정말 있군요! 아이라 샌드펄도 정말 있습니다! 여기 이렇게요! 이 사람이 그 악당입니다!"

조앤 바에즈는 만나기 어렵다. 적어도 저항운동의 지하조직과 동조된 사람이 아니라면. 그녀의 음반 녹음을 맡은 뉴욕의 회사 뱅가드에서는 보스턴에 있는 매니 그린힐의 전화번호만 줄 것이다. "지역코드 415, 앞 번호 DA4, 번호는 4321입니다." 매니 그린힐의 쉰 목소리가 말할 것이다. 지역코드 415, DA4-4321은 팰로앨토에 있는 케플러 서점으로 연결될 텐데, 그곳은 아이라 샌드펄의 전 직장이다. 서점의 누군가가 전화번호를 받아 적을 테고, 전화를 건 사람과 연락할 의향이 있는지 캐멀에 확인한 후 다시 전화해 캐멀의 번호를 알려준다. 캐멀의 번호는, 이제 다들 짐작하겠지만, 미스 바에즈의 전화가 아니고 자동응답 서비스다. 자동응답 서비스에 번호를 남기면, 며칠 혹은 몇 주 후에 미스 바에즈의 비서 주디 플린이 전화를 걸어올 수도 있고 아닐 수도 있다. 미스 플린은 미스 바에즈와 "연락해보겠다"고 말한다. "나는 사람들을 만나지 않아요." 틀린 번호와 불통의 전화와 답이 없는 전화가 희한하게 주먹구구식으로 엮여 있는 이 그물망의 핵심에 있는 장본인이 말한다. "문을 걸어 잠그고 아무도 오지 않으면 좋겠는데, 그래도 찾아오더라고요. 내가 어디 사는지 누군가 말을 해주나 봐요."

그녀는 조용하게 산다. 책을 읽고, 그녀가 어디 사는지 듣고 오는 사람들과 대화를 하고, 가끔은 아이라 샌드펄과 샌프란시스코에 가서 친구들을 만나 평화운동 이야기를 나눈다. 두 자매를 만나고 아이라 샌드펄을 만난다. 그녀는 연구소에서 아이라 샌드펄의 말을 경청하고 대화하며 살아가는 나날이 이제까지 했던 어떤 일보다도 만족스럽다고 한다. "노래하는 것보다는 확실히 좋아요. 예전에는 무대에 서서 수천 달러씩 벌어들이고 있는 돈이 무슨 의미가 있나 생각하곤 했거든요." 그녀는 수입에 대해 수세적인 태도를 보이고 ("아, 어디서 들어오는 돈이 좀 있지요") 계획을 물으면 막연하게 답한다. "하고 싶은 일들이 몇 가지 있어요. 로큰롤도 좀 하고 싶고 클래식도 좀 하고 싶어요. 하지만 차트 순위와 판매량을 미리 걱정하지는 않을 거예요. 그러면 내 입장이 어떻게 되겠어요?"

정확히 그녀가 서고 싶은 자리가 어디인지는 열린 질문으로 보인다. 자기 자신에게도 답이 아리송하고 매니저한테는 더 아리송한 질문 말이다. 가장 유명한 고객이 지금 무엇을 하고 있고 앞으로 어떤 계획을 갖고 있는지를 물으면 매니 그린힐은 "아주 많은 계획"이라든가 "다른 영역"이라든가 "조앤 자신의 선택" 같은 말을 한다. 그러다 마침내 생각이 났다는 듯 말한다. "있잖아요. 바로 얼마 전에 캐나다 텔레비전 방송에서 다큐멘터리를 하나 찍었는데《버라이어티》에서 아주 호평을 받았어요. 제가 읽어드릴게요."

매니 그린힐은 리뷰를 읽는다. "어디 보자. 여기《버라이어티》에서 이런 말을 했어요. '원래는 20분짜리 인터뷰만 하기로 계획했지만 토론토의 CBC 간부들이 필름을 보고 나서 특집으로 진행하기로 결정했다ㅡ'" 그러더니 자기가 자기 말을 끊는다. "바로 여기가 제법 뉴스거리가 될 만한 대목입니다. 어디 봅시다. 여기서 조앤의 평화론을 인용하고 있어요. …그건 이미 아시죠. …여기 조앤이 '할리우드에 갈 때마다 토할 것 같아요.' …아니, 이 얘기는 그만하고요. …여기요, '링고 스타와 조지 해리슨의 성대모사는 정곡을 찔렀다.' 이거 보세요. 이 부분 좋네요."

매니 그린힐은 미스 바에즈가 책을 쓰고 영화에 출연하고 로큰롤 곡들을 녹음하게 되기를 바라고 있다. 그녀의 수입은 거론하지 않을 테지만, 쾌활하면서도 쓸쓸한 어투로 "올해는 별로 많지 않을 겁니다"라고 말할 것이다. 미스 바에즈는 1966년에 콘서트 스케줄은 단 한 번만 허락하고(일 년에 30회에서 줄어든 것이다) 가수 경력을 통틀어 클럽 공연을 단 한 번 수락했으며, 사실상 텔레비전에도 출연한 적이 없다. "조앤이 앤디 윌리엄스 쇼에 나가서 뭘 하겠어요?" 매니 그린힐은 어깨를 으쓱한다. "언젠가 같이 팻 분 노래를 부른 적은 있지요. 분위기 맞춰 어울릴 줄은 안다는 증거지만 그래도요. 조앤 뒤에 백댄서들이 나와서 춤을 추는 건 원치 않아요." 그린힐은 그녀가 참여하는 정치 행사를 주시하며 그녀의 이름을 유용하지 못하게 막으려 한다. "조앤 이름을 걸면 콘서트가 된다는 거죠. 요점은, 조앤 이름을 내걸지만 않으면 상황이 안 좋을 때 조앤이 빠져나올 수 있어요." 학교 일로 스케줄에 지장이 생기는 문제에는 체념한 눈치다. "들 어보세요. 조앤한테 정치에 나서라고 항상 독려한 게 나예 요. 나야 능동적으로 참여하지 않지만 관심은 있다고 합시 다." 실눈을 뜨고 해를 쳐다본다. "아마 나는 그냥 너무 늙어 서 그럴 거예요."

조앤 바에즈의 "정치 참여"를 독려하는 건, 사실 조앤 바에즈로 하여금 이런저런 일에 감정을 "느끼도록" 독려하 는 것과 다름없다. 스스로 말했듯 조앤 바에즈에게 정치는 아직도, "전부 막연"하다. 접근하는 관점은 본능적이고 실용 적이며, 여성유권자동맹 회원과 다를 바 없다. "솔직히, 공산 주의는 정말 싫어요." 이 주제에 관해서 그녀가 최근에 남긴 말이다. 평화주의 운동에서 최근 있었던 일들에 관하여는 이렇게만 말한다. "징집영장을 불태우는 건 의미가 없어요. 그리고 분신은 더 말이 안 되죠." 팰로앨토 고등학교 재학 중 공습훈련 피난 훈련을 거부했을 때도, 이론적 동기가 있었 던 건 아니다. "그쪽이 실용적이니까요. 내가 보기에 이 훈련 은 실용적이지 못했거든요. 이 모든 사람들이 무슨 비좁은 피난소에 끼어들어 깡통에 든 물을 먹고 살 수 있다고 생각한다니." 그녀는 민주당 정부 행사에도 참석했고, "훌륭한 공화당원 포크 가수는 존재한 적이 없어요"라고 말한 것으로도 유명하다. 이것을 새로운 급진주의의 어휘라고 보기는 어렵다. 콘서트 프로그램에는 "파멸 전야의 기다림"에 대한 단상들도 포함되어 있는데 그 단상들은 다음과 같다.

내 삶은 수정 눈물방울입니다. 눈물 속에서는 눈송이가 나리고 슬로모션으로 터벅터벅 걸어다니는 작은 인형들이 있습니다. 앞으로 백만 년 동안 그 눈물 속을 들여다보아도 그 사람들이 누구인지, 무엇을 하고 있는지 알 수 없을지도 모릅니다.

가끔은 폭풍이 그리워집니다. 만물이 변화하게 되는 대폭풍 말입니다. 하늘은 한 시간에 나흘을 흐르고 나무들이 울부짖고 작은 동물들이 진흙을 헤치고 잽싸게 내달리고 만물이 어두워지고 완전히 야성에 휩싸입니다. 그러나 사실 그것은 하느님입니다. 천국에서 가장 아끼는 교회에서 음악을 연주하시고—스테인드글라스를 깨뜨려 박살 내시고—거대한 오르간을 연주하시고—천둥처럼 건반을 두드리십니다. 완벽한 화음—완벽한 기쁨입니다.

설마 타이프라이터가 근처에 없을 때도 정말 이런 말투를 쓸 리야 없겠지만, 미스 바에즈는, 아마도 무의식적으로, 아무리 진부하고 피상적이라 해도 그녀 자신이나 다른 누군가의 청소년기가 갖는 무구함과 격동과 외경의 능력을 잃지 않으려 애쓴다. 이 개방성, 여린 면모를 그대로 드러내는 무방비성은 그녀가 어리고 외롭고 표현 능력이 없는 모든 이들에게 '가닿을 수 있는' 이유다. 이 세상에 아름다움과 상처와 사랑과 형제애를 이해할 사람은 그녀 말고 아무도 없다고 믿는 사람들 말이다. 아마도 이제는 나이가 들었기 때문이겠지만, 미스 바에즈는 자신이 무수한 추종자들에게 아름답고 진실된 모든 것을 표상한다는 사실에 간혹 심란해질 때가 있다.

"그걸 생각하면 마음이 그리 좋지가 않아요." 미스 바에즈는 말한다. "가끔은 나 자신에게 말해요. '정신 차려, 바에즈. 너는 다른 사람과 하나도 다를 게 없어.' 그렇지만 그 생각을 해도 마음이 좋지 못해요."

"사람들이 다 너 같은 목소리를 가진 건 아니잖아." 아이라 샌드펄이 맹목적인 사랑을 담아 말한다.

"아, 목소리가 있는 건 좋지. 목소리는 괜찮아…"

그러더니 미스 바에즈는 말꼬리를 흐리고 아주 오랫동안 구두 버클에 집중한다.

그래서 인생이 수정 눈물방울인 소녀는 자기 집을 갖게 되었다. 햇살이 빛나고 모호성은 조금 더 오래 구석으로 밀어둘 수 있는 곳, 모두가 따뜻하고 정 많고 자긍심을 나누는 곳. "어느 날 우리는 교실에서 돌아다니며 우리 자신에 대한 대화를 나눴어요." 그녀는 넌지시 털어놓는다. "그리고 깨달았죠. 맙소사, 난 참 편하게 살아왔구나, 하고." 늦은 오후의 햇살이 깔끔한 원목마루에 줄무늬를 그리고 새들이 졸참나무 숲에서 노래하고 아름다운 아이들이 코트를 걸치고 마루에 앉아 아이라 샌드펄의 이야기에 귀를 기울이고 있다.

"채식주의자세요, 아이라 선생님?" 누군가 나른하게 묻는다.

"그래. 그렇단다."

"말해줘요, 아이라." 조앤 바에즈가 말한다. "그 얘기 좋아요."

아이라 샌드펄은 몸을 뒤로 기대며 천장을 바라본다. "옛날에 선생님이 시에라에 있었는데…" 그는 잠시 말을 끊고 조앤 바에즈는 흐뭇하게 미소를 짓는다. "황량한 맨바위에서 쑥쑥 몸을 던지며 자라나는 장엄한 나무 한 그루를 보게 됐어. …그래서 마음을 먹었지. '좋아, 나무야! 네가 그렇게 살고 싶다면, 그럼 됐어! 난 괜찮아! 나는 너를 베지 않을 거야! 너를 먹지 않겠어! 우리 모두의 공통점 한 가지는 살고자 한다는 것이지!'라고 말이야."

"하지만 채소는요." 한 소녀가 중얼거린다.

"물론, 선생님도 깨달았지. 우리가 이 살과 이 피를 갖고 있는 한 완벽한 비폭력을 성취할 수는 없다는 걸."

시간이 늦어지고 있다. 다음 날 점심값 50센트를 걸고 나서 누군가가 "또라이, 빨갱이, 겁쟁이가 이 나라를 대표하지 않는다"는 걸 보여주기 위해 시민들은 성조기를 게양하자는 몬터레이 카운티 감리위원회의 제안서를 낭독했다. 또 다른 누군가는 VDC 이야기를 꺼냈고 VDC 체제에 반감을 지닌 위원이 캐멀을 방문했던 이야기가 나왔다.

"마브는 하느님 앞에 부끄러움 없는 비폭력주의자야." 아이라 샌드펄이 선언한다. "정직과 사랑으로 충만한 사람이지."

"자기 말로는 무정부주의자라던데요." 누군가 회의적으로 반박한다.

"맞아." 아이라 샌드펄은 동의한다. "그렇고말고."

"VDC는 간디도 부르주아라고 할까요?"

"아, 그렇게 어리석지는 않겠지만 자기네들도 그렇게 부르주아적인 삶을 영위하면서…."

"그건 정말 그래요." 보라색 대리석을 들고 있던 어여쁜 금발 소년이 말한다. "거기 사무실을 찾아가면 어찌나 쌀쌀맞게 대하는지요. 너무 매정하고 싸늘하더라고요…."

모두가 사랑이 담뿍 담긴 눈빛으로 소년을 본다. 이제 바깥 하늘은 소년이 든 대리석의 빛깔로 변했지만 모두들

책과 잡지와 레코드들을 정리하고 자동차 키를 챙기고 하루를 마감하기 싫어 머뭇거리고 있다. 떠날 채비가 끝날 무렵 조앤 바에즈는 냉장고에 있던 감자 샐러드를 손가락으로 먹고 있었는데, 그러자 모두 샐러드를 함께 먹으려고 머문다, 아직 온기가 남았을 때 조금이라도 더.

− 1966 −

미국 공산당 중앙위원회(마르크스-레닌주의 노선) 소속의 라스키 동지

바깥쪽에 사는 사람들

M. I. 라스키로도 알려진 마이클 라스키는 비교적 이름이 알려지지 않은 젊은이다. 깊고 뜨거운 눈빛, 짧은 턱수염, 그리고 남부 캘리포니아에서는 특히 보기 드문 창백한 안색의 소유자다. 눈에 띄는 외모와 지칠 줄 모르는 이데올로기적 용어 선택, 마이클 라스키의 외모와 말투는 직업적 혁명가의 대중적 이미지와 정확히 맞아떨어지며 실제로 그러하다. 그는 26년 전 뉴욕 브루클린에서 태어나 유년기에 로스앤젤레스로 이주했으며 UCLA를 중퇴했다. 대학교 2학년 시절은 소매업체의 사무직을 조직하는 일로 보냈고, 현재는 와츠와 할렘에 에너지를 분산해 활동하는 스탈린-마오쩌둥주의

의 분파 단체 미국 공산당 중앙위원회(CPUSA, 마르크스-레닌주의를 표방한다) 총무로 재직하고 있다. 마이클 라스키는 일련의 독트린들로 구성된 불변의 구축물을 융통성 없이 신봉한다. 이러한 믿음 중에는 전통적인 미국 공산당은 "수정주의적 부르주아 파벌"이며, 진보노동당, 트로츠키파, "거스 홀이 이끄는 수정주의 분파"는 "노동자들"이 아니라 자유주의 제국주의자들에게 평화를 호소함으로써 부르주아의 종놈에 불과한 본색을 드러냈으며, H. 랩 브라운은 의식적으로 꼭두각시 노릇을 하는 건 아닐지 몰라도 제국주의 지배계급에게 이용되고 있다는 생각들이 있다.

얼마 전 나는 CPUSA의 서해안 지역 본부인 와츠 소재 노동자국제서점을 찾아가서 마이클 라스키와 제법 시간을 보냈다. 우리는 낫과 호미가 그려진 깃발과 마르크스, 엥겔스, 마오쩌둥, 레닌, 스탈린의 초상(마오가 모두 탐내는 중앙의 위치를 차지했다)을 머리 위에 두고 주방 테이블에 앉아 프롤레타리아 독재를 이룩하기 위해 필요한 혁명을 논했다. 그러나 사실 내 관심사는 혁명이 아니라 혁명가였다. 마이클 라스키는 붉은 마오쩌둥 시집을 소지하고 있었고, 대화를 나누면서 그 책을 똑바로 놓더니 테이블과 먼저 수직을 맞추고 수평을 맞추어 정렬했다. 마이클 라스키라는 사람을 이해하려면 그런 류의 강박에 호감을 가져야 한다. 그를 생각하면 먹는 모습이나 자는 모습이 떠오르지 않는다. 신좌파에서 많이 볼 수 있는 열정적인 걸물들과는 아무 공통점이 없다. 마이클 라스키는 당에서 이탈한 개혁가들을 경멸한다. 정치적 권력은 총신 끄트머리에서 나온다는 마오쩌둥의 말을 신봉하며, 이 점을 역설할 때만큼은 뜨거운 솔직함으로 제 무덤을 파기도 한다. 미국 좌파 지형에서 마이클 라스키가 차지하는 입지란 한마디로 불가능에 가까울 성노니 외로운 돈키호테라 하겠다. 인기도 없고 실용성도 없다. 마이클 라스키는 미합중국에 "노동자들"이 있다고 믿고, 때가 되면 "봉기할" 거라고 생각한다. 그것도 무정부주의가 아니라 의식적인 단합으로 말이다. 또한 "지배계급"이 자의식을 갖고 있고, 악마적 힘을 휘두른다고 믿는다. 모든 면에서 이상주의자다.

사실 나는 이 세상의 마이클 라스키들과 함께 있으면 편안하다. 안쪽이 아니라 바깥쪽에 사는 사람들, 두려움의 감각이 너무나 날카로워 극단과 실패가 예정된 헌신에 경도되는 사람들. 나 역시 두려움이라면 제법 아는 사람이거니와, 어떤 사람들이 공허를 채우기 위해 애써 만들어내는 정교한 체제들의 가치를 안다. 알코올이나 헤로인이나 색정처럼 접근성이 좋은 것이든 신이나 역사에 대한 믿음처럼 얻기 힘든 것이든 그런 사람들의 아편이 얼마나 값진지 안다.

그러나 물론 마이클 라스키에게는 두려움을 말하지 않았다. 마이클 라스키가 선택한 아편은 역사다. 나는 넌지시

"우울"을 내비쳤고, 지난 메이데이 시위에서 본 얼굴들이 여남은 명밖에 되지 않아서 "우울"하지는 않았느냐고 대담하게 물었다. 그러나 그는 우울은 혁명의 노선에 장애물이며, 자신을 떠받치는 이데올로기가 결여된 인간만 걸리는 질병이라고 내게 말했다. 그러니까 마이클 라스키는 보시다시피, 내가 그에게 느끼는 친밀감을 내게서 느끼지 못했던 것이다. "기자님과 이야기하는 건 오로지, 계산된 위험이기 때문입니다. 물론 기자님은 정보를 빼돌려 첩보기관에 넘기는 역할을 맡고 있겠지요. 기본적으로, 우리를 의자에 붙들어 맬 수만 있다면 FBI가 할 법한 취조를 하려는 거잖아요." 그는 말을 잠시 멈추고 손톱으로 아담한 붉은 책을 두드렸다. "그런데도" 하고 그는 결국 말했다. "기자님과 이야기하면 내게 확실한 이점이 있어요. 한 가지 사실 때문이지요. 이 인터뷰들이 내 존재를 공적으로 기록한다는 겁니다."

그럼에도 마이클 라스키는 간부가 몇 명인지 결코 밝히지 않았고, 마찬가지로 소위 CPUSA(마르크스-레닌주의 노선)의 "지하 지부"에 대한 얘기도 절대로 내게 발설하지 않았다. "보다시피 나는 그런 정보는 주지 않을 겁니다." 그는 말했다. "불법으로 낙인찍히리라는 걸 알고 있어요." 그러나 노동자국제서점은 "개방된 시설"이었고 구경도 자유롭게 할 수 있었다. 나는 베이징(『부통령 첸 이가 특파원 질의에 답하다』), 하노이(『호치민 대통령이 L. B. 존슨 대통령에게 답하다』),

알바니아 티라나(『티토의 정책 변화를 둘러싼 아우성과 부정할 수 없는 진실』)에서 온 책들을 훑어보았고, 북베트남 노래 악보를 보며 〈당이 우리를 부르면 우리 심장은 증오로 차오르네〉를 콧노래로 흥얼거려보려 했다. 이런 서적은 계산대와 부엌 테이블이 있는 앞쪽에 진열되어 있다. 합판 파티션 니미 뒤쪽에는 간이 침상 몇 개와 인쇄기 섬 릉사기가 있는데, 중앙위원회는 이 기계로 조직의 "정치적 장기臟器"인《인민의 목소리》와 "이론적 장기"인《붉은 깃발》을 발간한다. "보안 보장을 위해 이 시설에서 복무하는 간부가 있습니다." 내가 간이 침상을 언급하자 마이클 라스키가 말했다. "뒤쪽에는 소규모 무기창이 있습니다. 산탄총 두세 자루를 비롯해 여러 가지 물건이 있지요."

당 간부급이 실제로 하는 일을 생각하면 이런 보안이 의아스러울 수 있다.《인민의 목소리》를 판매하고 인민 무장 방어 단체를 조직하려 노력하는 일을 제외하면, 대체로 서로의 태도에서 "오류"와 "실수"를 찾아내며 이데올로기를 완벽하게 수련하는 일을 하기 때문이다. "어떤 사람들 눈에는 우리가 하는 일이 시간 낭비로 보일지 모릅니다." 마이클 라스키는 불쑥 말했다. "자기 나름의 이데올로기가 없으면 당이 무엇을 줄 수 있는지 묻게 됩니다. 당은 아무것도 주지 않습니다. 만사를 제치고 당을 최우선에 놓는 3, 40년의 세월을 요구합니다. 폭행당할 것을 요구합니다. 교도소. 고도의 레벨에서는 암살당할 것을 요구합니다."

그러나 물론 그건 굉장한 요구다. 마이클 라스키가 구축한 자기만의 세계는 미로 같은 정교함과 흠 없는 선명성의 세계다. 숭고한 목적뿐 아니라 외부적·내부적 위협, 음모와 조직으로 의미를 갖는 세계, 중요한 것들이 존재하는 질서 불변의 세계다. 노동자국제서점에서 보냈던 또 다른 날의 이야기를 들어보자. 마르크스-레닌주의자들은 밖에 나와서 《인민의 목소리》를 팔고, 마이클 라스키와 간부급에 속하는 다른 세 명이 매상고를 확인하고 있었다. J. P. 모건 은행의 파트너 회의만큼이나 의례적인 절차였다.

"시먼스 씨―아니, **시먼스 동지**―총수입은 얼마입니까?" 마이클 라스키가 물었다.

"9달러 99센트입니다."

"총판매시간은?"

"네 시간입니다."

"판매한 신문 부수는 어떻게 됩니까?"

"75부입니다."

"그러면 시간당 평균 판매부수는요?"

"19부입니다."

"평균 기부금액은?"

"13.5센트입니다."

"가장 많은 기부금액은요?"

"60센트입니다."

"가장 적은 액수는?"

"4센트입니다."

"실적이 아주 좋은 날은 아니었군요, 시먼스 동지. 설명
하실 수 있습니까?"

"복지의 실업 수딩이 나오는 날은 늘 실석이 나쁩니다."

"아주 좋습니다, 시먼스 동지."

당신은 마이클 라스키가 사는 세상을 본다. 아무것도 아
닌 일에 골몰하는 소소하지만 위태로운 승리를 본다.

−1967−

로메인 스트리트 7000번지, 로스앤젤레스 38
하워드 휴스와 미국의 은밀한 꿈

로메인 스트리트 7000번지는 로스앤젤레스에서도 소설가 레이먼드 챈들러와 대실 해밋의 팬들에게 낯익은 구역에 있다. 할리우드 아래쪽, 선셋 대로의 남쪽, '모델 스튜디오'와 창고와 2세대 방갈로들이 있는 중산층의 슬럼이다. 파라마운트와 컬럼비아와 데실루와 새뮤얼 골드윈 스튜디오가 근처에 있기 때문에, 근방에 사는 많은 사람들은 영화산업과 어떻게든 연관을 맺고 있다. 이를테면 예전에 팬 사진을 출력했거나, 진 할로우의 매니큐어 담당자를 알고 지냈거나 하는 식으로 말이다. 로메인 스트리트 7000번지만 해도 겉보기에는 빛바랜 영화 촬영지 같다. 파스텔 빛깔 건물의 아르데코

풍 세부 장식은 군데군데 이가 빠져 있고, 창문에는 판자가 덧박혀 있거나 철망이 덧대어져 있으며, 현관 앞에 놓인 먼지 낀 서양협죽도 사이로 "환영합니다"라고 쓰인 고무 매트가 놓여 있다.

실제로는 아무도 환영받지 못한다. 로메인 7000번지는 하워드 휴스(꾀짜 부사토 알려신 사업가이자 비행기 개발자이며 영화 제작자.―옮긴이)의 소유이며, 문은 잠겨 있다. 휴스 '커뮤니케이션 센터'가 칙칙한 햇살이 드는 해밋과 챈들러의 구역에 있다는 사실은, 삶이 정말로 영화 각본과 같다는 심증을 굳혀준다. 하워드 휴스 제국은 우리 시대에 세계에서 유일한 복합산업 그룹이었기 때문이다. 휴스 제국은 기계 제조, 석유 관련 기기 외국 자회사, 양조장, 항공사 두 개, 엄청난 부동산 자산, 대형 영화 스튜디오, 전자 회사와 미사일 사업체를 아우르게 되었고, 회사 경영자의 사업 수법은 『빅 슬립』(필립 말로우를 주인공으로 처음 내세운, 레이먼드 챈들러의 1939년 소설.―옮신이)의 능장인물과 다를 바 없었다.

어쩌다 보니 나는 로메인 7000번지와 멀지 않은 곳에 살고 있고, 가끔 한 번씩은 꼭 이곳을 지나쳐 드라이브를 한다. 아서왕의 전설 연구자들이 콘월 해안을 방문하는 것과 같은 심정일 것이다. 나는 항간에 떠도는 하워드 휴스라는 전설과 사람들이 그에 반응하는 방식과 사람들이 그에 대해 말할 때 쓰는 어휘에 관심이 있다. 한 가지 예를 들어보겠다.

몇 주 전 베벌리힐스의 한 호텔에서 오랜 친구와 점심을 먹었다. 합석한 손님 한 명은 부유한 기혼녀로 1930년대에 휴스와 계약했던 스타 유망주였고, 또 한 명은 휴스가 제작한 영화들을 수없이 담당했던 의상 디자이너로, 다른 회사와 일하지 않는다는 조건 아래 아직도 로메인 7000번지에서 봉급을 받고 있다고 했다. 더 섀도우(1930년대 펄프픽션 주인공으로 시작해 다양한 매체에 등장하며 큰 인기를 끈 캐릭터로, 검은 옷을 입고 그림자처럼 몸을 숨기는 능력이 있는 일종의 슈퍼히어로.—옮긴이)보다도 대중 앞에 모습을 드러내지 않는 사나이 밑에서 일했던 과거의 스타 유망주와 한물 간 의상 디자이너, 두 사람은 앉아서 햇볕을 쬐며 그 사나이에 대한 이야기를 했다. 그들은 어째서 그리고 왜 휴스가 라스베이거스를 사들이는 일에 1967년을 바치고 있는지 궁금해하고 있었다.

"사람들이 하는 말대로라고, 그런 얘기는 하지도 마세요. 큰손들이 몰려들고 있으니 이제 펜트하우스에서 나가라고 했다는 이유로 데저트인 카지노호텔을 사버리다니." 과거의 스타 유망주는 리츠 호텔만큼 큰 다이아몬드를 손가락으로 만지작거리며 말했다. "뭔가 더 큰 사명의 일환일 거라고요."

그 표현이 정확히 옳다. 경제신문을 대충 훑어보는 사람이라면 하워드 휴스가 절대 사업상의 "거래"나 "협상"을 하지 않는다는 걸 안다. 휴스는 "사명" 내지 "임무"를 수행한다.

《포춘》이 러브레터를 연재할 때의 표현을 빌리면, 휴스는 언제나 "한 개인의 절대적인 통제권하에 있는 최대 규모 기업 자산의 소유주로서 권력을 유지하고자" 했다. 또한 휴스는 "동업자"도 두지 않는다. 오로지 "적수"만이 있을 뿐이다. 적수들이 절대적 통제권을 위협하는 것처럼 "보이면" 휴스는 행동을 "취할 수도 있고 아닐 수도 있다." 유독 휴스와 관련된 보도에서 특징적으로 쓰이는 "보이면"이나 "할 수도 있고 아닐 수도 있다"라는 이런 표현은, 휴스의 사명이 갖는 특별한 분위기를 암시해주었다. 휴스가 "취할 수도 있고 아닐 수도 있는" 행동은 이를테면 이런 것이다. 결정적인 순간을 골라 "당신이 내 머리에 총을 겨누고 있다"고 경고를 할 수도 있다는 말이다. 휴스가 싫어하는 것을 하나 꼽자면 단연 머리에 겨누어진 총(일반적으로 이는 행사 참석이나 정책 논의를 뜻한다)이므로 이 메모로 적어도 TWA 항공 ― 휴스가 경영했던 당시 이 회사가 돌아가는 방식과 비슷하게 운영되는 조직은 온두라스 정부밖에 없었다 ― 의 사장 한 명은 사직해야 했다.

　이런 이야기들은 끝도 없고, 한없이 친숙하다. 휴스의 충실한 추종자들은 이런 일화들을 야구카드처럼 서로 교환하며, 가장자리가 너덜너덜해져 출처를 식별할 수 없을 지경이 되도록 애지중지한다. 이발사인 에디 알렉산더에 대한 이야기가 하나 있는데, 그는 휴스가 만의 하나 머리를 깎고 싶어질 경우를 대비해 "밤낮으로 대기"하는 조건으로 거액의 수당을 받았다. "그냥 확인하러 걸었네, 에디." 휴스는 새벽 2시에 알렉산더에게 전화를 걸어 이렇게 말했다. "자네가 대기하고 있는지 그냥 알고 싶어서." 항공기 제조업체 컨베어가 휴스에게 340대의 수송기를 팔려고 했던 적이 있다. 그런데 휴스는 "비밀"을 보장한다는 이유로, 반드시 자정에서 새벽 2시까지만, 그것도 손전등 빛을 받으며 팜스프링스 공영 쓰레기 매립장에서 임무를 논의했다고 한다. 어느 날 밤에는 휴스와 당시 변호사였던 그레그 바우처가 뉴욕 케미컬 은행 회의실에 미리 통보도 하지 않고 들어갔는데, 금융업자들은 무작정 기다렸다가 TWA에 1억 6,500만 달러를 융통해 주었다. 전국에서 가장 큰 보험 회사 두 곳과 가장 강력한 은행 아홉 곳에서 나온 사람들이 1억 6,500만 달러를 손에 들고 다 함께 하염없이 기다리고 있었다. 거래가 성사되는 시한의 마지막 날 저녁 7시에도 은행가들은 휴스가 아니고, 심지어 바우처도 아니고, 바우처의 아내인 영화 스타 데이나 윈터와 통화를 해야 했다. 한 월 스트리트의 브로커는 6년 후 휴스가 5억 4,600만 달러에 TWA를 매각했을 때 말했다. "휴스가 꼭 1센트 동전으로 대금을 받기를 바랍니다. 그 동전들을 발가락에다 다 던져버리고 싶어요."

그리고 더 근래의 이야기들도 있다. 하워드 휴스는 벨에어 순찰대를 대동하고 슈퍼치프 대륙횡단 기관차로 보스턴에 가는 중이다. 하워드 휴스는 피터 벤트 브리검 종합병원에 있다. 하워드 휴스는 보스턴 리츠 호텔 5층을 전세 내고 있다. 하워드 휴스는 파리의 스위스 뱅크를 통해 컬럼비아픽처스의 지분 37.5퍼센트를 산다 혹은 사지 않는다. 하워드 휴스는 병이 들었다. 하워드 휴스는 죽었다. 아니, 하워드 휴스는 라스베이거스에 있다. 하워드 휴스는 1,300만 달러를 주고 데저트인 호텔과 카지노를 산다. 1,500만 달러를 주고 더샌즈 호텔과 카지노를 산다. 네바다주에 의대 건립 자금 600만 달러를 기부한다. 목장들, 알라모 항공, 노스라스베이거스 공항, 더 많은 목장들, 라스베이거스 스트립의 나머지 지역을 두고 협상한다. 1967년 7월 현재 하워드 휴스는 네바다주 클라크 카운티에서 단연 가장 넓은 땅을 소유한 지주다. "하워드는 라스베이거스를 좋아합니다." 휴스의 지인이 이렇게 설명한 적이 있다. "샌드위치를 먹고 싶을 때 레스토랑이 열려 있는 걸 좋아하거든요."

왜 우리는 이런 이야기들을 이토록 좋아하는가? 왜 우리는 그 이야기들을 하고 또 하는가? 왜 우리는 공식적 영웅과는 모든 면에서 반대되는 이 사나이를, 절박감과 권력과 흰 스니커즈의 족적을 남기고 다니며 번뇌에 시달리는 서부의 백만장자를 민담의 주인공으로 만들었는가? 하지만 생각해보면 우리는 언제나 그래왔다. 우리가 어떤 사람들과 어떤 이야기들을 가장 좋아하는 이유는, 어떤 내재적 미덕이 아니라 뭔가 깊은 곳에 새겨진 것, 인정할 수 없는 그 무언가 때문이다. 맨발의 조 잭슨(1919년 월드 시리즈의 승부조작 사건으로 메이저리그에서 영구 추방된 시카고 화이트삭스의 천재 타자. 가난 때문에 정규교육을 받지 못하고 자신이 일하던 방직공장의 후원 야구팀에서 야구를 시작해 마이너리그에서 맨발로 경기에 나섰다고 해서 '맨발의 조'라는 별명을 얻었다.—옮긴이), 워런 G. 하딩(미국의 29대 대통령. 과단성 있는 정책을 펼치며 국민의 높은 호응을 얻었으나 대선을 도와준 '오하이오 갱'이라는 비선 단체와 관련한 부패로 평판이 추락했다.—옮긴이), 타이태닉호, 이상은 **권력자의 몰락**. 찰스 린드버그, 스콧과 젤다 피츠제럴드, 마릴린 먼로는 **미녀와 야수**. 그리고 하워드 휴스. 우리가 하워드 휴스를 영웅으로 만들었다는 사실은 우리 자신에 대해 흥미로운 이야기를 들려준다. 그저 희미하게 기억에 떠오르는 이야기를. 미국에서 돈과 권력의 은밀한 요점은 돈으로 살 수 있는 물건도 권력을 위한 권력도 아니고(미국인들은 재산을 불편하게 생각하고 권력에 죄책감을 느끼는데, 실제로 참된 물질지상주의자이며 권력의 유용에 통달한 달인인 유럽인은 이 사실을 보고도 잘 인식하지 못한다) 절대적인 개인적 자유, 이동성, 사생활이라는 이야기다. 그것은 19세기 내내 아메리카를 태평양까지 밀어붙인 동력이 된 본능이며, 샌드위치를 사고 싶을 때 레스토랑이 열려 있기를 바라는 욕망이다. 자유로운 행위 주체가 되어 자기 자신의 법에 따라 살고 싶다는 욕망 말이다.

물론 우리는 그 사실을 인정하지 않는다. 그 본능은 사회적으로 자기파멸적이며, 우리도 그 사실을 인식했기 때문에 입으로는 이렇게 말하면서 속으로는 다른 믿음을 품을 수 있도록 여러 가지 효과적인 방법들을 발달시켜왔다. 오래진 영문학자 라이어널 트릴링은 소위 "교육받은 우리 교양세급의 사상과 깊은 상상의 처소들" 사이에 "치명적인 괴리"가 있다고 지적한 바 있다. "나는 단지 우리 교육받은 계급은 '수익 동기'에 대해 미온적일지언정 선뜻 의혹을 제기할 태세를 갖추고 있고, 진보와 과학과 사회적 입법과 계획과 국제 공조를 신봉한다는 뜻으로 한 말이다. (…) 이런 신념은 그 사람의 됨됨이가 훌륭함을 잘 보여준다. 그러나 일류 작가들 중에 단 한 사람도 이런 사상을 제대로 다루지 못했고, 그런 사상에 부합하는 감정을 위대한 문학의 방식으로 그려내지 못했다는 사실은, 우리 신념체계뿐 아니라 그 신념을 지키는 우리의 방식에 대한 논평이다." 공식적으로 우리는 이런 사상을 모범적으로 체현하는 사람들을 우러러본다. 우리는 아들라이 스티븐슨(1952년과 1956년에 대통령 선거에 출마, 드와이트 아이젠하워와 접전을 펼친 정치인.—옮긴이)의 캐릭터를 우러러본다. 합리적인 인간, 계몽인간, 잠재적인 사이코패스 성향을 내재한 행동양식에 의존하지 않는 인간을 숭모한다. 부자들 중에서 우리가 공식적으로 흠모하는 사람은 폴 멜런이다. 유럽의 틀로 빚어진 사회적으로 책임 있는 상속자 말이다. 우리의 공식적 영웅과 비공식적 영웅은 이처럼 언제나 갈라졌다. 하워드 휴스를 생각하면서 우리가 원한다고 말하는 것과 실제로 우리가 원하는 것, 우리가 공식적으로 흠모하는 것과 은밀하게 욕망하는 것, 가장 광범한 의미에서 우리가 결혼한 사람들과 우리가 사랑하는 사람들 사이에 존재하는, 이 바닥없는 간극을 못 보고 지나칠 수는 없다. 겉으로는 갈수록 사회적 미덕을 상찬하는 듯 보이는 나라에서, 하워드 휴스는 단순히 반사회적일 뿐 아니라 화려하게, 현란하게, 독보적으로 비사회적이다. 최후의 사적인 인간, 우리가 이제 더는 인정하지 않는 꿈이다.

− 1967 −

캘리포니아 드리밍
자본주의 사회에서 인문학이 생존하는 법

평일 아침 11시, 태양이 샌타바버라 언덕에서 마지막 아지랑이를 태워 날릴 무렵이면 열다섯 명에서 스무 명 사이의 남자들이 과거에는 어느 셔츠 회사 사장의 소유였던, 태평양을 내려다보는 대저택 식당에 모여 앉아 자기네들끼리 즐겨 쓰는 표현대로 "기본적인 이슈들을 선명하게 개진하는" 세션을 시작한다. 그곳은 민주주의연구소(1977년까지 미국에서 대중적인 영향력을 발휘한 민간 싱크탱크. 1967년 과격파 학생운동 지도자들을 모아 콘퍼런스를 주최하고 연구소 펠로우 렉스퍼드 G. 터그웰이 새로운 헌법을 제안해 논쟁을 일으켰다. ─옮긴이)로, 공화국을 위한 기금(포드재단의 자치 단체로 언론의 자유를 비롯한 기타 공민적 자유를 수호하겠다는 기치를 걸었다.─옮긴이)이 변신한 현재의 모습이다. 기금이 25만 달러의 대금을 지불하고 대리석 빌라와 41에이커에 달하는 유칼립투스 숲을 사들인 1959년 이래로 이곳은 연구소장 로버트 M. 허친슨 박사가 논쟁적이거나 도발적이거나, 아마도 가장 중요한 자질일 텐데, 협조적이거나, 아니면 '우리와 같은 부류'라고 판단하는 사람들에게 훌륭한 휴식처가 되어주었다. "혼자 자기 연구에만 몰두하고 싶은 사람이면, 여기 오면 안 됩니다." 허친슨 박사는 이렇게 말한 바 있다. "이곳에 와서 그룹으로서 그룹과 함께 일할 태세를 갖추지 못한 사람은 이곳이 맞지 않을 겁니다."

센터에서 시간을 보내도록 초대받은 사람은 연구실(센터에는 숙소가 없다)과 연구비를 지원받는데, 보도에 따르면 캘리포니아 주립대학교 봉급에 맞먹는다고 한다. 선택의 절차는 보통 "신비스럽다"고 묘사되지만, 언제나 "우리가 아는 사람들"이 연루되어 있다. 포드재단의 회장이었고 공화국을 위한 기금 의장이었던 폴 호프먼은 이제 민주주의연구소의 명예회장이며, 호프먼의 아들은 물론 사위까지 이곳에 오래 머무른다. 뉴딜 정책의 '브레인트러스트' 일원이었던 렉스퍼드 터그웰도 있고("왜 안 됩니까?" 그는 내게 물었다. "여기 아니면 요양원에 들어가야 할 텐데요.") 『페일세이프』(핵전쟁의 위협을 그린 베스트셀러 소설.─옮긴이)의 공동 저자 하비 휠

러도 있다. 간혹 명성의 가치를 기본 장착하고 있다는 이유만으로 연구소에 초빙되기도 한다. 일례로 제임스 파이크 주교를 들 수 있다. "우리의 정체성은 고도로 숙련된 홍보 전문가 집단입니다." 해리 애시모어는 말한다. 연구소 붙박이인 해리 애시모어는 허친슨—아니, 연구소 소장으로서 외부 인사 앞에서는 그 어떤 예외도 없이 허친슨 박사라는 호칭을 고수하는—박사가 "지적 자원의 자연 원천"이라고 생각한다. 기본 이슈를 선명하게 밝히고 베넷 서프(출판사 랜덤하우스의 공동 설립자.—옮긴이)를 고양시켜주는 일("해안 지역에서 폴 호프먼과 나눈 대화는 잊을 수 없는 고양의 경험을 주었다." 베넷 서프는 얼마 전 이렇게 평했다) 외에 이 고도로 숙련된 홍보 전문가들이 하는 일은 주중에 매일 모여 몇 시간씩 토론하는 것이다. 보통은 '도시'라든가 '신헌법'과 같이 연구소가 그 시점에 집중하고 있는 여러 광범한 영역 중 한 가지 주제를 선택한다. 논문을 써서 준비해 오면 낭독하고 수정하고 다시 읽고 가끔은 드디어 출판하기도 한다. 이 절차는 참여하는 인사들에 의해 "우리 모두가 더 넓은 이해로 나아가는 방향을 지시"한다든가 "인간의 이성을 갓 태어난 우리 새로운 세계의 복잡한 문제들에 적용"한다든가 여러 가지 표현으로 묘사된다.

나는 오래전부터 이 연구소의 수사학에 흥미를 갖고 있었다. 엑토플라즘(심령 현상에서 영매의 몸에서 나온다는 가상의 물질.─옮긴이)처럼 특유의 모호한 일반성이 풍기는데, 나는 항상 이런 걸 보면 제대로 된 수플레, 말하자면 진정한 미국의 키치를 만났다는 느낌이 든다. 그래서 바로 얼마 전에 샌타바버라에서 세션을 몇 회 수강하기로 예약했다. 어느 모로 보나 시간이 아깝지 않았다. 연구소는 브리태니커 백과사전의 '위대한 명저' 시리즈(브리태니커 출판사에서 서구의 고전 명저를 선정·집대성해 출간한 전집 프로젝트.─옮긴이) 이래로 가장 완벽하게 토착적인 문화 현상인데, "서구인의 위대한 사상 102"를 제안한 '위대한 명저' 역시 로버트, 아니 허친스 박사의 업적이다. "큰 테이블 쪽 자리에 앉는 실수는 하지 마세요." 처음 연구소를 방문했을 때 누군가 나직한 목소리로 경고해주었다. "그쪽 논쟁은 상당히 공력이 높아요."

"폭력적인 시대에 산다는 것이 폭력을 조장한다는 증거가 있습니까?" 큰 테이블의 누군가가 질의하고 있었다.

"그건 측정하기 어렵습니다."

"텔레비전에서 방영되는 서부극 때문이라고 보는데요."

"저도 어느 정도 [잠시 말을 끊었다가] 동의합니다."

연구소에서 나온 발언은 빠짐없이 테이프에 기록되며, 대학과 도서관뿐 아니라 수천 명의 개인이 테이프와 팸플릿을 받아 본다. 가장 많이 팔린 팸플릿은 A. A. 벌 주니어의 『경제권력과 자유사회』, 클라크 커의 『노동조합과 직접 선출한 노조 지도자들』, 도널드 마이클의 『사이버네이션: 조용한 정복』, 그리고 해리슨 브라운의 『공포 공동체』다. 일 년에 7만 5천 명이 연구소에 팬레터를 보내와서, 연구소 주변에서 나오는 말 한마디 한마디가 불가해한 방식으로 국가적, 아니 사실상 국제적 복지를 향상시키고 있다는 스태프들의 믿음을 강화해준다. 다음은 콜로라도의 어느 시골 학교 교사한테서 온 편지다. "저는 연구소의 다양한 논문을 역사-시사 수업에 활용합니다. 제가 보기에 현재 미국에서 민주주의연구소보다 가치 있는 고급 연구에 몰두하는 곳은 아무 데도 없어요." 다음은 캘리포니아의 한 어머니가 쓴 편지. "열다섯 살 딸아이가 귀하의 출판물을 발견했습니다. 제게는 참 기쁜 일이에요. 딸아이는 아주 평범한 십대거든요. 하지만 독서를 한다고 앉으면 귀하의 팸플릿을 집어 들어요."

8학년 시사 강의와 평범한 십대의 독서에 유용한 논문을 제공하겠다는 의도가 "참된 지식 공동체"의 창립(이 역시 허친스의 목표다)과 도저히 양립할 수 없다는 생각을 한다면 연구소에서는 비관적이고 비민주적인 트집 잡기라고 여긴다. "대중은 우리가 무슨 생각을 하는지 알 권리가 있습니다." 그곳의 누군가가 내게 말했다. 연구소는 사실상 열렬하게 반지성주의적이며, '인텔리'라든가 '상아탑' 같은 말을 비하적으로 쓰는 행태는 컨트리클럽의 라커룸이 무색한 수준에 이른다. 허친스는 "지식 공동체"라는 말은 "스스로 소위 '지식인'

이라 간주하는 사람들의 공동체"가 아니라고 고심해서 해명을 내놓는다. 해리 애시모어는 "사업가"들이 연구소의 "실용적 용도"를 인식하지 못할 수 있다면서 유달리 조바심을 친다. "연구소는 일종의 국가적인 보험으로 볼 수 있습니다. 우리가 점점 더 나은 미래를 확실히 누릴 수 있도록 보장하는 방법 말이지요."

이처럼 실용주의적 '자기암시 요법'이 연구소 스태프에게는 상당히 자연스러운 사유양식으로 받아들여진다는 의심이 든다면, 실제로도 이런 사고방식이 연구소의 생존을 쥐고 있다. 1959년 공화국을 위한 기금은 원래 포드재단에서 기탁한 1,500만 달러의 기금에서 남은 400만 달러를 연구소에 기증했다. 그러나 이 돈은 이미 다 쓴 지 오래고, 포드에서 돈이 더 흘러들어올 가능성이 전혀 없으므로 연구소는 비용을 독자적으로 해결해야 한다. 독자적인 운영에는 일 년에 백만 달러가 든다. 백만 달러는 1만 2천여 명에 해당하는 후원자들이 충당하며, 그들로 하여금 후원금이 월급명세서 한 번 받아보지 못한 무슨 몽상가들에게 공짜로 주는 선물이 아니라 "우리 자유로운 삶의 방식을 보존하는 일에 [면세로] 투자하는 자금"이라고 믿게 하는 건 큰 힘이 된다. 연구소가 어둠의 세력에 포위되어 있다는 몹시 막연한 인상을 기부자에게 심어주는 것 또한 큰 힘이 된다. 이러한 작업에서 민주주의연구소에 ― 원래의 의도와는 다르겠지만 ― 가

장 큰 동맹이 되어준 기관은 샌타바버라 존 버치 학회(반공
산주의와 제한정부를 표방한 보수극우 싱크탱크.—옮긴이)다.
"파시스트들한테 내몰려 쫓겨나게 둘 수는 없잖아요." 연구
소의 한 팬은 내게 귀띔했다.

사실, 굳이 버치 학회를 적수로 두지 않더라도, 허친스
는 이미 $E-MC_2$에 버금가는 기금 모금의 최종 공식을 찾아
냈다. 연구소는 자비 출판 전문업체와 같은 원칙으로 지탱
하고 있다. 거액의 돈을 기부할 위치에 있는 사람들을 독려
해 기본 이슈를 명료하게 하는 데 동참하게 하는 것이다. 창
립 멤버인 다이나 쇼어(가수이자 뮤지컬 배우로, 에미상과 골
든글로브상을 수상했다.—옮긴이)는 베이어드 러스틴(공민권,
사회주의, 비폭력운동, 동성애자 권리 옹호에 앞장선 사회운동
지도자.—옮긴이)과 공민권을 함께 논의하는 토론회에 초대
받았다. 스티브 앨런(코미디언이자 작가·작곡가. 1954년 NBC
〈투나잇 쇼〉를 진행했다.—옮긴이)은 풀브라이트 상원의원과
아널드 토인비(소위 '산업혁명론'을 주창한 영국의 경제학자이
자 사회개혁가.—옮긴이)와 동석해 "이데올로기와 개입 정책"
을 두고 대담을 하며, 창립 멤버인 영화배우 커크 더글러스
는 "민주적 사회의 예술"에 대해 논문을 발표한다. "의식 있
는 시민" 역할을 맡은 영화배우 폴 뉴먼은 기꺼이 허친스 박
사, 대법원 판사 윌리엄 O. 더글러스, 아널드 그랜트, 로즈메
리 파크(학자·교육지도자·여성인권운동가.—옮긴이), 그리고

또 한 명의 깨어 있는 시민 잭 레먼(⟨뜨거운 것이 좋아⟩, ⟨아파트 열쇠를 빌려드립니다⟩ 등에 출연한 영화배우.—옮긴이)과 함께 "미국의 대학"을 논하기로 했다. 레먼 씨는 파이프를 빨며 말한다. "몹시 뜬금없지만 그냥 하는 거예요. 그저 내 오락거리로. 나는 잘 모르지만, 알고는 싶으니까—" 이 시점에서는 학생 소요를 알고 싶지만, 또 다른 시점에서는 정부와의 계약이 "순수한 연구"를 타락시킬까 봐 걱정이 된단다.

"그 사람들이 보조금을 받아서 무슨 새로운 플라스틱을 개발할지도 모르지 않습니까." 뉴먼 씨는 고민에 잠기고 레먼 씨가 그 말을 받아 대답한다. "그러면 인문학은 어떻게 되는 거지요?"

다들 어깨가 으쓱해져 집에 돌아가고 연구소는 승승장구한다. 하긴, 안 될 이유는 또 뭔가? 어느 날 아침 나는 연구소에서 레디믹스 칵테일을 마시며, 허친스 박사와 몇 분간 한담을 나누는 시간을 기다리면서 거액을 기부한 후원자의 아내와 이야기를 나눴다. "이런 강의는 내 머리로는 이해가 안 될 만큼 수준이 높지만요." 그녀는 솔직히 털어놓았다. "끝나고 나갈 때는 날아갈 듯 기분이 좋아진답니다."

–1967–

결혼이라는 부조리극

라스베이거스 웨딩의 낭만에 대하여

네바다주 클라크 카운티 라스베이거스에서 결혼하려면, 신부는 18세 이상이거나 부모의 동의를 얻었다고 맹세하고 신랑은 21세 이상이거나 부모의 동의를 얻었다고 맹세하면 된다. 그리고 누구든 결혼허가증 비용으로 5달러를 내야 한다. (일요일과 휴일에는 15달러다. 클라크 카운티 법원은 오후 12시에서 1시, 저녁 8시에서 9시, 새벽 4시에서 5시 사이를 제외하고 밤낮으로 24시간 결혼허가증을 발급한다.) 다른 요구사항은 없다. 미합중국에서 유일하게 네바다주는 혼전 혈액검사도 결혼허가증 발급 이전이나 이후의 대기시간도 없다. 로스앤젤레스에서 모하비 사막을 가로질러 자동차를 달리다 보면, 방울뱀들이 우글거리고 메스키트 나무가 자라며 달 표면처럼 황량한 땅 저 멀리로 사막에 세워진 광고판들이 나타난다. 라스베이거스의 불빛이 지평선에 신기루처럼 어른거리기도 전에. "결혼을 하십니까? 첫 번째 진출로에서 무료 허가 정보를 받아보세요."

아마도 라스베이거스 결혼산업이 그 기능적 효율성의 절정에 달했던 순간은 1965년 8월 26일 오전 9시에서 자정 사이였을 것이다. 별다를 바 없이 평범한 이 목요일은, 대통령령에 따라 결혼 여부만으로 징집 상황을 호전시킬 수 있는 마지막 날이 되었기 때문이다. 그날 밤 클라크 카운티와 네바다주의 이름으로 171쌍의 커플이 성혼 선언을 했고, 그중 67쌍을 제임스 A. 브레넌이라는 단 한 명의 치안판사가 결혼시켰다. 브레넌 씨는 듄스 카지노호텔에서 1쌍을 결혼시켰고, 나머지 66쌍은 판사 집무실에서 처리했고, 각 커플에게 8달러씩을 청구했다. 한 신부는 다른 신부들 여섯 명에게 자기 베일을 빌려주었다. "5분에서 3분으로 시간을 줄였습니다." 브레넌 씨는 나중에 자신의 업적에 대해 이렇게 말했다. "단체로 결혼시킬 수도 있었지만, 가축이 아니라 사람이지 않습니까. 사람들이 결혼할 때는 기대치가 높기 마련이지요."

라스베이거스에서 결혼하는 사람들의 실제 기대치는—가장 넓은 의미에서 보는 '기대' 말이다—기묘하게 자기모순적인 사업으로 보인다. 라스베이거스는 미국 정착지의 가장 극단적인 양태며 알레고리로서, 돈 욕심을 부리며 즉자적 쾌락을 헌신적으로 추구하는 모습이 기괴하고 아름답다. 그곳의 분위기는 마피아와 콜걸과 유니폼 호주머니에 극약을 넣고 다니는 화장실 청소부들에 의해 결정된다. 라스베이거스에 '시간'이 없다는 사실은 거의 모든 사람이 알아챈다. 밤도 낮도 과거도 미래도 없다. (그러나 그 어떤 라스베이거스 카지노도 평범한 시각을 망각하는 수준에서 리노의 해럴드 클럽을 당할 수는 없다. 이 클럽에서는 밤낮을 가리지 않고 아무 때나 바깥 세계의 소식을 담은 '소식지'를 등사해서 배부했다.) 자기가 지금 있는 자리에 대한 논리적 감각도 없다. 물론 망망하고 적대적인 사막 한가운데 고속도로 위에서 "스타더스트"라든가 "시저스 팰리스"라고 깜박거리는 80피트(25m) 높이의 광고판을 바라보고 있기는 하다. 그렇지만 그게 무엇을 설명해주는가? 이 터무니없는 지리는 그곳에서 일어나는 일이 '현실'의 삶과 아무 상관도 없다는 느낌을 강화한다. 리노와 카슨 같은 네바다의 도시들은 목장 마을, 서부의 마을이었고 배후에 역사적 중요성을 깔고 있는 장소이다. 그러나 라스베이거스는 오로지 보는 사람의 눈에만 존재하는 것 같다. 이런 모든 것이 라스베이거스를 비범한 자극과 흥분의 도시로 만들지만, 프랑스 샹티 레이스로 안감을 대고 손목 쪽으로 통이 좁아지는 소매에 풍성한 치마 뒷자락을 탈착할 수 있는 프리실라 오브 보스턴의 새틴 웨딩드레스를 입고 싶다고 하기에는 좀 이상한 곳이다.

그런데도 라스베이거스의 결혼산업은 정확히 그런 욕구에 소구하는 것으로 보인다. "1954년부터 성실성과 품격을 지켜왔습니다"라고 한 결혼식 예배당은 광고한다. 라스베이거스에는 이런 결혼 전용 예배당이 열아홉 군데나 있고 경쟁은 치열하다. 하나같이 자기네가 이웃 예배당보다 더 좋고, 더 빠르고, (넌지시) 더 진심 어린 서비스를 제공한다고 말한다. 우리의 결혼사진이 단연 최고. 결혼식을 레코드로 녹음해드립니다. 촛불 결혼식. 허니문 숙박시설. 모텔에서 법원에서 예배당으로 갔다가 모텔까지 무료 차편 제공. 종교적 혹은 공민적 의례 선택 가능. 드레스룸 구비. 꽃, 반지, 성혼선언, 증언 대여 가능. 넉넉한 주차 공간. 이 모든 서비스는, 라스베이거스의 대다수 다른 서비스(사우나, 월급 수표 현금화 서비스, 친칠라 코트 판매 혹은 대여)와 마찬가지로 휴일 없이 24시간 제공되는데, 아마 그 전제는 결혼 역시 주사위 놀음처럼 테이블이 한창 달아올랐을 때 해치워야 하는 게임이라는 것일 터이다.

그러나 라스베이거스 스트립의 예배당에서 가장 인상적인 부분은 따로 있다. 행운을 빌어주는 기도와 종이로 붙인 스테인드글라스 창문과 가짜 부바르디아 꽃은 물론이고, 그 사업이 대체로 단순한 편의 문제는 결코 아니어서, 쇼걸과 꼬마 빙 크로즈비들이 벌이는 야밤의 치정이 대부분을 차지하지 않는다는 점이다. 물론 일부 그런 사례도 있다. (라스베이거스에서 어느 날 밤 11시에 오렌지색 미니드레스 차림에 불꽃같은 색깔의 커다랗게 부풀린 머리를 한 신부가 〈마이애미 신디케이트〉 같은 영화에 일회용 엑스트라로 등장할 것 같은 신랑의 팔을 끼고 뛰쳐나오는 모습을 보았다. "아기들을 낳아야겠어." 소녀는 혀 꼬인 말투로 말했다. "베이비시터를 구해야 해, 미드나이트 쇼에 나가야겠어." "자기가 해야 하는 일은 말이야." 신랑은 캐딜락 쿠페 드빌의 문을 열어 그녀를 좌석에 욱여넣으며 말했다. "술 깨고 정신 차리는 거야.") 그러나 라스베이거스는 '편의' 이상의 무언가를 제공하는 것으로 보인다. 그것은 '격식'의 상품화다. '격식'을 달리 어디서 찾아야 하는지, 어떻게 결혼식을 준비하는 건지, 어떻게 해야 '제대로' 하는 건지 모르는 아이들에게 격식을 갖춘 의례의 복사본을 파는 것이다.

라스베이거스 스트립에서는 밤낮을 가리지 않고 벌어지는 실제의 결혼파티를 보게 된다. 횡단보도에서 냉혹한 불빛을 받으며 대기하고 프런티어 호텔 주차장에서 불안하게 서 있는 모습을 "스타들의 결혼식장"이라고 광고하는 '서부의 작은 교회' 전속 사진사가 기록하고 사진을 찍는다. 베일을 쓰고 하얀 새틴 펌프스를 신은 신부, 보통 하얀 디너재킷 차림의 신랑, 그리고 심지어 하객 한두 명, 핫핑크 포드

수아 원피스를 입고 깜찍한 베일을 쓰고 카네이션 꽃다발을 든 여동생이나 단짝 친구까지. 오르간 주자는 〈사랑에 빠지면 영원한 사랑을 할 거야〉를 연주하고 나서 《로엔그린》 서곡 몇 마디를 친다. 어머니는 울음을 터뜨린다. 맡은 역할이 어색한 계부는 예배당 여주인을 불러 샌즈에서 술이나 한잔하자고 초대한다. 여주인은 직업적인 미소를 띠며 사양한다. 이미 관심이 밖에서 대기하고 있는 그룹에게로 옮겨간 후다. 한 신부가 나가고, 또 한 신부가 들어오고, 또다시 예배당 문에는 안내문이 붙는다. "잠시 기다려주세요. 결혼식이 진행되는 중입니다."

마지막으로 라스베이거스에 갔을 때 레스토랑 옆자리에는 그런 결혼식 하객들이 앉아 있었다. 방금 결혼식을 치렀는지 신부는 여전히 웨딩드레스를 입고 있었고 어머니는 코르사주를 달고 있었다. 따분해하는 웨이터가 핑크 샴페인 몇 모금을 모두에게 따라주었지만("서비스입니다") 신부는 예외였다. 나이가 어려서 술을 마실 수 없었던 것이다. "자네, 이거보다는 독한 술이 필요할 텐데." 신부 아버지는 새로 맞은 사위에게 부담스러운 농담을 건넨다. 신혼 초야에 대한 의례적인 농담이지만 눈치 없이 낙천적인 느낌을 주는 건, 누가 봐도 신부는 이미 임신한 지 몇 달 된 몸이었기 때문이다. 핑크 샴페인이 또 한 순배 도는데, 이번에는 서비스가 아니다. 그리고 신부는 울기 시작한다. "정말 멋진 결혼식이었

어요." 신부는 흐느끼며 말했다. "내가 꿈꾸고 희망했던 그대
로였어요."

– 1967 –

베들레헴을 향해 웅크리다

히피라 불리는 미아들의 네버랜드

중심이 버티지 못하고 있었다. 파산 선고와 경매 공고와 상습적으로 일어나는 살인 사건 보도와 길 잃은 아이들과 버려진 집들과 심지어 낙서한 욕설의 철자마저 틀리는 공공 기물 파손자들의 땅이었다. 가족들이 부도수표와 압류증서만 남기고 홀연히 사라지기 일쑤인 땅이었다. 청소년들은 뱀이 허물을 벗듯 과거와 미래를 모두 벗어버리며 이 도시에서 또 찢어진 저 도시로 헤매었다. 사회를 공고히 엮는 법칙을 배운 적도 없고 앞으로도 영영 배울 리 없는 아이들이다. 사람들이 사라지고 있었다. 아이들이 사라지고 있었다. 부모들이 사라지고 있었다. 남겨진 사람들은 기운 없이 실종 신고 서류를 작성하고 나서 곧 잊고 자기의 일상을 살았다.

혁명이 진행 중인 나라도 아니었다. 적군의 포위에 봉쇄된 나라도 아니었다. 그곳은 1967년의 추운 늦봄 미합중국이었고, 똑똑하고 언변 좋은 수많은 사람들에게는 숭고한 사회적 목표에 대한 감각이 있는 것 같았다. 그러니 어쩌면 현란한 희망들과 국가적 약속의 봄이 있을 수도 있으리라. 그러나 그렇지 못했다. 그렇지 못하다는 불편한 진실을 깨달은 사람들이 점점 많아지고 있었다. 명확한 건 단 한 가지, 어느 시점에서 우리가 스스로 실패해 망쳐버렸다는 인식이었다. 다른 무엇도 그만큼 중요해 보이지 않았기에 나는 샌프란시스코로 가기로 마음먹었다. 샌프란시스코는 사회적 출혈이 드러나고 있는 곳이었다. 샌프란시스코는 사라진 아이들이 한데 모여 '히피'를 자처하는 곳이었다. 1967년의 추운 늦봄 내가 처음 샌프란시스코에 갔을 때는 나도 내가 찾고 싶은 게 무엇인지 몰랐고, 그래서 한동안 그냥 머물며 친구를 몇 명 사귀었다.

다음은 샌프란시스코 헤이트 스트리트에 나붙은 벽보다.

지난 부활절 날
나의 크리스토퍼 로빈이 홀연히 떠나버렸어요.
4월 10일에 통화를 하고

전화가 없었어요
집에 온다고 해놓고
나타나지 않았어요.

헤이트에서 그 애를 보면
기다리지 말라고 제발 말해주세요
지금 나는 그 애가 필요해요
수단과 방법은 상관없어요
그 애한테 빵이 필요하면
내가 보내줄 거예요.

희망이 있다면
제발 내게 쪽지를 써주세요
그 애가 아직 거기 있다면
내가 얼마나 걱정하는지 말해주세요
어디 있는지 난 알아야만 해요
그만큼 사랑하니까요!

깊은 사랑을 담아,
말라

말라 펜스

12702 NE. 멀트노마

포틀랜드, 오리건 97230

503/252–2720

　나는 데드아이라는 사람을 찾고 있었다. 오늘 오후 그 사람이 헤이드 스트리트에서 소정의 서배를 할 거라는 귀뜀을 들었다. 예의 주시하며 이 거리의 사이키델릭 숍 간판들을 읽는 척하고 있었다. 그런데 열여섯, 열일곱 살쯤 되는 소년이 들어와 내 곁의 마룻바닥에 앉는다.

　"뭘 찾고 계시는데요."

　나는 별말을 하지 않는다.

　"사흘 동안 완전히 정신이 나가 있었어요." 소년은 말한다. 그러면서 크리스털(결정화된 마약 메타암페타민을 가리킨다.─옮긴이)을 쐈다고 털어놓았다. 애써 걷은 소매를 내려 바늘 자국을 가리려 하지 않아서 이미 충분히 짐작한 바였다. 몇 주 전 로스앤젤레스에서 왔는데 그게 정확히 몇 주 전인지 기억나지 않는다고 했고, 이제 교통편만 찾으면 뉴욕으로 뜰 계획이라고도 했다. 나는 시카고까지 갈 사람을 구한다는 광고를 보여준다. 소년은 시카고가 어디 있는지 모르겠단다. 그래서 나는 어디서 왔냐고 묻는다. "여기요." 아니, 여기 말고 그전에. "새너제이, 출라비스타, 몰라요. 엄마는 출라비스타에 있어요."

127

며칠 후 그레이트풀 데드(1965년에 결성된 사이키델릭 록 밴드.—옮긴이)가 연주하고 있는 골든게이트 파크에서 우연히 다시 만났다. 뉴욕까지 갈 차편은 구했느냐고 물었다. "뉴욕은 영 꽝이라던데요." 그의 말이다.

데드아이는 그날 헤이트 스트리트에 아예 나타나지 않았다. 누군가 집으로 찾아가면 만날 수 있을 거라 말해주었다. 3시였지만 데드아이는 침대에 있다. 거실 소파에는 다른 누군가가 자고 있고 앨런 긴즈버그의 포스터가 붙어 있는 벽 아래 바닥에는 앳된 여자애 하나가 잠들어 있다. 잠옷 바람의 젊은 여자 두서넛이 인스턴트커피를 타고 있다. 그중 한 여자가 나를 소파에서 자는 친구에게 소개시켜준다. 그 친구는 한 팔을 내 쪽으로 뻗지만 벌거벗고 있어 굳이 일어나지는 않는다. 데드아이도 알고 나도 안면이 있는 사람이 있는데 데드아이는 다른 사람들 앞에서 그 이름을 입 밖에 내어 말하지 않았다. "전에 같이 얘기하시던 사람"이라든가 "아까 말했던 사람"이라고만 한다. 그 사람은 경찰이다.

방 안은 난방이 과하고 바닥의 여자애는 아프다. 데드아이는 여자애가 24시간째 자고 있다고 말한다. "뭐 하나 물어볼게요. 대마초 좀 하실래요?" 나는 바빠서 곧 가야 한다고 말한다. "하고 싶으시면 마음대로 피우세요." 데드아이는 로스앤젤레스 앤젤스 야구단 소속이었지만 그건 몇 년 전 얘기다. "지금은 기똥찬 종교 단체를 조직하려 하고 있어요. '십대를 위한 복음주의'라고."

돈과 맥스는 외식을 하고 싶어하지만 돈이 매크로바이오틱(제철음식을 뿌리부터 껍질까지 남김없이 먹는 채식주의.―옮긴이) 식생활을 고집하고 있어 우리는 결국 다시 재팬타운으로 가게 된다. 맥스는 내게 자기는 중산층이 겪는 프로이트적 불안으로부터 자유로운 삶을 살고 있다는 얘기를 하고 있다. "여친을 사귄 지 두세 달쯤 돼요. 예를 들어 여친이 저녁에 나를 위해 특별한 요리를 만들었단 말이죠. 그런데 내가 사흘쯤 지나 들어갔다고 해봐요. 다른 여자와 놀아났었던 거죠. 뭐, 그러면 여친이 고래고래 좀 악은 쓰겠죠. 그러면 나는 '그게 나야, 자기' 그러는 거예요. 그러면 걔도 털털하게 웃고 '하긴, 그게 너지, 맥스'라고 한다니까요." 맥스는 쌍방으로 적용되는 법칙이라고 한다. "걔가 뭐, 돈Don과 뒹굴고 싶다고 한다면, 나도 '좋아, 자기, 마음대로 하는 거지' 그러겠죠."

맥스는 자기 삶이 '하지 말라'와 싸워 거둔 승리라고 생각한다. '하지 말라'는 것 중에서 스물한 살이 되기 전에 해본 건 페이오티(멕시코산 선인장 페이오티로부터 추출한 마약.―옮긴이), 술, 메스칼린, 메테드린이다. 뉴욕과 탕헤르에서 3년간 메타암페타민에 취해 떠돌아다니다가 애시드(마약

류인 LSD의 속칭.—옮긴이)를 발견했다. 처음 페이오티를 경험한 건 아칸소의 남학교에 다니던 때였고 멕시코만으로 내려가 '하지 말라'는 걸 하고 있는 인디언 소년을 만났다. "그리고 주말마다 틈만 나면 700마일(1,130km)을 히치하이크해서 텍사스주 브라운즈빌로 가서 페이오티를 했지요. 브라운즈빌 길거리에서는 한 알에 30센트 받고 페이오티를 팔았거든요." 맥스는 미국의 동쪽 절반에 있는 거의 모든 학교와 유행하는 클리닉을 섭렵하며 입학과 퇴학, 입원과 퇴원을 반복했다. 권태에 대처하는 표준 행동지침은 그냥 박차고 떠나기였다. 예를 들어 맥스는 뉴욕의 한 병원에 입원한 적이 있다. "야간 근무를 하는 간호사가 깔쌈한 흑인이었고 오후 테라피에서는 좀 흥미로운 이스라엘 여자애가 있었는데, 아침에는 별로 할 일이 없어서 도망쳐 나왔어요."

우리는 녹차를 좀더 마시고 네바다 카운티의 맬러코프 광산으로 올라가는 이야기를 나눈다. 몇 사람이 그쪽에서 코뮌을 시작하고 있는데 맥스는 광산에서 애시드를 하면 끝내줄 거라고 생각한다. 다음 주나, 그다음 주나, 아무튼 자기 공판이 열리기 전에 같이 가면 된다면서. 샌프란시스코에서 내가 만난 사람은 거의 다 머지않은 미래에 재판이 예정되어 있다. 나는 절대로 이유를 묻지 않는다.

다만 맥스가 어떻게 중산층의 프로이트적 불안을 떨쳐냈는지에는 여전히 관심이 있어서, 지금은 완전히 해방된 거냐고 묻는다.

"아니요." 그가 말한다. "이제는 애시드가 있으니까요."

맥스는 6일에서 7일 간격으로 250에서 350마이크로그램의 알약을 삼킨다.

맥스와 돈은 자동차에서 대마초를 나눠 피우고 우리는 노스 비치로 가서 거기서 아르바이트로 일하는 오토가 맬러코프 광산에 같이 갈 의향이 있는지 알아보려 한다. 오토는 무슨 전자공학기술자들을 상대로 포주 노릇을 하고 있다. 기술자들은 우리가 도착하자 상당히 흥미로운 눈으로 바라보는데, 내 생각에는, 맥스가 종을 주렁주렁 달고 인디언 헤드밴드를 두르고 있기 때문이다. 맥스는 뻣뻣한 기술자들과 그네들의 프로이트적 불안에 참을성이 별로 없다. "저 친구들 좀 보라고. 입버릇처럼 '퀴어'를 달고 살면서 자기네는 몰래 헤이트 애시베리로 들어와서 히피 여자랑 해보려고 난리라니까."

우리는 오토에게 맬러코프 광산 얘기를 묻지는 못했다. 오토는 내게 자기가 아는 열네 살짜리가 얼마 전 파크에서 체포됐다는 얘기를 하고 싶어했다. 여자애는 그냥 자기 볼일이 있어서 교과서를 들고 파크를 걸어가고 있었을 뿐인데, 경찰들이 잡아가서 감금하고 질내 검사를 했다는 것이다. "열네 살짜리한테. 성기 안을 검사하다니." 오토가 말한다. "애시드 약효에서 잘못 깨면 완전 지옥행일 수도 있는데."

다음 날 오후 오토에게 전화를 걸어 그 열네 살짜리 여자애에게 연락이 닿느냐고 묻는다. 그런데 그 애는 중학교 연극 〈오즈의 마법사〉 연습 일정이 빡빡해서 꼼짝도 못 한단다. "노란 벽돌길을 걷는 시간이죠." 오토는 그렇게 표현한다. 오토는 종일 앓는다. 누가 준 코카인에 밀가루가 섞여 있어서 그렇다고 생각한다.

언제나 록그룹 근처에는 어린 소녀들이 있다. 과거에 색소폰 연주자 근처에 얼쩡거리던 바로 그 소녀들, 밴드가 연주할 때 분출하는 명성과 권력과 섹스를 먹고 사는 소녀들. 그리고 그레이트풀 데드가 리허설을 하는 오늘 오후 소살리토에는 그런 소녀 셋이 나와 있다. 하나같이 예쁘고 둘은 아직 젖살도 빠지지 않았다. 한 소녀가 눈을 감고 혼자 춤을 춘다.

소녀들 두서넛에게 하는 일을 물었다.

"그냥 여기 아주 자주 나와 있어요." 한 소녀가 말한다.

"그레이트풀 데드랑 좀 아는 사이에요." 또 다른 소녀가 말한다.

방금 그레이트풀 데드랑 좀 아는 사이라고 했던 소녀가 피아노 벤치에 대고 프랑스빵 한 덩어리를 자르기 시작한다. 밴드의 청년들이 휴식시간을 갖고 한 사람이 옛날 애러건 볼룸(샌타모니카의 사교댄스 클럽.—옮긴이) 자리에 있는 록

클럽 로스앤젤레스 치타에서 연주했던 얘기를 한다. "우리가 로런스 웰크(가수이자 아코디언 연주자이며 텔레비전 쇼 진행자.—옮긴이)가 앉던 자리에 올라가서 맥주를 마시고 있었다니까." 제리 가르시아(록밴드 그레이트풀 데드의 리드 기타와 보컬로 활동한 싱어송라이터.—옮긴이)가 말한다.

혼자 춤을 추고 있던 소녀가 기쁘서린나. "대박." 그녀는 나직하게 말한다. 두 눈은 여전히 감겨 있다.

가출 청소년들을 만나고 싶으면 오는 길에 햄버거와 콜라를 좀 사 오는 게 좋을 거라고 누가 말하기에 그렇게 했다. 그리고 우리는 파크에서 함께 햄버거와 콜라를 먹고 있었다. 나, 열다섯 살의 데비, 그리고 열여섯 살의 제프. 데비와 제프는 12일 전 가출했다. 어느 날 아침, 둘이 100달러를 가지고 학교에서 그냥 나와버렸다. 데비는 실종 청소년으로 수배 중이기 때문에—데비 어머니가 경찰서로 딸을 끌고 가서 교정 불가능이라고 선언했기 때문에 이미 보호 관찰 대상이 되었다—샌프란시스코에 온 후로는 친구 집에서만 지내다가 이번에 두 번째로 외출했다. 첫 외출에서는 페어몬트 호텔로 가서 외부 엘리베이터를 타고 세 번 올라갔다 세 번 내려왔다. "우와." 제프가 감탄사를 내뱉는다. 그때를 생각하면 다른 말은 하나도 떠오르지 않는단다.

나는 왜 가출했느냐고 묻는다.

"부모님이 교회에 가야 한다고 했어요." 데비가 말한다. "내 마음대로 옷도 못 입게 했고요. 7학년 때 내 치마가 학교에서 제일 길었어요. 8학년 때는 좀 나아졌지만 그래도요."

"너희 엄마는 좀 꼰대였어." 제프가 동의한다.

"엄마는 제프를 싫어했어요. 친한 여자 친구들도 싫어했어요. 아빠는 내가 헤프다고 생각했고 대놓고 그렇게 말했어요. 평균 성적이 C였는데 점수가 오를 때까지 데이트는 금지라고 해서 그것도 짜증 났어요."

"우리 엄마는 그냥 진짜 고약한 미국 아줌마예요." 제프가 말한다. "머리 가지고 얼마나 들들 볶았는지 몰라요. 부츠도 싫어하고. 진짜 이상했어요."

"집안일 얘기도 해드려." 데비가 말한다.

"제가 해야 하는 집안일이 있다고 쳐봐요. 일주일간 입을 셔츠를 다 다리지 않으면 주말에는 외출 금지였어요. 이상했어요. 와우."

데비는 킬킬 웃더니 고개를 젓는다. "올 한 해는 완전 멋질 거예요."

"우리는 그냥 뭐든 닥치는 대로 다 즐기려고요." 제프가 말한다. "모든 게 미래의 일이니까 미리 계획할 수도 없어요. 일단 일자리부터 구하고 살 곳도 구하고요. 그다음에는, 나도 몰라요."

제프는 프렌치프라이를 다 해치우고 자기가 구할 수 있

는 직업을 곰곰 생각했다. "항상 금속 다루는 일이 좋아 보였어요. 용접이나 뭐 그런 거요." 자동차 정비 같은 걸 할 수도 있지요, 내가 말한다. "기계 쪽에 머리가 없어요. 아무튼, 미리 계획할 수도 없으니까요."

"내가 아기 보는 일을 찾을 수도 있지." 데비가 말한다. "아니면 10센트 잡화점이나."

"너는 항상 10센트 잡화점에 취직하는 얘기를 하더라." 제프가 말한다.

"전에 거기서 일해본 적이 있어서 그런가 봐."

데비는 스웨이드 재킷 벨트로 손톱을 다듬고 있다. 손톱이 갈라졌는데 내 차에 매니큐어 리무버가 없어서 짜증이 나 있다. 나는 매니큐어를 다시 칠할 수 있게 친구 아파트에 데려다주겠다고 약속한다. 하지만 계속 어쩐지 마음에 걸리는 게 있어서 시동을 걸려고 만지작거리다가 마침내 물어본다. 나는 그들에게 어린 시절을 돌이켜보라고 부탁한다. 그때는 어른이 되면 어떤 사람이 되고 싶었느냐고, 그때는 미래가 어떻게 보였는지 생각나느냐고 묻는다.

제프는 코카콜라 병을 차창 밖으로 던진다. "그런 생각을 한 기억도 없는데요."

"수의사가 되고 싶다고 생각한 적이 있어요." 데비가 말한다. "하지만 지금은 뭐랄까, 예술가나 모델이나 메이크업 아티스트 같은 쪽으로 일하려고 해요. 아니면 뭐 다른 것도 좋고요."

내 귀에 경찰관 한 명의 이름이 계속 들려온다. 아서 게런스 경관의 이름은 거리의 열렬한 전도사와 동의어가 되었다. "그 사람이 우리의 크럽키 경관(뮤지컬 〈웨스트 사이드스토리〉에서 패싸움을 벌이는 불량 청소년들을 계도하려 애쓰는, 선의가 있으나 융통성은 없는 경찰관 이름.─옮긴이)이에요." 맥스가 이런 말을 한 적이 있다. 맥스는 개인적으로 게런스 경관을 그렇게 좋아하지는 않는다. 게런스 경관이 작년 겨울 '휴먼비인'(유명한 '사랑의 여름'의 전주곡 같은 행사로서, 헤이트 애시베리 지구가 미국 반문화의 상징으로 부상한 계기가 되었다.─옮긴이)에서 맥스를 체포했기 때문이다. 골든게이트 파크에서 열렸던 대규모 행사 휴먼비인에서는 2만 명이 공짜로 마약에 취했다. 아니, 만 명이던가. 아무튼 상당한 숫자가 공짜로 약을 했는데, 게런스 경관이 결국은 그 지구 사람들을 다 잡아넣었다고 한다. 아마도 개인이 우상화되는 사태를 막기 위해서겠지만 게런스 경관은 얼마 전 그곳에서 전출되었고, 내가 그를 만난 곳은 파크 경찰서가 아니라 그리니치 애비뷰의 중앙경찰서였다.

우리는 취조실에 있고 내가 게런스 경관을 취조한다. 금발의 젊은 경관은 경계심이 강해서 나는 천천히 뜸을 들인다. 헤이트 애시베리 지구의 "주된 문제점"이 뭐라고 생각하느냐고 물었다.

　게런스 경관은 한참 생각에 잠긴다. "그곳의 주된 문제점은 말입니다." 그러다 드디어 말한다. "주된 문제점은 마약과 비행 청소년입니다. 비행 청소년과 마약, 그게 주된 문제점입니다."

　나는 그 말을 받아 적는다.

　"잠깐만요." 게런스 경관이 말하더니 취조실을 나간다. 돌아와서는 토머스 카힐 서장의 허락 없이는 나와 이야기를 할 수가 없다고 말한다.

　"그때까지는." 게런스 경관은 덧붙여 말하고 내가 **주된 문제점: 비행 청소년, 마약**이라고 쓴 노트를 손으로 가리킨다. "저 노트를 제가 가져가겠습니다."

　다음 날 나는 게런스 경관은 물론 카힐 서장과의 인터뷰도 허락해달라고 요청한다. 며칠 후 어떤 경사에게서 전화가 온다.

　"귀하의 요청에 대해 드디어 서장님께서 결재를 하셨습니다." 경사가 말한다. "인터뷰는 금기랍니다."

　게런스 경관과 이야기를 나누는 게 어째서 금기인지 궁금하군요.

　게런스 경관은 곧 재판을 앞둔 사건들에 연루되어 있습니다.

　카힐 서장과 이야기를 나누는 건 어째서 금기인가요.

서장님께서는 긴급한 경찰 업무가 있으십니다.

경찰서에서 인터뷰를 할 분이 아무도 없으실까요.

"없습니다." 경사가 말한다. "지금은 아무도 없습니다."

그것이 샌프란시스코 경찰국과 나와의 마지막 공식 접촉이었다.

노리스와 나는 팬핸들(샌프란시스코의 공원으로, 골든게이트 파크와 이어져 냄비의 손잡이 같은 형태를 이룬다고 해서 붙여진 이름이다.—옮긴이) 근처에 서 있고 노리스는 자기 친구가 나를 빅서(캘리포니아주 서부에 있는 자연경관지.—옮긴이)에 데리고 갈 준비를 마쳤다는 이야기를 한참 하고 있다. 나는 내가 정말로 원하는 건 노리스와 그의 아내, 그리고 그 집에 함께 사는 다른 사람들과 함께 며칠을 보내는 거라고 말한다. 노리스는 내가 애시드를 좀 가져오면 일이 훨씬 쉬울 거라고 말한다. 나는 내 상태가 불안정하다고 말한다. 노리스는 좋아, 그러면 뭐, 대마초라도, 그러더니 내 손을 꼭 쥔다.

어느 날 노리스는 내게 몇 살이냐고 묻는다. 서른둘이라고 말한다. 몇 분쯤 시간이 걸린다. 하지만 노리스는 극복하기로 마음먹는다. "걱정 말아요." 그리고 마침내 말한다. "늙은 히피들도 있어요."

제법 쾌적한 저녁이고 별다른 일도 없고 맥스는 애인 샤론을 '창고'로 데리고 온다. '창고'는 돈을 비롯해 사람들이 대중없이 드나들며 사는 곳인데, 실제로는 창고가 아니라 폐업한 호텔의 차고다. '창고'는 토털시어터(프랑스 출신의 연출가이자 배우 장 루이 바로가 주창한 연극 용어. 무대장치, 음악, 인간의 신체 등 극적으로 활용할 수 있는 모든 요소를 동원해 공간의 표현을 극대화한다.—옮긴이)로, 즉 끊임없는 해프닝으로 구상되었고, 나는 그곳에 갈 때마다 항상 기분이 좋다. '창고'에서는 십 분 전에 일어난 일이나 앞으로 삼십 분 후 일어날 일이 마음속에서 흐릿하게 지워진다. 보통은 누군가가 조명 쇼를 준비한다든가 하는 흥미로운 일이 항상 벌어지고 있고, 주변에 흥미진진한 일들도 아주 많다. 낡은 쉐보레 투어링 차량이 침대로 쓰인다든가 거대한 성조기가 어둠 속에서 펄럭거린다든가 빵빵하게 속을 채운 의자가 서까래에 그네처럼 걸려 흔들린다든가 하는데, 이런 것들이 바로 감각 차단을 통해 환각에 빠지게 하는 장치이다.

내가 '창고'를 특히 좋아하는 이유는 마이클이라는 아이가 지금 거기 있기 때문이다. 마이클의 어머니 수앤은 다정하고 낯빛이 파리한 젊은 여자로 항상 부엌에서 해초를 요리하거나 매크로바이오틱 빵을 굽는다. 그동안 마이클은 향香이나 낡은 탬버린이나 페인트가 벗겨져 떨어진 흔들목마를 가지고 논다. 내가 처음 봤을 때 마이클은 흔들목마를 타고 있었다. 밝은 금발에 안색이 창백하고 더러운 아이가 페인트가 홀랑 다 벗겨진 흔들목마를 타고 있었다. 파란색 무대용 스포트라이트가 그날 오후 '창고'를 비추는 유일한 불빛이었는데, 그 스포트라이트 조명을 받으며 마이클이 있었다. 목마에게 부드럽게 노래를 불러주면서. 마이클은 세 살이다. 총명한 아이지만 아직 말을 하지 못한다.

오늘 밤에는 마이클이 향에 불을 붙이려 애쓰고 있다. 여느 때처럼 넘실넘실 들어오는 사람들이 있고 이런 사람들은 다들 돈의 방으로 떼밀려 가서는 침대에 걸터앉아 대마초를 돌려 피우기 시작한다. 샤론은 올 때부터 몹시 들떠 있다. "돈." 샤론은 숨이 턱에 차서 말한다. "우리 오늘 STP가 꽤 생겼어." 이때는 STP가 퍽 대단한 물건이었다는 사실을 기억하자. 아직 아무도 STP가 무엇인지 몰랐고, 비교적, 비록 비교적이기는 했으나 STP는 구하기가 어려웠다. 샤론은 금발이었고 깔끔한 매무새에 열일곱 살쯤으로 보이지만 맥스는 나이 얘기가 나오면 애매하게 얼버무린다. 재판이 한두 달 앞으로 다가온 상황에 미성년자 강간 혐의까지 더 없을 필요는 없기 때문이다. 샤론이 부모님을 마지막으로 봤을 때 그들은 별거 중이었다. 학교도 아쉽지 않고 과거의 삶이 그립지도 않지만 남동생은 보고 싶다. "약을 하게 해주고 싶어요." 어느 날 샤론은 내게 털어놓았다. "이제 그 애도 열네 살이 됐는데 그때가 딱 좋은 나이거든요. 동생이 고등학교를 어디 다니는지 아니까 언제 가서 데리고 와야겠어요."

시간이 흐르며 나는 맥락을 놓쳤고 다시 정신을 차려 보니 맥스는 샤론이 설거지하는 모습이 얼마나 아름다운지 모른다고 말하고 있는 것 같다.

"네, 실제로 아름답죠." 샤론이 말한다. "모든 게 아름다워요. 내 말은 저 파란 세제 방울이 접시를 따라 흘러가며 기름때를 가르는 걸 보세요. 정말 근사하잖아요."

이제 머지않아, 어쩌면 다음 달에, 어쩌면 더 늦게, 맥스와 샤론은 아프리카나 인도로 떠날 계획을 세우고 있다. 그곳에서 자연인으로 살 것이다. "상속받은 트러스트펀드가 좀 있거든요." 맥스가 말한다. "그건 경찰이나 국경수비대에 내가 괜찮은 사람이라는 걸 말해준다는 점에서 쓸모가 있지요. 하지만 자연인으로 산다는 게 목표예요. 도시에서도 취할 수 있고 약도 구할 수 있죠. 좋죠. 하지만 우리는 어디 멀리 탁 트인 데 나가서 유기농의 삶을 살아야겠어요."

"뿌리채소며 뭐 그런 거요." 샤론이 마이클을 위해 향을 하나 더 피워주며 말한다. 마이클의 어머니는 아직도 부엌에서 해초 요리를 하고 있다. "먹을 수 있잖아요."

아마 11시쯤일 텐데, 우리는 '창고'에서 이동해 맥스와 샤론이 톰과 바버라라는 커플과 함께 살고 있는 곳으로 간다. 샤론은 집에 와서 기분이 좋고("부엌에 하시시를 좀 피워뒀으면 좋겠어." 샤론은 바버라에게 인사말 대신 말한다) 모두가 기분 좋게 아파트를 자랑한다. 집 안에는 꽃과 촛불과 페이즐리 무늬가 아주 많다. 맥스와 샤론과 톰과 바버라는 하시시에 푹 젖어 모두가 춤을 좀 추고 우리는 리퀴드 라이트 쇼(사이키델릭 효과를 내는 조명 슬라이드 쇼.—옮긴이)를 투사하고 스트로브 전등을 설치해 교대로 흥분한다. 아주 늦은 시각에 스티브라는 사람이 검은 피부의 예쁜 소녀를 데리고 온다. 서부 요가 수행자들의 회합에 갔다 오는 길이었지만 그 얘기는 하고 싶어하지 않았다. 둘은 바닥에 한참 앉아 있었는데, 이윽고 스티브가 일어선다.

"맥스." 스티브가 말한다. "나 한 가지 하고 싶은 말이 있어."

"하고 싶으면 하는 거지." 맥스는 날을 세운다.

"애시드에 대한 사랑을 찾았었지. 그러다 잃었어. 그런데 이제 다시 찾고 있어. 이젠 수중에 대마초밖에 없는데."

맥스는 천국과 지옥이 다 카르마라고 중얼거린다.

"사이키델릭 예술이 마음에 걸리는 게 그 점이야." 스티브가 말한다.

"사이키델릭 예술이 어때서." 맥스가 말한다. "난 사이키델릭 예술을 별로 못 봐서."

맥스는 샤론과 함께 침대에 누워 있고, 스티브는 허리를 굽혀 그에게 가까이 간다. "그루브 말이야, 친구." 그가 말한다. "넌 그루브가 있다고."

스티브는 앉더니 내게 로드아일랜드 디자인 대학에 다

니던 어느 여름의 이야기를 들려준다. 그때 그는 서른 번 약을 했는데, 마지막 몇 번은 다 형편없었다. 왜 나빴느냐고 내가 묻는다. "내 불안증이 도져서 그랬던 게 틀림없어요." 그는 말한다. "하지만 씨발, 그건 됐고요."

머칠 후 니는 스디브를 민니리 그의 이피드를 칮는다. 스티브는 작업실로 쓰는 방 안을 초조하게 서성이며 내게 회화 몇 점을 보여준다. 우리는 뭔가 핵심을 짚지 못하는 느낌이다.

"맥스네 집에서 뭔가 심상찮다는 느낌을 받으셨을 거예요." 스티브가 불쑥 말한다.

그때 데려온 여자, 검은 피부의 미녀는 과거에 맥스의 여자였던 모양이다. 그 여자는 맥스를 따라 탕혜르까지 갔다가 이제 샌프란시스코로 왔다. 그러나 맥스에게는 샤론이 있다. "그래서 대충 이 근처에서 살게 된 거예요." 스티브가 말한다.

스티브는 온갖 것들이 다 고민이다. 스물세 살이고 버지니아에서 성장기를 보냈으며, 캘리포니아가 종말의 시작이라는 생각을 갖고 있다. "제정신이 아니라는 느낌이에요." 이 말을 하는 목소리가 기운이 없다. "이 여자는 인생은 아무 의미도 없지만 상관없다고, 그냥 흘러가는 대로 살면 된다고해요. 짐을 싸서 다시 동부로 뜨고 싶은 때도 많았어요. 적어도 거기서는 **목표**가 있었거든요. 적어도 거기서는 뭐든 일어날 거라는 기대가 있거든요." 내 담배에 불을 붙여주는 스티브의 손이 떨리고 있다. "여기서는 그럴 리가 없다는 걸 알아요."

나는 무슨 일이 일어나야 하는 거냐고 물었다.

"모르겠어요." 스티브는 말한다. "뭔가. 아무 일이나."

아서 리시는 주방 전화에 매달려 VISTA(미국의 빈민 지구 파견 자원봉사 단체.―옮긴이)에다가 헤이트 애시베리 지구의 프로그램을 팔려 하고 있다. "우리는 벌써 긴급상황이라니까요." 그는 수화기에 대고 말하면서 전화선에 엉킨 한 살 반짜리 딸을 풀어주려 한다. "지원이 없으면 여기서 앞으로 무슨 일이 일어날지 아무도 모릅니다. 여기는 사람들이 길거리에서 자고 있다고요. 굶어 죽는 사람들이 있단 말입니다." 그는 잠시 말을 끊었다. "맞아요." 그러더니 그의 언성이 높아진다. "그래요, 그게 그 사람들 선택이에요. 그래서 뭐요."

전화를 끊을 때까지 골든게이트 파크 변두리의 삶에 대해 그가 한 묘사는 내게 디킨스 소설의 한 대목처럼 느껴졌다. 그러나 나는 그저 아서 리시가 밀고 있는 "…하지 않으면 거리에 폭동이 일어날 줄 아세요"라는 접근 방식을 처음 접해보았을 뿐이다. 아서 리시는 디거스(지역 공동체를 기반으로 한 사회운동가와 길거리 극단 배우들의 급진적 단체. 1966년에서 1968년까지 헤이트 애시베리에서 활동했으며, 돈에서 자유로운 소규모 공동체 건설을 목표로 했다.—옮긴이)의 지도자 비슷한 입지에 있다. 원래 디거스는 공식적인 신화에 따르면, 집단이 공유하는 사상은 없고 단순히 돕고자 히 는 의도만 있는 익명의 좋은 사람들로 구성된 난제여야 했다. 헤이트 애시베리에 떠도는 또 다른 공식적인 전설에 따르면 디거스에는 "지도자"가 없지만, 그럼에도 아서 리시는 그중 하나다. 아서 리시는 또한 미국 퀘이커 봉사위원회의 정식 직원이기도 하다. 그는 아내 제인과 어린 두 아이와 함께 기차칸식 아파트(방들이 한 줄로 이어져 각 방이 다음 방으로 가는 통로 역할을 하는 값싼 아파트.—옮긴이)에 살고 있는데, 하필 오늘 이 집에서는 질서와 정돈을 흔적도 찾아볼 수 없다. 일단 전화가 쉴 새 없이 울린다. 아서는 시청에서 주최하는 청문회에 참석하겠다고 약속한다. 아서는 "에드워드를 보내. 그 친구는 괜찮아"라고 보장한다. 아서는 유태인 자선 행사에서 무료로 연주할 만한 괜찮은 그룹을 구하겠다고, '로딩 존'도 괜찮겠다고 말한다. 둘째로 아기가 울고 있다. 제인 리시가 거버 아기용 치킨누들 디너를 들고 나올 때까지 줄기차게 울어젖힌다. 또 한 가지 혼동을 유발하는 요소는 밥이라는 사람이다. 밥은 거실에 가만히 앉아서 자기 발가락만 보고 있다. 처음에는 한 발 발가락을 보고 다음에 다른 발을 본다. 나는 밥을 대화에 끌어들이려 여러 번 시도하고 나서야 그가 형편없이 약기운에 취해 있다는 걸 깨달았다. 게다가 부엌 바닥에 두 사람이 앉아서 소고기 허릿살처럼 보이는 걸 난도질하고 있었다. 난도질이 끝나면 제인 리시가 요리해 파크에서 매일 열리는 디거들의 식사에 낸다는 생각이었다.

아서 리시는 아무것도 눈치채지 못하는 듯 보였다. 사이버화된 사회와 연봉의 보장과 헤이트 스트리트에서의 소요 얘기만 계속했다. 이러저러한 조치를 취하지 않으면 각오하라는 얘기도 물론.

나는 하루인가 이틀 뒤 리시네 집에 전화를 걸어 아서를 바꿔달라고 한다. 제인 리시는 자기네 욕조에서 누군가 약에서 깨고 있는데 금단증상이 지독해서 남편은 옆집에 샤워하러 갔다고 한다. 욕조에서 난리가 난 데다 밥을 진찰하러 정신과 의사가 왕진을 오기로 했단다. 그리고 에드워드를 봐줄 의사도 온다고 했다. 에드워드는 괜찮기는커녕 독감에 걸렸다. 제인은 내게 체스터 앤더슨한테 얘기를 해보는 게 좋겠다고 한다. 하지만 전화번호는 가르쳐줄 수 없단다.

체스터 앤더슨은 비트 세대의 유물이다. 30대 중반의 이 남자가 헤이트 애시베리 지구에 희한한 영향력을 행사하는 건 등사기를 한 대 소유하고 있기 때문이다. 이 등사기로 그는 '커뮤니케이션 회사'라고 서명한 공식 성명서를 인쇄한다. 누구라도 하고 싶은 말이 있다면 이 회사에서 무조건 인쇄해준다는 게 역시나 헤이트 애시베리가 공식적으로 믿고 있는 신념이지만, 실제로 체스터 앤더슨은 오로지 자기가 직접 쓴 글, 자기가 동의하는 글, 또는 무해하거나 어차피 죽은 이슈라고 생각하는 글만 찍어낸다. 헤이트 스트리트 주변에 다발로 쌓여 있거나 창문에 붙여져 있는 앤더슨의 성명서를, 이 지역 사람들은 심란한 눈으로 바라보지만, 도자기 감별하듯 성명서를 연구하는 외지인들에게는 난해한 이데올로기가 미묘하게 변화하는 과정을 잘 보여주는 자료로 간주된다. 앤더슨의 성명서는 마리화나 검거를 주도한 장본인을 물색해 고발하는 것처럼 구체적인 일에서 다음의 발췌문처럼 좀더 일반적인 문제까지를 아우른다.

16세의 예쁜 중산층 소녀가 무슨 일이 일어나는지 알고 싶어 헤이트 스트리트에 왔다. 17세의 스트리트 딜러가 소녀를 픽업해 하루종일 스피드(암페타민류 마약의 일종.—옮긴이)를 최고치로 쏘고 또 쏘다가 결국 3,000마이크로그램을 먹였다. 그리고 일시적으로 몸을 가누지 못하는 소녀는 헤이트 스트리트에서 제일 큰 규모의 집단강간을 당했다. 이것이 엑스터시의 정치학과 윤리학이다. 강간은 헤이트 스트리트에서 헛소리만큼 흔하다.

아이들은 헤이트 스트리트에서 굶어 죽고 있다. 우리 눈앞에서 몸과 마음이 사지절단당하고 있다. 베트남의 축소판이다.

제인 리시가 아닌 다른 사람이 내게 체스터 앤더슨의 주소를 알려주었다. 아겔로 443번지. 그러나 아겔로 443번지는 존재하지 않는다. 아겔로 443번지라는 주소를 준 남자의 아내에게 전화를 걸었더니 이번에는 아겔로 742번지라고 한다.

"하지만 거기 찾아가지는 마세요."

나는 전화를 걸어보겠다고 한다.

"전화번호는 없어요." 그 여자는 말한다. "번호는 드릴 수가 없어요."

"아겔로 742번지란 말이죠." 내가 말한다.

"아니에요. 난 몰라요. 그리고 거기 가지 마세요. 찾아가더라도 내 이름이나 남편 이름은 쓰지 마세요."

여자의 남편은 샌프란시스코 스테이트 칼리지 영문학과 정교수다. 체스터 앤더슨 건은 한참 두고 보면서 조심스럽게 접근해야겠다.

편집증이 깊숙이 침투하네 —

당신의 삶으로 기어 들어오리라 —

버펄로 스프링필드의 노래다.

맬러코프 광산의 매력은 시들해졌지만 맥스는 자기 집으로 오라며, 다음번에 애시드를 할 때 그냥 같이 있자고 한다. 톰도 할 거고, 샤론은 십중팔구, 어쩌면 바버라도 할 거라면서. 6일, 7일 동안은 못 하는네, 그 이유는 맥스와 톰이 지금 STP 구간이기 때문이란다. STP를 엄청나게 좋아하진 않지만 그 나름의 장점은 있다는 것이다. "그래도 전뇌는 멀쩡하거든요." 톰이 말한다. "STP가 돌면 그래도 글을 쓸 수 있는데, 애시드로는 못 해요." 나는 애시드 약효로 못 하는 일이 있다는 얘기도 처음 들었고 톰이 글을 쓴다는 것도 처음 알았다.

오토는 자기가 아팠던 게 밀가루 섞은 코카인 때문이 아니었다는 사실을 알고 기분이 좋아졌다. 알고 보니 어느 날 밤, 빅 브라더 앤드 더 홀딩 컴퍼니(1965년 샌프란시스코에서 결성된 사이키델릭 록 밴드.―옮긴이)가 공연하는 동안 아이를 돌봐주다가 걸린 수두였다. 나는 오토를 만나러 갔다가 비키를 만난다. 비키는 주크 새비지스라는 그룹과 함께 가끔 노래하며 오토의 집에서 살고 있다. 비키는 "단핵증(말초 혈액 속에 단핵구가 과도하게 증가하는 전염성 바이러스 질환.―옮긴이)에 걸려" 라구나 고등학교를 중퇴하고 그레이트

149

풀 데드를 따라 샌프란시스코까지 와서 여기 살게 된 지는 "꽤 오래" 됐다. 비키의 부모님은 이혼했고, 뉴욕 네트워크 방송국에서 일하는 아버지와는 만나지 않는다. 몇 달 전 비키의 아버지는 헤이트 애시베리에 대한 다큐멘터리를 제작한다고 비키를 수소문했지만 결국 찾지 못했다. 그는 나중에 비키의 어머니 주소를 써서 학교로 돌아오라는 편지를 보냈다. 비키는 언젠가 학교로 돌아갈 날이 있을지 모르지만 지금은 그럴 이유를 잘 모르겠다고 한다.

우리는, 그러니까 쳇 헬름스와 나는 재팬타운에서 덴푸라를 먹고 있다. 쳇은 내게 자기가 깨달은 몇 가지 진실을 알려주고 있다. 2, 3년 전까지 쳇 헬름스는 히치하이킹 말고는 별로 한 일이 없지만, 지금은 애벌론 볼룸을 운영한다. 그리고 극지 위로 비행하며 런던의 현황을 조사하고 "확실히 해두려고 하는 말인데, 저는 제가 생각하는 원시종교의 면면을 범주화하고 싶어요" 유의 발언을 하게 되었다. 지금 당장은 마셜 매클루언과 활자화된 글의 종언, 망조, 완전 끝, 끝장을 논하고 있다. "신문을 흑백으로 찍는 곳은 미국에서 《이스트 빌리지 어더》(1960년대 뉴욕시에서 격주로 발행한 급진적 언더그라운드 신문으로 반문화적 성격을 띤다.—옮긴이)를 비롯해 몇 군데밖에 없어요." 쳇은 말한다. "《배런스》(다우 존스가 펴내는 미국의 경제주간지.—옮긴이)를 보고 안 사실입니다."

오늘 팬핸들에서는 새로운 그룹이 연주할 예정이었지만 앰프에 문제가 생겨서 나는 양지바른 데 앉아 열일곱 살쯤 되어 보이는 어린 소녀 두 명의 대화를 듣고 있다. 한 사람은 화장을 투섭세 하고 또 한 사람은 리바이스 청바지에 카우보이 부츠를 신고 있다. 멋을 부리느라 부츠를 신은 게 아니라, 바로 2, 3주 전에 목장을 떠나온 분위기다. 저 아이는 자기를 무시하고 구박하는 도시 여자애와 친구가 되려 애쓰며 팬핸들에서 뭘 하고 있나 하는 생각이 들었지만 궁금증은 금세 풀린다. 소녀는 촌스럽고 서투르다. 내 상상 속에서 그 여자애는 고향에서 영농조합이 세운 고등학교를 다니고 아무도 토요일 밤 리노에 가서 드라이브인 영화를 보자거나 강둑에서 맥주를 마시자고 청하지 않아서, 그래서 도망친다. "달러 지폐에 대해 한 가지 아는 게 있는데 말이야." 소녀는 말하고 있다. "한쪽 귀퉁이에 '1111'이라고 쓰여 있고 또 다른 귀퉁이에도 '1111'이라고 쓰인 지폐를 보면 텍사스주 댈러스로 가져가면 돼. 그러면 15달러를 줄 거야."

"누가?" 도시 여자애가 묻는다.

"몰라."

"오늘날 이 세계에서 의미 있는 데이터는 세 가지밖에

없습니다." 어느 날 밤 쳇 헬름스는 내게 이런 이야기도 해주었다. 우리는 애벌론 볼룸에 있었다. 커다란 스트로브가 돌아가고 색색의 불빛과 데이글로(형광 안료 브랜드. ─옮긴이)로 그린 그림들이 번쩍이는 그곳은 약에 취한 척하는 고등학생들로 가득 차 있었다. 애벌론의 사운드시스템은 100피트(30m) 높이에서 126데시벨로 쏘아대고 있었지만 쳇 헬름스에게 소음은 공기처럼 당연했고, 그래서 그는 소음을 뚫고 말하고 있었다. "첫 번째는, 신이 작년에 죽었고 신문에 부고가 실렸다는 거죠. 두 번째는, 인구의 50퍼센트가 현재, 혹은 곧 스물다섯 살 이하라는 겁니다." 한 소년이 우리를 향해 탬버린을 흔들자 쳇이 온화한 미소로 답한다. "세 번째는, 그 인구가 무책임하게 써버릴 수 있는 달러가 2백억(현재의 달러 가치로 환산하면 1,540억 달러에 달한다. ─옮긴이)에 달한다는 거죠."

목요일이 온다. 대단한 목요일. 맥스와 톰과 샤론과 어쩌면 바버라까지도 애시드를 할 것이다. 그들은 3시경에 투하하기를 원한다. 바버라가 신선한 빵을 구웠고 맥스는 파크에 가서 싱싱한 생화를 사 왔고 샤론은 문에 걸 공지를 쓰고 있다. "방해 금지. 초인종, 노크, 어떤 식으로든 방해하지 마세요. 사랑합니다." 나라면 이번 주에 당직을 서는 위생 단속반이나 이 근처에서 활동하는 수십 명의 마약 단속반원들을 생각해서 쓰지 않을 말이지만, 공지는 샤론이 알아서 할 일이다.

공지를 다 쓰고 난 샤론은 안절부절한다. "그래도 새 레코드는 틀어도 되지?" 맥스에게 묻는다.

"톰과 바버라가 아껴뒀다 취하고 나서 틀자는데."

"나 지루해. 여기 그냥 이러고 앉아 있으니까."

맥스는 빌떡 일어나 나가는 샤론을 본다. "세게 소위 애시드 전에 닥치는 불안증이에요." 그가 말한다.

바버라는 보이지 않는다. 톰이 계속 들어왔다 나갔다 한다. "막판에 해야 하는 일이 수도 없이 많아요." 그가 중얼거린다.

"까다로워요, 애시드는." 이윽고 맥스가 말한다. 스테레오를 켰다 껐다 하고 있다. "여자애가 애시드를 하면, 뭐 혼자 있을 때는 괜찮은데요. 누구 다른 사람하고 같이 산다 그러면 불안증이 확 도지거든요. 애시드를 하기 전에 한 시간 반에 걸친 절차가 매끄럽게 흘러가지 못하면…" 맥스는 바퀴벌레를 한 마리 잡아 찬찬히 살펴보더니, 덧붙여 말한다. "저 안에서 바버라와 좀 문제가 있었나 봐요."

샤론과 톰이 들어온다.

"자기도 화났어?" 맥스가 샤론에게 묻는다.

샤론은 대답하지 않는다.

맥스가 톰을 본다. "걔는 괜찮아?"

"응."

"우리 애시드 할 수 있는 거야?" 맥스는 조바심을 친다.

"걔가 뭘 할지 나는 모르겠다."

"너는 어떻게 하고 싶은데?"

"나야 걔가 뭘 하고 싶으냐에 따라 다르지." 톰은 마리화나를 말고 있는데, 먼저 직접 만든 마리화나 수지를 종이에 마는 것부터 시작한다. 톰은 그렇게 만 마리화나를 침실로 가지고 들어가고 샤론도 뒤를 따른다.

"애시드를 한다 그러면 꼭 이런 일이 항상 일어나요." 맥스가 말한다. 잠시 후에 그는 안색이 환해지더니 그 나름의 이론을 개진한다. "자기 자신에게서 이탈하는 걸 싫어하는 사람들이 있어요, 그게 문제죠. 아마 기자님도 안 좋아할 걸요. 4분의 1 태블릿만 좋아하실 거예요. 4분의 1 태블릿이면 아직 자아가 남아서 뭘 이것저것 원한단 말이죠. 원하는 게 섹스라고 해봐요. 그런데 여친이나 남친이 완전히 가서 누가 자길 건드리는 것도 싫다고 하면, 뭐, 그러면 애시드 효과가 팍 꺼지고 몇 달 동안 기분만 더러워지는 거예요."

샤론이 미소를 지으며 사르르 들어온다. "바버라가 애시드를 좀 할 수도 있대. 우리 다 기분이 좋아졌어. 마리화나를 피웠거든."

그날 오후 3시 30분, 맥스, 톰과 샤론은 혀 밑에 알약을 넣고 거실에 함께 앉아 약효가 섬광처럼 번쩍 켜지기를 기다린다. 바버라는 침실에 머무르며 하시시를 피운다. 그 후로

네 시간 동안 바버라의 방에서 창문 하나가 덜컹거렸고, 5시 30분쯤 거리에서 아이들끼리 싸움이 붙었다. 오후의 바람에 커튼이 펄럭거렸다. 고양이 한 마리가 샤론의 무릎에 앉은 비글을 할퀴었다. 스테레오에서 흘러나오는 시타르 음악 외에는 7시 30분까지 아무런 소리도 움직임도 없었다. 그때 맥스가 말했다. "우왜."

헤이트 스트리트에서 우연히 데드아이를 보았다. 차를 타고 있었다. 스트리트를 벗어날 때까지 데드아이는 눈에 띄지 않게 몸을 잔뜩 낮춘다. 데드아이는 나한테 자기 여친을 소개해주고 싶다고 말하기 전에 먼저 자기가 봉사활동에 꽂힌 사연부터 털어놓는다.

"예전의 나는요. 바이크를 타고 다니는 터프한 애였는데, 갑자기 젊은 사람들이 외로워야 할 필요가 없다는 걸 깨달았어요." 데드아이는 전도사처럼 초롱초롱한 눈빛으로 자동차 판매사원이나 쓸 법한 합리적인 언변을 구사한다. 이 사회의 모범적인 산물이다. 나는 그 눈빛을 똑바로 받으려 노력한다. 왜냐하면 데드아이는 눈만 보면, 특히 방금 애시드를 투하했을 때는, 사람의 성격을 다 파악할 수 있다고 말한 적이 있기 때문이다. 지금이 그때다. 오늘 아침 9시경 애시드를 투하했으니까. "젊은 애들이 기억해야 하는 건 딱 하나뿐이에요. 주기도문. 그러면 도움이 되는 게 한두 가지가 아니라니까요."

데드아이는 지갑에서 꼬깃꼬깃 접힌 편지를 꺼낸다. 편지는 자기가 도와준 어린 소녀가 보낸 것이다. "사랑하는 오빠." 편지는 이렇게 시작된다. "나는 오빠의 일부니까 편지를 한 장 써 보내도 될 것 같았어. 이 사실을 기억해. 오빠가 행복하면, 나도 행복하고, 오빠가…."

"내가 지금 하고 싶은 일은요" 하고 데드아이는 말한다. "나이를 불문하고 누구든 와서 며칠 머무르며 자기 문제를 상담할 수 있는 집을 하나 마련하고 싶어요. 나이를 불문하고. 기자님, 나이 든 사람들도 문제가 있잖아요."

나는 집을 마련하려면 돈이 든다고 말한다.

"돈을 벌 길은 찾았어요." 데드아이가 말한다. 망설임은 몇 초 만에 끝난다. "아까만 해도 스트리트에서 85달러를 벌 수 있었다고요. 보세요, 내 호주머니 안에 애시드 태블릿이 백 알 있어요. 오늘 밤까지 20달러를 구해야 지금 사는 집에서 쫓겨나지 않거든요. 내가 애시드를 가진 사람도 알고, 애시드를 원하는 사람도 아니까, 서로 엮어줬죠."

마피아가 LSD 장사에 손을 댄 후로, 양은 많아지고 질은 떨어졌다. (…) 역사가 아널드 토인비는 금요일 밤 '퀵실버 메신저 서비스'의 음악에 맞춰 손가락을 튕기고 발을 탁탁거리며 78세 생일을 축하했다.

1967년 서부가 쇠락해가던 어느 날 아침, 허브 케이언의 칼럼에서 한두 가지를 발췌했다.

내가 샌프란시스코에 있을 때 LSD-25 태블릿, 혹은 캡슐 한 알은 판매자와 지구에 따라 3달러에서 5달러 이내로 팔렸다. LSD는 필모어 지구보다는 헤이드 애시베리 지구에서 약간 쌌다. 필모어에서는 LSD가 잘 쓰이지 않고, 그나마 주로 섹스의 미끼로 쓰였으며, 헤로인, 즉 '스맥' 같은 독한 마약의 판매상이 거래했다. 대량의 애시드가 암페타민의 상품명인 메테드린을 혼합해 희석되는데 그 이유는 메테드린이 저품질의 애시드에 결여된 섬광 효과를 유사하게 흉내낼 수 있기 때문이다. 실제로 태블릿 한 알에 든 애시드의 정확한 양을 알지 못하지만 표준적으로는 250마이크로그램이 들어 있어야 한다. 대마초는 한 통에 10달러, 성냥갑 하나에 5달러다. 하시시는 '사치품'으로 간주된다. 모든 암페타민류, 소위 '스피드'―벤제드린, 덱세드린, 특히 메테드린―는 이른 봄보다 늦은 봄에 훨씬 더 흔히 사용되고 있다. 신디케이트가 들어와서 그렇다고 생각하는 사람들도 있고, 전반적으로 분위기가 쇠락해서 그렇다는 사람도 있다. 갱들과 '유연하게' 파트타임으로 히피 노릇을 하는 젊은 층의 유입에서 원인을 찾기도 한다. 이들은 암페타민류와 이런 약물이 주는 행동과 권력의 환각을 좋아한다. 메테드린이 널리

활용되는 곳에서는 헤로인이 있을 확률이 높다. 내가 들은 이유는, "크리스털을 쏘고 나서 완전 끝내주게 가면, 스맥을 써서 좀 끌어내릴 수가 있기" 때문이란다.

데드아이의 여친 제리가 집 앞 현관에서 우리를 맞는다. 제리는 덩치가 크고 서글서글한 여자로 여름방학마다 걸스카우트 캠프에서 교사 일을 했고 워싱턴 대학교에서 '사회복지'를 전공하다가 "아무래도 충분히 살아보지 못한 것 같아서" 샌프란시스코로 왔다. "사실 시애틀에서는 마약 단속이 심했어요." 제리는 덧붙여 말한다.

"처음 여기 오던 날 밤에는, 블루 유니콘 카페에서 만난 여자애랑 같이 묵었어요. 방금 온 티가 역력했죠. 배낭도 매고 이래저래." 그 후로 제리는 디거스가 운영하는 집에서 머무르다 데드아이를 만났다. "그런데 자리 잡는 데 시간이 걸려서 아직 일을 별로 많이 못 했어요."

나는 제리에게 무슨 일을 하느냐고 묻는다. "기본적으로는 시인이에요." 제리는 말한다. "하지만 도착하자마자 기타를 도둑맞아서, 지금은 일단 발목이 잡혀 있어요."

"책들 가져와." 데드아이가 명령한다. "네 책들 보여드려."

제리는 수줍어하다가 침실에 가서 시詩가 가득 쓰인 테마북을 몇 권 가져온다. 나는 책들을 넘기며 훑어보지만 데드아이는 여전히 남을 돕는 이야기를 하고 있다. "스피드를 하는 애가 있으면 무조건, 끊는 걸 도와줄 거예요. 애들 입장에서 스피드의 이점은 잠자고 먹는 걱정을 안 해도 된다는 것밖에 없거든요."

"아니면 섹스나." 제리가 거든다.

"맞아. 크리스털에 절어 있으면 아무것도 필요 없어."

"그러디 보면 독힌 약물을 할 수도 있어요." 제리가 밀한다. "보통 메테드린 골수 중독자를 보면, 팔에 주사를 꽂는 순간부터, 뭐, 스맥도 좀 해볼까, 이렇게 되는 건 아주 쉽거든요."

그러는 내내 나는 제리의 시들을 보고 있다. 깔끔한 필체로 써서 회오리 무늬로 장식한 아주 어린 소녀의 시다. 새벽은 장밋빛으로 물들고 하늘은 은빛이 감돈다. 제리가 시집에서 "크리스털"이라고 할 때는 메테드린을 의미하지 않는다.

"자기는 다시 글을 써야 해." 데드아이는 다정하게 말하지만 제리는 이 말을 못 들은 척한다. 어제 자기한테 성매매 제안을 해온 사람 이야기를 하는 중이라서다. "헤이트 스트리트에서 나한테 그냥 와서는 600달러를 줄 테니 리노에 가서 일하라는 거예요."

"그 사람이 자기한테만 접근한 건 아니야." 데드아이가 말한다.

"다른 여자가 그 사람을 따라가고 싶다고 하면, 뭐 좋아." 제리가 말한다. "하지만 내 기분을 망치지는 마." 제리는 우리가 재떨이 대신 쓰던 참치캔을 비우고 마룻바닥에서 잠들어 있는 여자애를 살핀다. 내가 처음 데드아이네 집을 찾은 그날, 바닥에서 자던 여자애다. 이제 일주일, 열흘째 앓고 있다. "보통 저 꼴로 누가 스트리트에서 내게 다가오면요." 제리가 덧붙여 말한다. "한 대 치고 푼돈이라도 좀 챙길 거예요."

다음 날 파크에서 제리를 만났을 때 아픈 여자애의 안부를 물었더니, 제리는 명랑하게, 그 애는 입원했어요, 폐렴에 걸려서, 라고 말했다.

맥스는 샤론과 사귀게 된 이야기를 들려주었다. "처음 헤이트 스트리트에서 샤론을 보자마자 섬광이 번쩍했어요. 진짜 번쩍했다니까요. 그래서 샤론의 비즈beads를 놓고 대화를 시작했어요. 하지만 사실 비즈에는 관심이 없었어요." 샤론은 맥스 친구네 집에 살았고, 다음번에 만났을 때 맥스는 친구에게 바나나를 가져갔다. "그때가 바로 바나나 버블(1960년대 미국에서는 말린 바나나 껍질을 태워 연기를 마시면 환각 작용에 빠진다는 뜬소문이 한바탕 돌았다.—옮긴이) 이 한창이던 때에요. 인간성과 바나나 껍질을 전부 꾸역꾸역 목구멍으로 넘겨야 했단 말이에요. 샤론과 나는 어린애들 같았어요. 우리는 바나나를 피우고 또 서로를 바라보고 바나나를 더 피우고 또 서로 바라봤어요."

하지만 맥스는 망설였다. 일단 맥스는 샤론이 자기 친구의 여자인 줄 알았다. "또 한 가지 이유는, 여자친구와 엮이고 싶은지 잘 모르겠더라고요." 하지만 다음에 가 보니 샤론이 애시드에 취해 있었다.

"그래서 다들 소리를 질렀어요. '여기 바나나맨 온다.'" 샤론이 불쑥 끼어든다. "그래서 완전히 흥분했죠."

"샤론이 사는 데가 완전히 정신 나간 집이었어요." 맥스가 말을 잇는다. "어린애가 하나 있었는데, 고래고래 악만 쓰는 거예요. 하는 일이라는 게 비명을 지르는 연습뿐이었어요. 감당이 안 되더라고요."

맥스는 아직도 샤론에게 거리를 두고 있었다. "그런데 그때 샤론이 내게 알약을 하나 줬고, 그래서 알았어요." 맥스는 부엌으로 가서 알약을 가지고 돌아오며 먹을까 말까 고민했다. "그러다 흘러가는 대로 가자고 마음먹었고, 그렇게 된 거예요. 번쩍 불이 들어오는 상대와 같이 애시드를 투하하면, 그 여자 눈동자 안에서 온 세상이 사르르 녹아내리는 걸 보게 되거든요."

"세상에 그토록 강력한 건 없어요." 샤론이 말한다. "그건 그 무엇도 깨뜨릴 수 없어요." 맥스가 말한다. "약효가 지속되는 동안에는."

오늘은 우유가 없어요—

내 사랑이 떠나버렸거든요.

(…) 내 희망들의 끝―

내 모든 꿈들의 끝―

1967년의 추운 늦봄 KFRC, 샌프란시스코의 플라워파워 방송에서 아침마다 들리던 노래다.

데드아이와 제리는 결혼할 계획이라고 내게 말한다. 헤이트 애시베리 지구의 성공회 목사가 골든게이트 파크에서 결혼식을 주재해주겠다고 약속해서 몇몇 록그룹 밴드를 부르기로 했단다. "진짜로 공동체답게요." 제리의 오빠도 시애틀에서 결혼한다. "좀 재밌게 됐죠." 제리는 생각에 잠긴다. "오빠는, 왜 있잖아요, 전통적으로 격식 차린 결혼식인데, 그러면 우리와 대조될 거 아니에요."

"오빠 결혼식에는 내가 넥타이를 매고 가야 할 거야." 데드아이가 말한다.

"맞아." 제리가 말한다.

"제리 부모님이 나를 보러 오셨는데, 아직 마음의 준비가 안 되셨더라고요." 데드아이는 철학적으로 사색한다.

"결국 축복해주시겠다고 했어요." 제리가 말한다. "그런 셈이죠."

"내게 다가오더니 아버님이 말했어요. '우리 딸을 잘 돌봐다오.'" 데드아이가 회상한다. "그리고 어머니가 말씀하셨죠. '제리가 교도소에 가지는 않게 해주게.'"

바버라가 매크로바이오틱 애플 파이를 구웠고 톰과 맥스와 샤론과 내가 함께 파이를 먹고 있다. 바버라는 어떻게 "여자의 일"에서 행복을 찾았는지 내게 말해준다. 바버라와 톰은 어딘가로 가서 인디언들과 함께 살았다. 처음에 바버라는 여자들하고만 처박혀 남자들 이야기에 한마디도 끼어들 수 없는 게 힘들었는데 곧 이유를 깨달았다. "바로 그게 포인트였어요."

바버라는 소위 다른 모든 것과 담을 쌓는 여자의 일에 꽂혀 있다. 톰과 맥스와 샤론이 돈이 필요하면 바버라는 모델 일을 하든지 유치원 교사로 일할 테지만, 일주일에 10에서 20달러 이상 버는 건 싫어한다. 대부분의 시간은 살림을 하며 빵을 굽는다. "내가 아는 한 그렇게 사랑을 보여주는 일보다 더 아름다운 건 없어요." 여자의 일 이야기를ー자주ー들을 때마다 나는 "오븐에서 나오는 사랑이 최고야"(식품 회사 필즈베리의 냉동생지 크로아상 광고에 나온 유명한 카피.ー옮긴이)와 『여성의 신비』(1963년 출간되어 2세대 여성운동에 불을 붙인 베티 프리단의 저서. 여성다움이라는 이름으로 여성에게 고정된 역할과 이미지가 여성을 억압한다고 주장하며 이를 '여성의 신비'라고 불렀다.ー옮긴이)와 사람들은 무의식을 통해 어떻게 의식적인 수준에서 거부하는 가치의 도구가 될 수 있는가를 아주 많이 생각했지만, 바버라에게 는 한마디도 하지 않았다.

제법 쾌청한 날에 자동차로 헤이트 스트리트를 따라가 다가 신호등에 걸렸을 때 바버라를 본다.

뭐 하세요, 바버라는 알고 싶어한다.

그냥 드라이브하고 있어요.

"근사해요." 그녀가 말한다.

아름다운 날이네요, 내가 말한다.

"근사해요." 그녀가 동의한다.

그녀는 날 보고 집에 놀러 올 거냐고 묻는다. 조만간 갈 게요, 내가 말한다.

"근사해요." 그녀는 말한다.

파크에서 드라이브하고 싶으냐고 물어봤지만 바버라는 너무 바쁘다. 물레로 자을 양모를 사러 나가는 길이라고 한다.

아서 리시는 이제 나를 볼 때마다 안절부절한다. 이번 주의 디거 지령이 "독을 푸는 언론인"과 대화하지 않는다는 건데, 그 사람이 바로 나이기 때문이다. 그래서 아직도 체스 터 앤더슨과는 줄이 닿지 않았지만, 어느 날 팬핸들에서 자 칭 체스터의 "측근"이라는 아이를 만나게 됐다. 그는 검은 망토를 두르고 챙이 축 늘어지는 검은 슬라우치 해트를 쓰고 "욥의 딸"이라고 적힌 연보라색 스웨트셔츠를 입고 검은 선글라스를 썼다. 자기 이름은 클로드 헤이워드라고 했지만, 이름은 어차피 상관없다. 나는 그를 그냥 연줄이라고만 생각하니까. 연줄은 나를 "직접 좀 봐야겠다"고 한다.

나는 짙은 선글라스를 벗고 눈을 보여준다. 그는 자기 선글라스를 벗지 않는다.

"이런 식으로 언론에 독을 풀면 돈은 얼마 받아요?" 이게 대화의 서두다.

나는 다시 선글라스를 낀다.

"현장을 보려면 한 가지 방법밖에 없어요." 연줄이 이 말을 하며 엄지를 홱 꺾어 나와 함께 있는 사진작가를 가리킨다. "저 친구는 버리고 스트리트로 나와요. 돈은 소지하지 말고. 돈은 필요 없을 거예요." 그는 자기 망토에 손을 뻗어 "경찰 체포, 집단강간, 성병, 강간, 임신, 폭행, 굶주림을 피하는 법"을 다루는 디거의 무료 강좌들이 소개된 등사본 한 장을 꺼낸다. "여기 와야 될 거예요." 연줄이 말한다. "필요할 테니까."

그럴 수도 있겠네요, 하지만 일단 체스터 앤더슨과 얘기를 좀 나누고 싶은데, 하고 나는 말한다.

"우리가 그쪽하고 연락을 하겠다고 결정을 내리면, 아주 신속하게 연락할 거예요." 연줄이 말한다. 그 후로 줄곧 그는 파크에서 나를 감시하지만 끝내 내가 준 번호로 전화하지 않는다.

어스름이 깔리고 춥다. 블루 유니콘 카페에서 데드아이를 찾기에는 시간이 일러서 맥스네 집 초인종을 누른다. 바버라가 문을 열어준다.

"맥스와 톰은 일종의 사업으로 누굴 만나러 갔어요." 바버라가 말한다. "좀 있다가 다시 오실래요?"

맥스와 톰이 사업 건으로 사람을 만날 일이 대체 뭘까 궁금했는데, 며칠 후 파크에서 알게 됐다.

"안녕하세요." 맥스가 부른다. "지난번에 못 뵈어서 죄송해요. 사업을 하느라고요." 이번에는 나도 요지를 파악했다. "우리, 아주 괜찮은 물건을 구해서요." 그러더니 자세히 설명을 하려 든다. 이날 오후따라 파크를 다니는 사람들 셋 중 하나는 마약 단속반원처럼 보여서 나는 화제를 돌리려 애쓴다. 나중에 맥스에게 공공연한 장소에서 좀더 조심하라고 이른다. "있잖아요, 나 아주 신중한 사람이에요." 맥스는 말한다. "이보다 더 신중할 수가 없어요."

그 무렵 샌프란시스코 경찰국과 비공식적으로 금기의 접선을 하게 된다. 그래서 어떻게 되는가 하면 경찰과 이런저런 심야영화에 나오는 방식으로 만나기로 한 거다. 이를테면 내가 우연히 야구장 관중석에 앉아 있으면 그 사람도 우연히 내 옆자리에 앉게 되고 서로 경계하며 일반적인 이야기를 나누는 식이다. 실제로 우리 사이에 교환된 정보는 없지만, 한참 지나자 우리는 서로에게 호감을 좀 갖게 되었다.

"애들이 그렇게 똑똑하지가 못해요." 이날따라 그가 해준 얘기다. "밀은 자기네가 항상 위장한 경찰을 잡아낼 수 있다고 하죠. 무슨 차를 모는지도 다 안다고. 하지만 잠복한 경찰 얘기를 하는 게 아니에요. 그냥 나처럼 표식이 없는 차를 모는 평복 형사를 말하는 거예요. 위장한 경찰은 못 알아봐요. 투웨이 라디오가 달린 까만 포드 같은 걸 몰고 다니지 않으니까."

그러더니 과다 노출되어 얼굴이 익었다는 이유로 구역 밖으로 전출된 잠복 형사 이야기를 해준다. 마약 단속반으로 배속됐는데, 그쪽에서 착오가 있어 그 즉시 헤이트 애시베리 지구에 잠복근무하는 일로 다시 돌아왔다.

경찰은 자기 열쇠를 만지작거린다. "이 애들이 얼마나 똑똑한지 말해줄까요?" 그는 마침내 말한다. "돌아온 첫 주에 이 친구가 올린 검거 실적이 마흔세 건이에요."

주크 새비지스가 라크스퍼(미국 캘리포니아주의 소도시.─옮긴이)에서 5월 1일에 메이데이 파티를 열 예정이라 나는 '창고'에 들렀다. 돈과 수앤은 거기까지 드라이브하면 좋겠다고 생각한다. 수앤의 세 살배기 아들 마이클이 요즘 통 외출을 못 했기 때문이다. 공기는 보드랍고 골든게이트를 둘러싸고 아스라한 석양이 물들어 있다. 돈은 수앤에게 쌀알 한 톨에서 얼마나 많은 맛을 느낄 수 있느냐고 묻고, 수앤은 돈에게 아무래도 '창고'에서 음기가 너무 강한 음식만 먹고 있는 것 같으니 양기가 도는 음식을 좀 해야겠다고 말한다. 그리고 나는 마이클에게 〈프레르 자크〉("Are you sleeping, are you sleeping, brother John?"으로 시작하는 유명한 동요.—옮긴이)를 가르치려 애쓴다. 우리는 각자 자기 일에 몰두하고 드라이브는 쾌적하다. 그나마 드라이브라도 즐거웠던 게 다행이었다. 주크 새비지스 공연장에는 아무도 없었던 것이다. 심지어 주크 새비지스도 없었다. 돌아오는 길에 수앤은 '창고' 근처에 자라는 사과들을 아주 많이 요리하기로 하고, 돈은 조명 쇼를 고치기 시작하고, 나는 잠시 맥스를 만나러 간다. 맥스는 공수표를 날린 라크스퍼의 파티 이야기를 했다. "어차피 안중에 없어요. 누군가 5월 첫날에 500명을 모아서 뻑 가게 만들면 근사하겠다 생각한 거죠. 하지만 그러다 대신 4월 마지막 날로 바꾸기로 하면, 그냥 그대로 없던 일이 되는 거예요. 하게 되면 하는 거고. 안 하게 되면 안 하는 거고. 누가 신경이나 쓰나요. 아무도 신경 안 쓰죠."

치아교정기를 낀 아이가 기타를 가지고 놀며 미스터 O.

본인에게서 마지막 남은 STP를 구했다고 자랑하자 또 다른 녀석이 다음 달에 애시드 5그램이 풀린다고 말한다. 《샌프란시스코 오러클》 사무실에서는 이날 오후 별일이 없는 모양이다. 한 소년이 칠판 앞에 앉아 스피드에 취한 사람들이 그러듯 무한히 작은 그림들을 그리고, 치아교정기를 낀 아이가 구경하고 있다. "내 어자를 쏘-아-버-리-곘어." 나직하게 노래를 부른다. "다른-남자-아와-함께-였다네." 누군가 내 이름과 나와 함께 다니는 사진작가 이름을 가지고 숫자점을 쳐준다. 사진작가의 점괘는 온통 백색과 바다("만일 당신한테 비즈를 만들어주게 되면, 주로 흰색으로 하겠어요")인데 내 점괘는 죽음의 상징이 두 개나 나온다. 그날 오후는 목표 없이 떠다니는 느낌이어서, 차라리 재팬타운으로 가 샌디라는 사람을 만나 도교 사원에 따라가보라는 제안을 받았다.

샌디네 집에 가 보니 네 소년과 한 중년 남자가 풀을 엮은 깔개에 앉아 아니스 차를 마시며, 로라 헉슬리의 『당신은 표적이 아니다』를 낭송하는 샌디를 보고 있다.

우리는 앉아서 아니스 차를 마신다. "명상을 하면 흥분돼요." 샌디가 말한다. 샌디는 삭발한 머리에 보통 다중살인자 보도사진에서 보게 되는 어딘지 천사 같은 얼굴의 남자다. 중년 남자 이름은 조지인데 그 사람 때문에 나는 불편하다. 바로 옆에 앉아 트랜스 상태에 빠진 채로 나를 뚫어져라

보고 있지만 실제로는 나를 전혀 보지 않기 때문이다.

마음속으로—조지는 **죽었어**, 아니면 우리가 다 죽은 거야—이런 생각이 떠다니는 느낌이 드는데, 그때 전화벨이 울린다.

"조지한테 온 전화예요." 샌디가 말한다.

"조지, 전화 왔어요."

"조지."

누군가 조지의 눈앞에서 손을 흔들자 조지가 드디어 일어서서 고개 숙여 인사하고 까치발로 문 쪽으로 이동한다.

"내가 조지의 차를 마셔야 할 거 같아." 누가 말한다. "조지는—조지, 다시 올 거예요?"

조지는 문간에 멈춰 서서 우리 한 사람 한 사람을 빤히 응시한다. 그러더니 쏘아붙인다. "금방 올 겁니다."

이 우주의 첫 번째 영원한 우주인이 누구인지 아나요?

열렬하고 열렬한 바이브레이션을

우주의 슈퍼스테이션으로 처음 날려 보낸 사람

언제나 외쳐 부르는 그 노래가

행성들을 뒤집어 날려버려…

하지만 나를 미친놈이라고 생각하기 전에 먼저 말할게요

그 사람은 바로 나라다 무니…

노래하네

하레 크리슈나 하레 크리슈나

크리슈나 크리슈나 하레 하레

하레 라마 하레 라마

라마 라마 하레 하레

그리슈니 성칭이다. 하워드 휠리가 직사하고, 마이글 그랜트가 작곡했다.

핵심은 도교가 아니라 크리슈나에 있는 것 같아서 스와미 바크티베단타의 샌프란시스코 수제자 마이클 그랜트를 방문한다. 마이클 그랜트는 여동생과 매제를 대동하고 집에 있다. 여동생은 젊고 예쁜 여자로, 캐시미어 스웨터와 점퍼를 입고 이마에 빨간 카스트 표식을 그리고 있다.

"제가 스와미 님의 측근으로 알려진 건 작년 7월부터입니다." 마이클이 말한다. "보세요, 스와미 님은 인도에서 와서 뉴욕주 북부의 아시람(힌두교인의 집단 숙소. ─ 옮긴이)에 묵으면서 혼자 은둔하고 영창을 많이 부르셨어요. 두세 달 동안이었죠. 그리고 바로 내가 뉴욕에 스와미 님이 이름을 걸고 점포 잡는 일을 도와준 겁니다. 지금은 국제적인 운동이 되었는데, 우리가 이 영창을 가르치면서 퍼뜨린 거지요." 마이클은 빨간 염주를 만지작거리고 있었고, 그때 나는 그 방에 신발을 신은 사람은 나밖에 없다는 걸 깨달았다. "산불처

171

럼 무섭게 번지고 있습니다."

"다 같이 영창을 부르면, 경찰이든 누구든 아무 문제가 없을 거예요." 매제가 말한다.

"긴즈버그는 영창을 엑스터시라고 하지만 스와미 님은 딱히 그렇지는 않다고 하세요." 마이클은 방 건너편으로 가서 아기의 형상을 한 크리슈나의 그림을 똑바로 건다. "스와미 님을 만나뵈면 좋을 텐데 너무 아쉽군요." 그는 덧붙여 말한다. "스와미 님께서는 지금 뉴욕에 가셨습니다."

"엑스터시는 하나도 맞는 말이 아니에요." 생각에 잠겨 있던 매제의 말이다. "뭔가⋯세속적인 엑스터시를 떠올리게 하는 말이잖아요."

다음 날 맥스와 샤론의 집에 들렀더니 두 사람은 아침의 하시시를 좀 피우며 침대에 있었다. 샤론은 언젠가, 대마초라도 반 개피만 피우면 아침에 일어나는 것 자체가 정말 아름다운 일이 된다고 일러주었다. 나는 맥스에게 크리슈나를 어떻게 생각하느냐고 물었다.

"만트라를 읊으면서 취할 수는 있겠죠." 맥스는 말한다. "하지만 애시드를 하면 성스럽다니까요."

맥스는 대마초를 샤론에게 건네주고 뒤로 몸을 기댄다. "스와미를 못 만나셨다니 안타깝네요. 스와미가 완전 끝내줬는데."

이 모든 게 다 마약 때문이라고 생각하는 사람은 머리가 어떻게 된 거예요. 이건 사회운동입니다. 본질적으로 낭만적이라서 실제로 사회에 위기가 닥칠 때 반복적으로 등장하는 부류지요. 테마는 언제나 동일합니다. 순수로의 회귀지요. 과거의 권위와 통제력의 환기. 피의 신비. 초월주의, 정화에 대한 근질거리는 갈망. 바로 거기에서, 역사적으로 낭만주의가 결국 난항에 처해 권위주의에 굴복하는 양상을 볼 수 있어요. 방향성이 나타나기만 하면 말이에요. 그런 일이 일어날 때까지 얼마나 걸릴까요?

샌프란시스코의 한 정신과 의사가 내게 던진 질문이다.

내가 샌프란시스코에 있을 때 당시 운동이라 불리던 현상의 정치적 잠재력은 막 선명해지고 있었다. 디거스의 핵심 혁명가들은 처음부터 선명하게 그 잠재력을 보고 게릴라적 재능을 모조리 전면 투쟁과 여름의 긴급사태 창출에 쏟고 있었고, 이 지구에서 가끔 일했던 의사와 목사와 사회학자들 다수도 그 잠재력을 알고 있었다. 행동을 촉구하는 체스터 앤더슨의 성명서를 해독하거나 이제는 헤이트 애시베리 지구의 색깔이 되어버린 길거리 패싸움이 벌어질 때 누가 제일 먼저 뛰쳐나오는지 살펴보기만 했다면 외지인이라도 쉽게 알 수 있는 상황으로 급속히 변해갔다. 정치분석가가 아니라도 볼 수 있었다. 사태가 벌어질 때 현장에 자주 있었던 록그룹의 청년들도 보았다. "파크에서는 언제나 스탠드 바로 밑에 스무 명에서 서른 명쯤 되는 사람들이 있어요." 그레이트풀 데드의 한 멤버가 내게 불평했다. "호전적인 선동을 할 기회만 노리고 있다니까요."

그러나 활동가들 입장에서 보면 이 정치적 잠재력의 독특한 아름다움은 거의 대다수 지구 주민들이 끝까지 분명히 파악하지 못했다는 점에 있었다. 아마도 정치적 현실주의자였던 소수의 열일곱 살배기들은 낭만적 이상주의를 삶의 양식으로 받아들이지 않았기 때문일 것이다. 이 잠재력은 또한 언론에게도 확실히 드러나지 않았다. 그래서 보도 수준은 달라도 여전히, '히피 현상'을 팬티 사냥(남학생들이 여학생 기숙사를 습격해 속옷을 훔치는 일로, 1950년대 미국 대학가에서 유행했다. ─옮긴이)의 연장선상이나 앨런 긴즈버그 같은 안락한 유대인 청년회가 이끄는 아방가르드 운동, 또는 평화봉사단에 합류하는 것과 별로 다르지 않게 비닐 랩과 베트남 전쟁을 만들어낸 문화에 반대하는 심오한 저항으로 그리기를 고집했다. 그중에서도 마지막 접근법, '저들이 우리에게 뭔가 할 말이 있다' 식의 접근법은 "히피들은 돈을 우습게 보고 '빵'이라고 부른다"고 밝힌《타임》커버스토리에서 절정에 달했고, 원래 의도와는 다르겠지만 지금까지도 세대 간 주고받는 신호가 돌이킬 수 없는 교착 상태에 빠졌음을 보여주는 걸출한 증거로 남아 있다.

언론이 수신하는 신호들에는 정치적 가능성의 때가 묻어 있지 않았기에, 헤이트 애시베리에 감도는 긴장들은 대체로 언급되지 않고 넘어갔다. 《라이프》와 《룩》과 CBS 방송에서 헤이트 애시베리에 파견된 기자들이 하도 많아서 오히려 서로를 관찰했다. 관찰자들은 아이들이 하는 말을 대충 그대로 믿었다. 정치적 행동을 박차고 나온 세대고, 권력게임은 초월했으며, 신좌파는 잘난 척에 불과하다는 말. 그러한 고로, 헤이트 애시베리에 실제로 활동가는 없으며 매주 일요일에 벌어지는 사건들은 즉흥적인 시위일 뿐이라고, 왜냐하면, 디거스의 말대로, 경찰은 야만적이고 청소년은 인권이 없고 가출한 아이들은 자기 결정권을 박탈당했고 사람들은 헤이트 스트리트에서 굶어 죽어가고 있기 때문이라고, 말하자면 베트남의 축소판이라고 믿었다.

물론 활동가들―사고가 경직된 사람들 말고 창의적이고 무정부주의적으로 혁명에 접근하는 이들― 은 언론이 놓치는 진실을 이미 오래전에 포착했다. 우리는 뭔가 중요한 것을 보고 있었다. 안쓰러우리만큼 아무 대책도 없는 한 줌의 아이들이 사회적 진공 상태에서 공동체를 창조하려 애쓰는 모습을 보고 있었다. 이 아이들을 본 이상, 그 진공 상태를 더는 간과할 수 없었다. 원자처럼 쪼개지는 사회를 복구

할 수 있다고 더는 믿을 수 없었다. 이건 전통적인 세대 반항이 아니었다. 1945년에서 1967년 사이의 어느 시점에서 우리는 이 아이들에게 우리가 하는 게임의 법칙을 말해주는 일을 게을리했다. 어쩌면 우리 자신도 그 법칙을 믿지 않게 되었을지도 모른다. 이야기를 들려줄 사람의 수가 너무 적었을 수도 있다. 이 아이들은 사회의 가치를 전통적으로 제시하고 강화하는 사촌과 대고모와 주치의와 평생 함께 하는 이웃의 그물망에서 잘려 단절된 채 성장했다. 이 아이들은 **새너제이로, 출라비스타로, 여기로,** 아주 많이 이사를 다녔다. 사회에 반항한다기보다는 사회를 아예 모른다. 그저 이 사회에서 가장 널리 홍보된 내재적 의혹에 피드백을 할 줄만 안다. **베트남, 비닐 랩, 다이어트 알약, 원폭.**

아이들은 정확히 주어진 대로 피드백을 한다. 단어를 믿지 않기 때문에―체스터 앤더슨은 단어란 "먹물"용이라고 아이들에게 말한다. 단어가 필요한 생각은 역시 잘난 척에 불과하다고―이 아이들이 유창하게 구사하는 유일한 어휘는 이 사회의 진부한 표현들이다. 사실 나는 독자적으로 사유하는 능력은 언어의 통달에 달려 있다는 생각을 아직도 몸 바쳐 믿고 있기에, 어머니와 아버지가 함께 살지 않는다는 말을 할 때 "결손가정" 출신이라는 표현에 만족하는 아이들의 미래를 낙관하지 않는다. 아이들은 열여섯, 열다섯, 열네 살이다. 나이는 항상 어려진다. 거대한 청소년 군단이 명령 대신 단어가 떨어지기를 기다리고 있다.

피터 버그는 단어를 아주 많이 안다.
"피터 버그 있나요?" 나는 묻는다.
"아마도요."
"피터 버그인가요?"
"네."
피터 버그가 나와 너무 많은 단어를 공유하지 않으려는 이유는, 아는 단어 중에 "언론에 독 풀기"가 있기 때문이다. 피터 버그는 한쪽 귀에 금귀걸이를 하고 있는데, 그렇게까지 금귀걸이가 이상하게 불길해 보이는 사람은 지구 전역에서 그밖에 없을 것이다. 피터 버그는 샌프란시스코 마임 극단 소속이다. 이 극단 멤버 몇 명이 "창조적 충동을 사회·정치적 참여와 접목시키고자 하는 이들"을 위한 예술가해방전선을 시작했다. 이 마임 극단으로부터 디거스가 자라난 건 1966년 헌터스 포인트 폭동(샌프란시스코 경찰이 차량 도난 사건 현장에서 도망치던 10대 소년을 사살한 사건이 계기가 되어 일어난 소요 사건. —옮긴이) 때다. 그때는 식량을 나눠주고 거리에서 주방위군을 희화화하는 게 좋은 생각처럼 보였었다. 아서 리시와 함께 피터 버그는 디거스의 막후 지도자 중 하나였고, 1967년 여름 20만 명의 궁핍한 청소년이 샌프란시스코로 홍수처럼 몰려든다는 아이디어를 처음 언론에 소개한 장본인이기도 하다. 내가 피터 버그와 딱 한 번 나눈 대화는 앙리 카르티에-브레송이 쿠바에서 찍은 사진들에 붙인 《라이프》의 부적절한 캡션까지 내가 개인적으로 책임져야 한다는 얘기뿐이었지만, 그래도 나는 파크에서 일하는 그의 모습을 지켜보는 걸 좋아한다.

재니스 조플린이 팬핸들에서 빅 브라더 앤드 더 홀딩 컴퍼니와 노래하고 있고 거의 모두가 약에 취해 있다. 제법 멋진 일요일 오후 3시에서 6시 사이다. 활동가들은 일주일에 세 시간, 바로 이맘때를 헤이트 애시베리에서 사건이 일어나기 딱 좋은 시간이라고 말하는데, 때맞춰 등장한 인물이 바로 피터 버그다. 피터 버그는 아내와 일행 예닐곱 명을 대동하고 있다. 그중 한 명은 체스터 앤더슨의 측근인 '연줄'이다. 보자마자 눈에 띄는 점은, 얼굴을 흑인처럼 까맣게 칠하고 왔다는 사실이다.

나는 맥스와 샤론에게 마임 극단 소속 사람들이 얼굴을 까맣게 칠하고 왔다고 말한다.

"길거리 공연이에요." 샤론이 장담한다. "정말로 근사할 거라고 했어요."

마임 극단이 좀더 가까이 다가오자, 또 다른 이상한 점들이 눈에 띈다. 첫째, 싸구려 잡화점에서 산 플라스틱 야광봉을 들고 사람들 머리를 툭툭 치고 다니고 있고, 둘째, 등에 팻말을 붙이고 있다. "강간을 몇 번이나 당했냐, 이 사랑에 미친 병신들아?"라든가 "누가 척 베리(로큰롤의 개척자로 알려진 흑인 기타리스트.—옮긴이)의 음악을 훔쳤나?" 이런 팻말들이다. 그러더니 커뮤니케이션 회사의 전단을 배포하기 시작한다.

그리고 이 여름 수천 명의 비非백인 비非도시인 십대 음악 팬들은 알고 싶을 것이다. 당신은 그들이 가질 수 없는 것을 왜 포기했는지, 그런데도 어떻게 그렇게 뻔뻔하게 잘 살고 있는지, 대체 왜 당신은 장발의 게이가 아닌지. 그들은 어쨌든 헤이트 스트리트를 원할 것이다. 당신이 모른다면, 8월에 헤이트 스트리트는 공동묘지가 되리라.

맥스는 전단을 읽고 일어선다. "예감이 불길해." 맥스는 말하고, 샤론과 함께 가버린다.

오토를 찾아야 해서 좀더 있어야 하는 김에 나는 마임 단원들이 흑인 한 명을 둥글게 둘러싸고 있는 쪽으로 걸어가본다. 누가 물어보면 피터 버그는 이건 길거리 연극이라고 말하고, 지금은 단원들이 야광봉으로 흑인을 쿡쿡 찌르고 있기에 나는 이제 막이 올랐나 보다 짐작한다. 그들은 쿡쿡 찌르다가 이를 드러내고 뒷발을 들고 몸을 흔들다가 기다린다.

"슬슬 짜증이 나기 시작하는군." 흑인이 말한다. "화낸다."

이제는 주위에 흑인들 몇이 몰려들어 팻말을 읽으며 지

켜보고 있다.

"이제 슬슬 짜증이 난다고, 그래?" 마임 단원이 말한다. "때가 왔다고 생각지 않아?"

"아무도 척 베리의 음악을 **훔치지** 않았는데 뭐야." 팻말을 찬찬히 읽던 다른 흑인이 말한다. "척 베리의 음악은 **모든** 사람의 것이지."

"그래?" 블랙페이스(비흑인 배우가 흑인을 흉내 내기 위해 얼굴을 검게 칠하는 분장. 1960년대 미국 민권운동의 영향으로 인종차별적 행위라는 비판을 받고 금기시되었다.—옮긴이)를 한 여자가 묻는다. "어떤 모든 사람?"

"이런." 흑인이 당황스러워하며 말한다. "모든 사람. 아메리카."

"아메리카라." 블랙페이스 여자가 새된 소리를 지른다. "아메리카 같은 소리 하고 있네."

"이봐." 흑인이 무기력하게 말한다. "여기 말 좀 들어봐."

"아메리카가 당신한테 뭘 해줬는데?" 블랙페이스 여자가 비웃는다. "여기 백인 애들, 쟤들은 여름 내내 파크에 앉아서 자기네들이 훔친 음악이나 듣고 있잖아. 쟤네 잘난 부모가 돈을 보내주니까. 당신한테는 누가 돈을 보내줬는데?"

"좀 들어보라고." 흑인의 언성이 높아진다. "이러다 여기서 무슨 일 나겠어. 이건 옳지 않아—"

"뭐가 옳은지 그러니까 말을 해보라고, 깜둥이 녀석아."

여자는 말한다.

블랙페이스 그룹의 최연소자, 열아홉이나 스무 살쯤 되어 보이는 진지하고 훤칠한 소년이 이 난리통의 언저리에 물러나 있다. 나는 사과를 하나 주면서 무슨 일이냐고 묻는다. "글쎄요." 소년은 말한다. "저도 새로 와서 잘 모르는데, 이제 공부하기 시작했기든요. 그런데 모시나시씨 사몬수의자들이 지구를 점령하고 있어서, 그래서 피터가―글쎄요, 피터한테 물어보세요."

나는 피터에게 묻지 않았다. 소동은 한참 이어졌다. 그러나 그때 그 일요일 3시에서 6시 사이에는 모두가 너무 취해 있었고 날씨가 너무 좋았다. 일요일 오후 3시에서 6시에 보통 들어오는 헌터스 포인트 패거리는 토요일에 미리 왔다가서 아무 일도 일어나지 않았다. 오토를 기다리는 동안 얼굴을 좀 아는 여자애한테 무슨 생각이 들었느냐고 물었다. "길거리 연극이라고 하는 거, 뭐 근사한 거 아니에요." 그 애는 말했다. 나는 정치적인 저의는 없었는지 좀 궁금하더라고 말해줬다. 소녀는 열일곱 살이었는데 한참 머리를 굴려 생각하더니 마침내 단어 몇 개를 어딘가에서 기억해냈다. "혹시 무슨 존 버치 같은 그런 거 아닐까요."

간신히 오토를 찾았더니 이런 소리를 한다. "우리 집에 기자님이 놀라 자빠지실 일이 있어요." 그래서 가 보니 거실

바닥에서 피 코트 차림의 어린애가 만화를 읽고 있다. 집중해 입술을 핥고 있는 여자애의 모습에서 이상한 건 하얀 립스틱뿐이었다.

"다섯 살짜리예요." 오토가 말한다. "애시드를 했어요."

다섯 살배기의 이름은 수전이고, 하이 킨더가르텐 유치원에 다닌다. 엄마와 다른 몇 사람과 함께 살고, 방금 홍역을 치렀으며, 크리스마스 선물로 자전거를 갖고 싶어하고, 특히 코카콜라, 아이스크림, 제퍼슨 에어플레인의 마티, 그레이트풀 데드의 밥, 그리고 해변을 좋아한다. 아주 옛날에 해변에 갔던 기억이 있는데 양동이를 가져갔으면 좋았을 거란다. 아이 엄마가 주는 애시드와 페이오티를 먹은 지 이제 일 년째다. 꼬마 수전은 그걸 약에 전다고 표현했다.

하이 킨더가르텐의 다른 아이들도 약에 절었는지 묻기 시작하다가 나는 핵심 용어에서 말문이 막힌다.

"너희 반 다른 아이들도 약을 하느냐, 약에 절어 있냐 그런 얘기서." 아이를 오토에게 데려온 아이 엄마의 친구가 말한다.

"샐리하고 앤만요." 수전이 말한다.

"리아는?" 아이 엄마의 친구가 상기시킨다.

"리아는, 하이 킨더가르텐에 안 다녀요." 수전이 말한다.

수앤의 세 살배기 마이클이 오늘 아침 아무도 일어나

지 않았을 때 불을 냈지만 다행히 큰일이 나기 전에 돈이 깼다. 마이클은 팔에 화상을 입었는데, 아마 그래서 수앤이 전선을 씹는 아이를 보고 그렇게 자지러졌던 모양이다. "쌀처럼 튀겨지면 어쩌려고 그래." 수앤은 비명을 질렀다. 근처에는 돈과 수앤의 매크로바이오틱 친우 하나와 샌타루치아스의 고민으로 가던 길에 들른 어떤 사람이 있었다. 하지만 수앤이 마이클을 보고 비명을 지르고 있다는 사실조차 눈치채지 못했다. 화재에 훼손된 마룻널 사이로 굉장히 질 좋은 모로코산 하시시가 우수수 떨어지는 바람에 다들 부엌에 모여 그걸 줍느라 바빴기 때문이다.

—1967—

II

개인적인
글들

노트 쓰기
과거의 나와 화해할 이유

"그 여자 에스텔." 이런 메모가 적혀 있다. "'부분적으로 조지 샤프와 내가 오늘 헤어진 이유다.' 더러운 크레이프 망토, 호텔 바, 윌밍턴 RR, 9:45 a.m. 8월 월요일 아침."

그 메모가 내 노트에 쓰여 있었으므로, 나한테 뭔가 의미가 있을 터이다. 한참 찬찬히 생각해본다. 처음에는 델라웨어주 윌밍턴의 펜실베이니아 철도역 맞은편에 있는 호텔 바에서 어느 8월의 월요일 아침에 내가 뭘 하고 있었는지 아주 막연하게 어렴풋한 생각만 났는데(기차를 기다렸나? 놓쳤나? 1960년? 1961년? 왜 윌밍턴이지?) 문득 그곳에 있었던 기억이 정말로 떠오른다. 더러운 크레이프 망토를 두른 여자가 맥주를 마시러 객실에서 내려왔고, 바텐더는 조지 샤프와 그날 헤어진 이유를 이미 전에 들어서 알고 있다. "암요." 바텐더는 아랑곳없이 마루를 닦았다. "말씀하셨잖아요." 바의 반대편 끄트머리에는 젊은 여자가 있다. 그 여자는 옆자리의 남자가 아니라, 열린 문으로 들어오는 세모꼴 햇살 속에 앉아 있는 고양이를 콕 집어 말을 걸고 있다. 픽앤픽에서 산 체크무늬 실크 원피스를 입었는데 밑단이 떨어지려 한다.

사정은 이렇다. 젊은 여자는 동부 연안에 놀러 갔다가 이제 옆자리의 남자와 헤어져 도시로 돌아가는 길이다. 눈앞에 보이는 미래라고는 찐득한 여름의 인도人道와 새벽 3시의 장거리 전화와 전화를 끊고 밤새 잠 못 이루다 푹푹 찌는 남은 8월의 아침 내리 약에 취한 듯 자는 일뿐이었다(1960년? 1961년?). 여자는 기차에서 내리자마자 뉴욕에서 점심 약속이 있었기 때문에 체크무늬 실크 원피스 밑단을 고정할 옷핀이 있으면 좋겠다는 마음 반, 솔기나 점심 따위 다 잊어버리고 소독약과 몰트 냄새가 나는 서늘한 바에 머물러 크레이프 망토를 두른 여자와 친구가 되면 좋겠다는 마음 반이다. 약간 자기연민이 들어 세상의 에스텔들에 필적하고 싶어한다. 이게 그 내용의 전부다.

어째서 내가 그런 글을 적었을까? 당연히 기억하기 위해서였겠지만 정확히 내가 기억하고 싶었던 게 무엇이었을까? 그중 어디까지가 실제로 일어난 부분일까? 실제로 일어난 일이 있기는 한가? 애초에 나는 왜 노트를 쓰는 걸까? 이런 모든 면에서 자기를 속이는 건 쉬운 일이다. 글을 쓰고 싶다는 충동은 특히 강박적이고, 이 같은 충동을 느끼지 않는 사람들에게는 설명할 길이 없으며, 쓸모라고는 강박이 스스로 정당화할 때 그렇듯 우연적이고 부차적인 것뿐이다. 글을 쓰고 싶다는 충동은 요람에서 씩드거나 아예 싹트시 않는다. 비록 나는 다섯 살 때부터 글쓰기의 강박을 느꼈지만 아무리 봐도 내 딸은 그럴 것 같지가 않다. 그 애는 만사를 긍정하는 특별한 축복을 받은 아이라서 삶이 펼쳐지는 그대로 기뻐하며 두려움 없이 잠들고 두려움 없이 깨어난다. 자기만의 노트를 쓰는 사람들은 완전히 다른 부류로, 외롭게 만사에 저항하며 재배치하는 사람이다. 불안한 투덜이, 분명 태어날 때부터 어떤 상실의 예감에 감염된 아이들이다.

내가 처음 쓴 노트는 '빅파이브' 태블릿 노트였다. 그만 징징거리고 생각나는 대로 쓰면서 혼자 노는 법을 배우라는 분별 있는 조언과 함께 어머니가 준 것이다. 어머니는 몇 년 전 그 노트를 내게 돌려주었다. 첫 글은, 자기가 남극해에서 얼어 죽고 있다고 믿었는데, 해 뜰 무렵에 사실은 사하라 사막에 떨어졌고 점심시간이 되기도 전에 열기로 죽을 운명이라는 사실을 깨닫게 되는 여자 이야기였다. 대체 무슨 일이 계기가 되어 다섯 살짜리 아이가 그토록 지독하게 '아이러니'하고 이국적인 이야기를 상상했는지는 모르지만, 내가 어른이 될 때까지 집요하게 따라다닌 극단적인 취향을 잘 보여주기는 한다. 아마 내가 정신분석적인 성향이었다면, 도널드 존슨의 생일파티나 내 사촌 브렌다가 키티 리터를 수족관에 처넣은 날의 기록보다 그 글이 진실을 훨씬 더 잘 드러낸다고 생각할 것이다.

그래서 내가 노트를 쓰는 이유는 과거에도 그랬고 또 지금도, 내 행위와 사고를 정확하게 기록하기 위함이 아니다. 그건 완전히 다른 충동으로, 가끔 부러운 마음이 들지만 내게는 없는 현실을 향한 본능이다. 나는 일기를 한 번도 제대로 써본 적이 없다. 나날의 일상에 대한 내 접근 방식은 한심한 나태에서 단순한 부재까지를 아우른다. 몇 번 되지는 않지만 의무적으로 하루에 있었던 일을 기록하려 할 때마다 따분함이 밀려와서, 알쏭달쏭하면 다행인 결과만 나왔다. "쇼핑, 타이핑, E와 저녁, 우울함"은 뭐란 말인가? 무슨 쇼핑인지? 무슨 글을 타이핑했다는 건지? E는 누구지? 우울한 건 "E"인가, 아니면 나인가? 어느 쪽이든 무슨 상관?

사실 나는 그런 무의미한 일기 쓰기는 아예 포기했다. 대신 일부 사람들이 보면 '거짓말'이라고 할 사연을 쓴다. "그건 절대로 사실이 아니야." 우리 가족은 함께 했던 일들에 대한 내 기억을 알게 되면 자주 항의한다. "파티는 너를 위한 게 아니었고, 거미는 블랙 위도우가 아니었고, 실제로는 전혀 그렇지 않았어." 나는 실제로 일어난 일과 가능성으로 남은 일을 구분하는 데 항시 곤란을 겪으므로 가족들이 옳을 공산이 높다. 그러나 나 나름의 목적을 기준으로 보면 굳이 구분해야 하는지도 잘 모르겠다. 1945년에 아버지가 집에 돌아오던 날 점심 메뉴로 기억하는 게 요리는, 내가 그날의 무늬에 그럴싸한 현실성을 너하기 위해 기억에 수놓은 장식이 거의 틀림없다. 나는 열 살이었으니 지금까지 게를 기억할 리 없다. 그날의 사건들도 게 요리를 중심으로 벌어지지 않았다. 그러나 마음속으로 그날 오후를 선히 그려보게 만드는 건 바로 그 허구의 게 요리다. 닳도록 돌려보는 홈 무비. 아버지는 선물을 가져오고, 아이들은 울고, 그런 가족의 사랑과 죄책감의 발현. 아니, 내게는 그랬었다. 이와 비슷하게, 아마 그해 8월 버몬트에서도 눈은 내리지 않았을 것이다. 푸득거리며 부는 밤바람 소리도 없었을 테고 여름을 만끽하는 와중에 굳어가는 땅과 이미 죽어버린 여름을 느낀 사람도 나뿐이었을 것이다. 그러나 내게는 그렇게 느껴졌고, 눈은 내렸다면 좋고 내렸을 수도 있고 또 내리기도 했다.

내가 느낀 대로. 이거야말로 노트의 진실에 근접한다. 가끔은 노트를 쓰는 이유에 대해 나 자신을 속이고, 관찰한 것을 온전히 보존하는 일의 옹색한 값어치를 상상한다. 스스로 타이른다. 충분히 보고 적으라고. 그러면 세계에서 경이로움이 다 빠져나간 듯한 어느 아침, 할 일을 하는 척 글

191

을 쓰는 척 기계적으로 시늉만 하게 될 어느 파산한 아침, 그저 노트를 펼치기만 하면 모든 게 나타날 거라고. 잊고 있었는데 이자가 잔뜩 쌓인 계좌처럼, 저 바깥 세계로 통하는 은밀한 통로처럼 그렇게. 호텔과 엘리베이터와 르 파비용(1940~60년대 미국에서 프랑스 요리를 대표하던 뉴욕 레스토랑.—옮긴이)의 모자 맡기는 카운터에서 엿들은 대화(어느 중년 남자가 모자를 맡기고 받은 번호를 또 다른 사람에게 보여주며 '이건 내가 옛날에 쓰던 미식축구 유니폼 번호라오'라고 말한다), 베티나 압테커(미국의 정치운동가이자 급진적 페미니스트 작가.—옮긴이)와 벤자민 소넨버그(벨라루스 태생으로, 유명인사와 대기업 전문으로 활동한 미국 홍보 컨설턴트.—옮긴이)와 테디("미스터 아카풀코") 스토퍼(스위스 뮤지션이자 배우이며 나이트클럽 오너.—옮긴이)에게서 받은 인상, 날라리 테니스 선수들과 실패한 패션모델과 그리스 선박회사 상속녀에 대한 조심스러운 단평. 그 상속녀로부터 나는 중요한 교훈을 얻었다. (F. 스콧 피츠제럴드에게서도 배울 수 있는 교훈이었지만, 아무래도 슈퍼리치는 직접 만나보지 않으면 모른다.) 뉴욕에 눈 폭풍이 불어 도시 전체가 마비된 둘째 날 서양란이 가득한 거실에 인터뷰를 하러 들어갔더니 바깥에 눈이 오느냐고 내게 물었던 것이다. 아무튼 그런 것들.

달리 말해 나는 노트의 핵심이 타인이라고 믿는다. 하지만 물론 그럴 리가 없다. 르 파비용의 모자 맡기는 카운터에서 내가 모르는 사람이 또 다른 낯선 사람에게 하는 말은 내가 상관할 일이 아니다. 사실 "이건 내가 옛날에 쓰던 미식축구 유니폼 번호"라는 말 자체도 내 상상력을 건드린 게 아니라 단순히 옛날에 읽었던 책의 기억, 십중팔구 「80야드의 달음질」(어윈 쇼의 단편소설. 주인공은 젊은 시절 아마추어 미식축구 선수였다.—옮긴이)의 기억을 촉발했다. 윌밍턴역의 더러운 크레이프 망토를 두른 여자도 내가 상관할 바 아니다. 내 지분은 언제나, 당연히, 이 노트에 언급되지 않은 체크무늬 실크 원피스의 젊은 여자에게 있다. 나 자신으로 존재하는 게 어떠했는지 기억하라. 언제나 그게 핵심이었다.

쉬이 인정하기 어려운 지점이다. 우리는 다른 사람, 아무 다른 사람, 그러니까 모든 다른 사람이 본질적으로 우리 자신보다 흥미롭다는 윤리에 근거해 성장했다. 자기비하를 간신히 면할 만큼만 소심하라고 배웠다. ("네가 이 방 안에서 제일 덜 중요한 사람이니까 절대로 잊지 마라." 제시카 미트포드(영국 출신의 저널리스트 겸 작가.—옮긴이)의 가정교사는 사교 행사를 앞두고 있을 때 늘 귓전에 대고 쌀쌀맞게 속삭였다. 이 말을 노트에 적어둔 이유는 모임에 갈 때마다 내 마음속 귀에 비슷한 말이 들리지 않게 된 것이 불과 최근이기 때문이다.) 아주 어린 아이나 아주 늙은 노인만 아침 식사 때 꿈얘기를 하고 자기 자신에게 골몰하고 바닷가 소풍의 기억이

나 좋아하는 리버티 꽃무늬 원피스나 콜로라도 스프링스 근방의 개천에서 본 무지개송어 이야기를 늘어놓을 자격이 있다. 나머지 우리는 타인이 아끼는 원피스, 타인의 송어에 집중하는 척 시늉하는 게 옳다고 안다.

그래서 우리는 그렇게 한다. 그러나 노트가 나를 폭로한다. 아무리 성실하게 주위에 보이는 대로 기록한다 해도, 공통점은 언제나 투명하게, 노골적으로, 불변의 '나'다. 여기서 말하는 노트는 확실히 대중에게 보여주려 쓰는 유나 품격 있는 에세이를 쓰기 위한 구조적 뼈대를 메모한 것이 아니다. 좀더 사적인 단상, 쓸모도 없는 짧은 생각의 자투리, 창작자에게만 의미를 갖는 무차별적이고 오류투성이의 글 모음을 말한다.

간혹 심지어 창작자마저 의미를 찾는 데 곤란을 겪는다. 아무리 생각해봐도 1964년 뉴욕시에 720톤의 재가 쏟아부어진 일은 없는 것 같은데, 내 노트에는 "팩트"라는 꼬리표까지 달려 있다. 앰브로즈 비어스(날카로운 비판이 담긴 단편소설로 유명한 미국의 저널리스트 겸 소설가.—옮긴이)가 릴런드 스탠퍼드의 이름 이니셜을 파운드화와 달러화 표시를 써서 £eland $tanford라고 쓰는 걸 좋아했다든가 "세련된 멋쟁이는 쿠바에서 언제나 블랙을 입는다"처럼 현실적으로 쓸 데도 없는 패션 힌트를 굳이 기억할 필요도 없다. 이런 비망록의 의미는 하찮다고 말하기도 민망하지 않은가?

캘리포니아주 인디펜던스의 인요 카운티 법원 지하박물관, 차이나컬러 코트에 핀으로 꽂은 표지: "이 차이나컬러 코트는 미니 S. 브룩스 부인이 자신의 차주전자 컬렉션에 대해 강의를 할 때 입었던 옷이다."

배벌리 일서 호텔 잎 자동차에서 내리는 빨상 머리 여자, 친칠라 숄, 루이비통 가방들에 달린 이름표: 루 폭스 부인, 사하라 호텔, 라스베이거스.

뭐, 그렇게까지 무의미하지는 않을 수도 있다. 사실 미니 S. 브룩스 부인의 **차이나컬러 코트**는 어린 시절로 나를 잡아끈다. 브룩스 부인을 본 적도 없고 서른 살 전까지는 인요 카운티에 가본 적도 없지만, 내가 그런 세상에서 자랐기 때문이다. 인도의 유물과 금광석 조각들과 용연향과 머시 판즈워스 이모가 동양에서 가지고 돌아온 기념품들로 가득한 세상. 그 세상에서 지금 우리가 살고 있는 루 폭스의 세상까지 아주 먼 길을 왔으니 이제는 돌이켜 기억해도 괜찮지 않을까? 미니 S. 브룩스 부인은 내가 누구인지 기억하는 데 도움을 주지 않았나? 루 폭스 부인도 내가 아닌 무언가를 기억하는 데 도움이 되지 않을까?

그러나 가끔 핵심을 가려내기가 더 어려워진다. 아는 사람 누군가의 아버지는 증시대 폭락 전에 살던 허드슨 강변의 집에서 조명비로만 월 650달러를 냈다는 메모를 노트에 적을 때 나는 정확히 무슨 생각이었던 걸까? 지미 호파(1960년대에 전미트럭운송조합 위원장을 지낸 미국의 노동운동 지도자. 1964년, 배심원 매수과 음모 공작 등 다수의 죄목으로 유죄 선고를 받았다.—옮긴이)가 했다는 이런 말을 어떤 용도로 쓰려 했던 걸까? "실수는 했을지 몰라도 틀리지는 않았다"라니? 그리고 조직폭력단과 같이 여행 다니는 여자들이 웨스트코스트에 오게 되면 어디서 머리를 하는지 알아두면 재미는 있을지 몰라도 앞으로 쓸 일이 있기는 할까? 존 오하라(하드보일드 장르의 사회풍속 소설을 많이 쓴 소설가 겸 에세이스트.—옮긴이)에게 넘겨주는 편이 낫지 않을까? 사워크라우트 레서피는 또 내 노트에서 뭐 하고 있는 걸까? 대체 어떤 까치가 이 노트에 글들을 물어오는 걸까? "그이는 타이태닉호가 침몰한 날 밤에 태어났어요." 보기에는 그럭저럭 괜찮은 문장이고 누가 그런 말을 했는지도 기억날 것 같지만, 저런 문장은 현실의 삶이 아니라 픽션에서 훨씬 더 낫지 않은가?

그러나 당연히 그것이 핵심이다. 그 문장을 쓸 일은 없을 것 같지만, 그 말을 한 여자와 그 말을 들은 오후를 기억하게 된다는 것. 우리는 바닷가에 있는 그 여자의 집 테라스에 있었고, 점심에 먹다 남은 와인을 마시며 멋진 햇빛에 감탄하고 있었다. 캘리포니아의 겨울 햇빛. 타이태닉이 침몰한 날 태어난 남편을 둔 여자는 그 집을 세놓고 파리의 자식들에게 돌아가고 싶어했다. 월세 천 달러에 달하는 그 집을 내가 감당할 수 있으면 좋겠다는 생각을 한 기억이 난다. "그런 날이 올 거예요." 여자는 건성으로 말했다. "언젠가는 그런 일이 다 생겨요." 그 여자의 테라스에서는 그 언젠가를 믿는 게 쉬워 보였지만, 미미한 오후의 숙취를 안고 슈퍼마켓으로 가던 길에 검은 뱀을 치고 나서 슈퍼마켓 카운터 직원이 내 앞에 있는 사람에게 자기가 남편과 이혼하는 이유를 설명하는 말소리를 듣고 있자니 뭐라 짚어 말할 수 없는 두려움이 밀려왔다. "어쩔 수 없었어요." 여자는 등록기에 숫자를 찍으며 거듭 말했다. "그 여자가 낳은 7개월짜리 아이가 있었어요. 어쩔 수 없었어요." 그때의 두려움이 인간의 조건 때문이라고 믿고는 싶지만 물론 그건 나만의 두려움이었다. 아기를 갖고 싶었지만 자식이 없었고, 한 달에 천 달러나 하는 집을 갖고 싶었고, 숙취가 있었기 때문이다.

기억이 모두 되살아난다. 그런 기분의 자신을 되살리는 일의 가치를 이해하기 힘들 수도 있지만 나는 똑똑히 알겠다. 과거의 우리 자신이 매력적이든 아니든 가끔 인사라도 나누는 사이로 지내는 편이 현명하다는 생각이 든다. 안 그러면 예고도 없이 들이닥쳐 우리를 놀라게 할 테니까. 괴로운 밤 새벽 4시에 마음의 문을 쾅쾅 두드리며 누가 그들을 저버리고 배반했는지 따지고 보상을 요구할 테니까. 우리는 영원히 잊을 수 없다고 생각했던 것들을 너무 빨리 잊어버린다. 우리는 사랑과 배반을 똑같이 잊고 속삭였거나 외쳤던 말을 잊고 우리가 누구였는지를 잊는다. 나는 이미 과거의 나 자신 한두 명과 연락이 끊어졌다. 그중 열일곱 살배기는 별로 위협적이지 않지만, 강둑에 앉아 오렌지주스를 섞은 보드카를 마시며 자동차 라디오에서 들려오는 레스 폴 앤드 메리 포드의 〈하우 하이 더 문〉과 그 잔향에 귀 기울이는 기분이 어땠는지 다시 느껴보면 퍽 재미있을 것 같기는 하다. (그 장면이 생각나기는 하지만, 그때 함께 있던 사람들 중에 있던 내가 실감 나지 않고, 심지어 그때의 대화를 즉흥으로 꾸며낼 수도 없다.) 하지만 스물세 살의 나는 훨씬 더 마음에 걸린다. 언제나 굉장히 골칫덩어리였던 그 여자는, 전혀 보고 싶지 않을 때 불쑥 다시 나타날 거라는 예감이 든다. 너무 긴 치마를 입고 공격적일 정도로 수줍고 언제나 피해의식에 젖어 있고 원망과 작은 상처와 다시 듣고 싶지 않은 이야기들로 가득 찼던 그 여자는 취약하고 무지해서 나를 슬프게 만들고 동시에 화나게 만들고, 오래 추방당해 있었던 만큼 훨씬 더 끈질기게 유령이 되어 쫓아다닐 것이다.

그렇다면 연락을 하고 지내는 게 좋은 생각일 테고, 연락하고 지낸다는 게 노트의 진짜 핵심인 것 같다. 자기 자신과 연락선을 열어두는 일은 우리 모두 각자 혼자서 해야

한다. 당신의 노트는 결코 나를 도와주지 못할 테고, 내 노
트 역시 마찬가지다. "위스키 사업에 요즘 새로운 소식이 뭐가
있나요?" 그런 말이 당신한테 대체 무슨 의미가 있을까? 내
게는 베벌리힐스 호텔 수영장에서 뚱뚱한 남자들과 함께 푸
치 수영복을 입고 앉아 있던 금발 여자를 의미한다. 다른 남
자들 디기오지 남자들은 모두 한동안 서로를 말없이 주시
한다. "그런데 위스키 사업에 요즘 새로운 소식이 뭐가 있나
요?" 한 남자가 환영의 뜻으로 마침내 입을 열고, 금발 여자
가 일어나 한 발을 오므리더니 수영장 물에 담그면서 눈으
로는 줄곧 베이비 피그나타리(사업가이자 유명한 플레이보이
였던 프란시스코 피그나타리의 별명.—옮긴이)가 전화를 잡고
말하고 있는 카바나 쪽을 바라보았다. 이게 다지만, 몇 년
후 나는 캘리포니아 피부빛에 풍성한 밍크코트를 걸치고 뉴
욕의 삭스 피프스 애비뉴에서 나오는 그 금발 여자를 보았
다. 그날 불어온 혹독한 바람 속에서 여자는 나이가 들어 보
였고 회복 불능의 피로에 시달리는 것 같았다. 밍크코트로
감싼 피부마저 그때 그해처럼 멋지게, 여자가 원했던 방식으
로 보이지 않았으니, 여기 그 이야기의 핵심이 있다. 그 후로
한참, 거울을 보기 싫었고 내 눈은 신문을 훑다가도 죽음과
암 환자와 때 이른 심장발작과 자살만 쏙쏙 골라냈다. 처음
으로 수년도 넘게 보아왔던 타인들이—명도견을 데리고 다
니던 남자, 날마다 광고란만 보던 노처녀, 그랜드 센트럴에

서 나와 함께 내리던 통통한 소녀―모두 예전보다 나이 들어 보인다는 걸 깨닫고 렉싱턴 애비뉴 IRT 열차를 타지 않게 되었다.

모든 게 되살아난다. 심지어 사워크라우트 레서피까지. 심지어 그 레서피마저 기억을 되살린다. 처음 그 사워크라우트를 만들었던 건 파이어 아일랜드에서였다. 비가 내리고 있었고 우리는 버번을 아주 많이 마셨다. 사워크라우트를 먹고 10시에 잠자리에 들었고 빗소리와 대서양의 파도 소리를 들으며 안전하다는 느낌을 받았다. 어젯밤 다시 그 사워크라우트를 만들어 먹었는데, 그렇다고 해서 더 안전한 느낌을 받지는 못했지만, 그건, 흔히 말하듯, 또 다른 이야기다.

― 1966 ―

자존감에 관하여
내 삶을 내가 책임진다는 것

옛날 어느 건조한 계절에 나는 대문자로 노트 두 페이지에 걸쳐서 자기 자신을 좋아한다는 망상을 떨쳐낼 때 순수는 끝난다고 썼다. 세월이 흐른 지금은 마음이 스스로와 불화를 겪으면서도 이렇게 수고스럽게 잔잔한 떨림까지 놓치지 않고 기록했다는 게 감탄스럽기도 하지만, 순수를 화장한 유골의 맛은 여전히 창피스럽도록 선명하다. 잘못된 자존감의 문제였다.

나는 파이베타카파 클럽(미국 대학생 성적 순위 상위 1퍼센트가 들어가는 우등생 클럽. ─옮긴이)에 선출되지 못했다. 예측하기 어렵지도 않고 뻔한 실패였지만(성적이 모자랐을 뿐이다) 나는 불안에 휩싸였다. 어찌 된 영문인지 내가 학문적 라스콜리니코프라서 다른 사람들의 발목을 잡는 인과관계로부터 희한하게 면제를 받을 줄 알았던 모양이다. 나처럼 유머감각 없는 열아홉 살 여자애라도 진정한 비극적 위상이 결여된 상황이라는 건 알았을 텐데, 파이베타카파에 떨어지던 날은 어쨌든 무언가의 종말을 의미했고, 그 무언가를 표현하는 말이 순수라면 그럴 수도 있다. 내 앞길에는 항상 초록색 신호만 켜질 거라는 믿음, 아이 때 늘 칭찬받았던 다소 수동적인 미덕만 있으면 파이베타카파의 열쇠뿐 아니라 행복, 명예, 좋은 남자의 사랑까지 자동으로 보장된다는 쾌적한 확신, 그날 나는 그런 것들을 잃었다. 착한 몸가짐과 단정한 머리와 스탠포드–비네 지능검사에서 입증된 학업 능력이라는 토템의 힘을 나는 약간 안쓰럽게 신봉했었다. 내 자존감은 그딴 미심쩍은 부적들에 박제되어 있었기에, 십자가도 없이 흡혈귀를 만난 사람처럼 허둥대고 겁에 질린 채 나자신과 직면했다.

과거로 내쳐져 자신의 진면모를 보는 건 빌린 신분증으로 국경을 넘는 것과 같아서 불편 정도로 끝나면 다행이지만, 지금 돌이켜보면 진짜 자존감의 시작에 꼭 필요한 조건이었다. 여러 진부한 이야기들 중에서도 자기기만이 가장 어려운 속임수다. 남들에게 먹히는 눈속임은 조명이 훤히 밝혀진 뒷골목에서 이루어지는 자신과의 밀회에 쓸모가 없다.

싹싹한 미소도 안 통하고 예쁘게 나열한 선의의 목록도 통하지 않는다. 몰래 표시해둔 필승의 카드를 번개처럼 찾아보지만 헛된 일이다. 잘못된 이유로 베푼 친절, 진짜 수고는 들어가지 않은 허울 좋은 승리, 겉보기에만 영웅적이라서 내심 부끄러워지는 행동. 참담한 사실을 말하자면 자존감은 타인의 인정과는 아무 상관이 없다. 타인은 어쨌든 속이기 쉽다. 평판과 아무 상관이 없다. (『바람과 함께 사라지다』에서) 레트 버틀러가 스칼렛 오하라에게 한 말처럼 평판이란 용기 있는 사람한테는 없어도 되는 것이니까.

반면 자존감이 없다면, 자신의 실패를, 상상과 현실에서의 실패 모두를 끝없이 기록한 다큐멘터리를 억지로 앉아서 보아야만 하는 꼴이다. 날마다 새로운 촬영분이 보태어진다. 저기 네가 분을 못 이겨 깬 유리잔이 있어, 저기 X의 얼굴에 난 상처가 있어, 잘 봐, 이다음 장면, Y가 휴스턴에서 돌아온 밤이잖아, 봐, 네가 이걸 어떻게 망치는지 잘 봐. 자존감이 없는 삶은 따뜻한 우유도, 신경안정제도 구할 수 없는 밤, 뜬눈으로 누워 잠든 손을 이불에 올리고 저지른 죄와 빠뜨린 죄, 배반한 신뢰, 교묘하게 깨뜨린 약속, 나태나 비겁이나 부주의로 낭비해버린 축복들을 헤아리는 일이다. 아무리 미뤄도 결국 그 불편하기로 악명 높은 잠자리에 혼자 눕게 된다. 우리 스스로 만든 잠자리다. 거기서 잠을 자느냐 마느냐는, 물론 우리가 스스로를 존중하느냐 아니냐에 달려 있다.

도무지 있을 법하지 않은 사례를 들어, **아무리 봐도 자기를 존중할 줄 모르는** 사람도 잠을 잘만 자더라는 반박은, 자존감이 속옷이 벗겨지지 않게 옷핀으로 고정하는 행위와 크게 상관이 없다는 말만큼이나 핵심에서 엇나간다. '자존감'은 뱀에 맞서는 부적 같은 것이어서, 소지자를 타락 이전의 에덴에 가둬두고 이상한 잠자리에 들지 않게 막아주고 복잡한 감정이 드는 대화며 온갖 골칫거리로부터 구해준다는 공통의 미신이 퍼져 있다. 전혀 그렇지 않다. 자존감은 사물의 액면과는 아무 상관이 없지만 별도의 평화, 사적인 화해에는 중요하다. 『사마라에서의 약속』의 부주의하고 자살충동에 시달리는 줄리언 잉글리시와 『위대한 개츠비』의 부주의하고 또 고질적으로 부정직한 조던 베이커는 둘 다 겉보기에 자존감과 전혀 어울리지 않게 생긴 후보들이지만, 조던 베이커에게는 자존감이 있었고 줄리언 잉글리시에게는 없었다. 남자보다 여자에게 더 자주 찾아볼 수 있는 천재적 수용 능력으로 조던은 자기가 알아서 조치를 취했고 자기 나름의 평화를 찾고 그 평화에 위협이 되는 요인을 피했다. "나는 부주의한 사람들이 싫어요." 조던은 닉 캐러웨이에게 말했다. "사고가 나려면 양측이 필요하잖아요."

조던 베이커처럼 자존감을 지닌 사람들은 실수하는 용기가 있다. 사물의 대가를 안다. 불륜을 선택한다면 양심에 찔린다고 도망을 다니지도 않고 피해자에게 사면을 받으려

하지도 않는다. 부당하게 억울함을 호소하지도 않고, 괜한 창피를 당한다거나 이혼소송에서 공동피고로 지목된다고 불평하지도 않는다. 간단히 말해서 자존감이 있는 사람들은 일정한 터프함, 소정의 윤리적 배짱을 보여준다. 과거에 '한 성격character 한다'고 말해진 어떤 자질을 갖고 있다. 추상적으로는 인정받아도 간혹 더 쭉직직이고 타협의 여지가 있는 미덕 앞에 맥을 못 추고 밀려나곤 하는 자질이다. '성격'이 얼마나 과거의 영광을 잃고 있는지는, 이제 '성격'이라고 하면 (특히 1차 경선에서) 패배한 미국 상원의원들을 떠올린다는 말만 봐도 알 수 있다. 그럼에도, '성격'―자기 삶에 대한 책임을 기꺼이 받아들이는 태도―은 자존감이 샘솟는 원천이다.

자존감에 대해서는 우리 할아버지와 할머니들이, 실제 자존감 유무를 떠나서, 속속들이 알고 있었다. 젊고 확신에 찬 도제 시절을 보내며 인간은 하고 싶은 일을 하고 불안과 의혹을 한구석에 치워놓고 손에 잡히지 않더라도 더 큰 편안함을 누릴 가능성에 대비해 현재의 안락을 가늠하면서 비로소 살아간다는 믿음을 내면 깊이 주입했기 때문이다. 19세기에는 차이니즈 고든(이슬람 군대에 포위된 하르툼을 사수하다가 실패해 효수된 영국 군인 찰스 고든.―옮긴이)이 깨끗한 흰 정장을 입고 마흐디(이슬람 세력의 지도자 마호메드 아메드.—옮긴이)에 맞서 하르툼을 사수했던 일이 존경스러울 망정 놀랍지 않았다. 캘리포니아에 공짜 토지를 얻으러 가는 길에 죽음과 수난과 먼지가 있어도 부당하다고 하지 않았다. 1846년 겨울의 일기에서 나르시사 콘월이라는 열두 살 이주민 아이는 냉정하게 썼다. "아버지는 책을 읽느라 바빠서 이상한 인디언들이 집 안 가득 들어와 있다는 걸 어머니가 얘기할 때까지 몰랐다." 어머니가 무슨 얘기를 했는지 알 길이 없지만, 이 사건 전체는 누가 봐도 인상적이다. 아버지는 책을 읽고 인디언들은 집 안에 가득하고 어머니는 놀래키거나 겁을 주지 않을 말을 고른다. 아이는 성실하게 사건을 기록하며 이 인디언들은 "다행히 우리 편", 즉 적대적이지 않았다고 쓴다. 인디언들은 그저 이미 알고 있는 사실, 전제에 불과하다.

다른 허울을 둘러쓰고 나타나더라도 인디언들은 언제나 존재한다. 이번에도 역시나, 가질 만한 가치가 있다면 반드시 대가를 치러야 한다는 사실을 인식하는 것이 문제다. 자신을 존중하는 사람이라면 인디언이 적대적이고 기획이 파산하고 연애가 '당신과 결혼하니 날마다 축제 같아'가 아닐 위험을 기꺼이 감수한다. 자신의 일부를 기꺼이 투자한다. 게임을 아예 하지 않는다면 몰라도, 하게 된다면 승률을 숙지한다.

그런 유의 자존감은 자기 수련이고, 꾸며낼 수는 없으나 계발하고 훈련하고 살살 달래어 끌어낼 수 있는 마음의 습관이다. 옛날에 종이봉투를 머리에 둘러쓰는 게 울음에 특효약이라는 말을 들었다. 나중에 알고 보니 그런 행위에는 산소와 관련된 믿음직한 생리학적 이유가 있었지만 단순히 심리적 효과만 따져도 계산을 넘어선다. 종이봉투에 머리를 처박은 꼴로 자기가 『폭풍의 언덕』의 캐시라고 상상하기란 지극히 어렵다. 여타 하찮은 자제력에도 비슷한 경우가 있다. 동정심이든 성욕이든 무슨 이유에서든, 차가운 샤워 물을 맞고 있으면, 호들갑을 떨며 기절하는 시늉을 하기란 어렵다.

그러나 이런 작은 절제는 더 큰 절제를 표상할 때만 가치가 있다. 워털루 전쟁은 이튼의 운동장에서 이겼다는 경구는 나폴레옹이 벼락치기로 크리켓 과외를 받았다면 살았을 거라는 얘기가 아니다(이튼의 교정에서 체득한 절제와 미덕이 영국을 프랑스와의 전쟁에서 승리로 이끈 동력이라는 뜻이다.—옮긴이). 우림에서 격식을 차린 만찬을 내봤자 무슨 소용이 있으랴. 덩굴에서 명멸하는 촛불이 더욱 깊고 강한 절제력, 훨씬 오래전에 주입된 가치를 환기하지 않는다면 무의미하다. 이는 일종의 의례로서 우리가 누구이고 무엇인지 기억하는 데 도움을 준다. 기억하려면 먼저 알았어야 한다.

자존감을 구성하는 내재적 가치를 인지한다면, 모든 걸

가질 수 있는 잠재력을 손에 넣는다. 분별하고 사랑하고 초연할 수 있는 능력. 그 능력이 없으면 자기 안에 갇히게 된다. 역설적으로, 사랑하지도 못하고 초연할 수도 없게 된다. 자신을 존중하지 않는다면, 얼마나 가진 게 없고 얼마나 눈이 멀었으면 우리가 가진 이 치명적 약점을 알아보지도 못할까 생각하며 우리와 어울리는 사람들을 경멸하는 지경에 내몰린다. 다른 한편으로, 타인이 우리한테 갖는 거짓된 관념에 부합하며 살려는 희한한 결심을 하고는 만나는 모든 사람의 노예가 된다. 우리는 타인을 만족시키려는 이 강박이 매력적인 자질이라고 생각하며 우리 스스로 비위를 맞추려 한다. 상상력이 동반된 공감 능력, 기꺼이 베푸는 도량의 증거라고 생각한다. **당연하지, 네가 파올로라면 나는 프란체스카를 연기하겠어, 누구든 애니 설리번이 되어주면 나는 헬렌 켈러 노릇을 할게.** 이렇게 틀어진 기대, 이렇게 웃기는 역할은 다시 없다. 우리는 경멸할 수밖에 없는 사람들에게 명줄을 맡기고 시작도 하기 전에 이미 실패한 역할을 연기한다. 그리고 매번 실패할 때마다 떨어지는 다음 요구를 만족시켜야 한다는 다급함에 새삼스럽게 절망한다.

이것은 간혹 '자아로부터의 소외'라 일컬어지는 현상이다. 이 현상이 진행되면 누군가 뭔가 원할까 봐 전화도 받지 못하게 된다. 숨 막히도록 지긋지긋하게 자기 비난을 하지 않고도 **싫**다고 말한다는 건 이 게임에서 있을 수 없는 일이다. 모든 만남은 지나친 요구를 하고, 신경을 찢고, 의지를 박약하게 하고, 답장하지 않은 편지처럼 사소한 일의 유령이 터무니없이 큰 죄책감을 유발해 답장을 쓴다는 일 자체가 불가능해져버린다. 답장하지 않은 편지에는 어울리는 무게를 할당하고, 타인의 기대로부터 우리를 자유롭게 하고, 우리를 우리 자신에게 되돌려주면 자존감의 위대하고 놀라운 힘을 찾을 수 있다. 자존감이 없는 사람은 결국 나사의 마지막 회전을 보게 된다. 자신을 찾고자 도망치지만 집에는 아무도 없다는 걸 깨닫는다.

$-1961-$

마음속에서 그 괴물을 떨칠 수가 없어

파괴자 할리우드의 신화

기계인간이 이스트 리버의 물속을 걸어 49번가까지 가서 수면으로 떠올라 유엔을 파괴하는 장면 말고는 그닥 기억할 게 없는 괴물 영화(영화 제목도 기억이 나지 않는다)다. 영화 초반에 여주인공이 전원주택 부지를 둘러보고 있는데 기계괴물이 호수에서 솟구쳐 아이를 납치하려는 장면이 있었다. (사실 우리는 괴물이 어린 여자애와 친구가 되길 원한다는 걸 알지만, 우리만큼 괴물 영화를 많이 보지 못한 젊은 어머니는 그 사실을 모른다. 이로 인해 페이소스와 극적 긴장이 유발된다.) 그날 밤늦게 여주인공이 베란다에 앉아 그날의 사건을 반추하고 있을 때, 오빠가 밖으로 걸어 나와 파이프에 담배를 채우고 묻는다. "무슨 생각을 그렇게 하니, 데버라?" 데버라는 서글프게 미소를 짓는다. "아무 일도 아니야, 정말로." 그리고 말한다. "그냥 마음속에서 그 괴물을 떨칠 수가 없어."

　그냥 마음속에서 그 괴물을 떨칠 수가 없어. 이 대사는 여러모로 쓸모도 있거니와, 수없이 많은 사람들이 할리우드에 대해 글을 쓰거나 말할 때의 말투를 늘으면 송종 생각이 난다. 대중의 상상력에서 미국의 영화산업은 여전히 기계괴물 같은 존재로 표상된다. 이 기계괴물은 인간의 영혼에서 흥미롭고 값지고 '창의적'인 걸 보면 무조건 파괴하도록 프로그래밍되어 있다. 형용사로서 '할리우드스럽다'라는 단어 자체가 비하적이고 소위 '시스템'을 의미하게 된 지도 오래되었다. '시스템'이라는 표현은 옛날 제임스 캐그니(갱스터 느와르에 주로 출연한 영화배우.―옮긴이)가 "신디케이트"(조직폭력단)라고 말할 때처럼 불길한 뉘앙스로 말해진다. 이 시스템은 재능을 목 졸라 죽일 뿐 아니라 영혼에 독을 풀고, 촘촘한 민간 전설의 그물망으로 지탱된다. 할리우드라고 하면 우리는 자연스럽게 스콧 피츠제럴드를 기억한다. 말리부에서 죽어가면서도 대학생들이 주말에 심심풀이로 볼 영화 시나리오를 꾸역꾸역 써내고 있는데 곁을 지키는 사람은 극성스러운 가십 칼럼니스트 하나뿐인 모습으로. (피츠제럴드는 그때 『라스트 타이쿤』도 쓰고 있었지만, 그건 이 이야기에 포함되지 않는다.) 우리는 조건반사적으로 한 세대 최고의 천재들이 솔버그 빌딩('천재 소년'이라고 불리던 어빙 솔버그가 수장으로 있던 MGM 영화사 건물.—옮긴이)에서 전화가 오기를 기다리며 가든 오브 알라 호텔(웨스트 할리우드의 대표적인 호텔로, 영화 〈사막의 화원〉의 원작인 소설 『가든 오브 알라』에서 이름을 따왔다.—옮긴이) 수영장에서 쇠락해가는 장면을 떠올린다. (사실 가든 오브 알라가 앨곤퀸 호텔보다 더 불길한 분위기를 풍기는 이유라든가, 왜 캘리포니아의 솔버그 빌딩과 MGM이 맨해튼의 그레이바 빌딩과 《배너티 페어》보다 더 심하게 도덕적 파탄을 야기하는 느낌인지를 구분하려면 상당히 낭만적인 감수성의 소유자여야 한다. 이런 유의 감수성을 지녔던 문예비평가 에드먼드 윌슨에 따르면 이 차이는 날씨와 관련이 있다고 한다. 아마 그럴지도 모른다.)

파괴자 할리우드. 이것은 본질적으로 낭만적인 상像이며 할리우드는 오래전부터 능동적으로 이 이미지를 퍼뜨리려 노력해왔다. 영화 〈빅 나이프〉에서 시스템에 의해 결국 살해당하는 영화 스타로 나온 잭 팰런스를 생각해보라. 영화 〈스타 이즈 본〉에서 시스템 또는 스튜디오 때문에 빛나는 삶이 시들어버린 주디 갈런드와 제임스 메이슨(그리고 과거의 재닛 게이너와 프레드릭 마치)을 생각해보라. 시스템과 스튜디오는 옛날의 메이저 스튜디오들이 할리우드를 쥐락펴락하던 시절에는 호환 가능한 말이었다. 이제 할리우드의 부패와 돈 욕심과 제한성은 미국의 사회적 신앙에서—그리고 할리우드가 자신을 바라보는 이미지로도—너무나 굳게 뿌리 박힌 믿음으로 자리 잡아, 얼마 전 할리우드가 자기를 "망치고" 있다고 한탄하는 한 젊은 시나리오 작가의 말을 듣고도 별로 놀라지 않았다. "작가로서요." 그는 덧붙여 말했다. "작가로서." 그 작가가 예전에 써낸 글은 뉴욕에서 10년에 걸쳐, 희극 소설('코믹한' 소실이 아니나) 한 편과 다른 사람들의 희극 소설 몇 편에 대한 리뷰와 몇 년치의 영화잡지 캡션이다.

자. 파괴자 할리우드의 유령이 여전히 틀에 박힌 어중간한 지식인층(괴물이 탈리아 예술영화 전용관과 MOMA 사이에 자리한 황무지에 매복하고 있다는 건 알겠다)이나 적어도 《카이에 뒤 시네마》가 할리우드와 그 구성원에게 수여한 '시크'한 평판을 아직 모르는 사람들을 괴롭히고 있다는 건 놀랍지 않다. (이 평판을 인지한 사람들은 똑같이 극단적인 입장을 취하고는, 〈세인트 루이스에서 만나요〉를 찍을 때 빈센트 미넬리(전성기 할리우드의 영화감독으로 뮤지컬 장르의 거장.—옮긴이)의 의도가 무엇이었는지 끝도 없이 추정하고 니컬러스 레이(〈이유 없는 반항〉으로 유명한 미국 영화감독. 프랑스 누벨바그 영화인들의 지지를 받았다.—옮긴이)에 대한 세미나에 참석하고 뭐 그런 일들을 한다.) 놀라운 건 괴물이 아직도 할리우드에 출몰하지만 할리우드는 그렇게 어리석지 않아서 몇 년 전 그 괴물이 자연사해 이제는 평안히 잠들어 있다는 걸 안다는 점이다. 폭스 영화사 부속 야외 촬영 부지는 이

제 센추리 시티라는 복합 오피스빌딩 단지가 되었다. 파라마운트 영화사는 일 년에 40편의 영화를 찍어내는 게 아니라 티브이 드라마 〈보난자〉를 제작한다. 과거의 '스튜디오'는 이제 배급사가 되었고, 심지어 가든 오브 알라 호텔도 이제 없다. 실질적으로 제작되고 있는 영화는 전편이 독립영화다. 그게 우리가 예전에 원하던 바가 아닌가? 미국의 영화를 혁명적으로 바꿔야 한다고 우리가 말했던 그대로가 아닌가? 천년왕국이 도래했다. "소수의 좋은 영화"의 시대가 도래한 지금, 우리에게 남은 건 무엇인가? 영화 편수는 적어졌는데 좋은 영화가 많아지지는 않았다. 할리우드에 이유를 물으면 할리우드는 괴물 어쩌고 하고 웅얼거린다. 할리우드에서 "정직하게" 일한다는 건 있을 수 없다는 둥 그런 소리를 한다. 소정의 방해물이 있다고, 스튜디오, 아니 스튜디오의 잔해들이 꿈을 모조리 엎어버린다고 한다. 물주가 자기네들을 음해한다고 한다. 뉴욕은 편집이 끝나기도 전에 자기네 프린트를 마술처럼 없애버린다고 하고 클리셰에 구속받는다고 한다. "지적인 풍토"에도 뭔가 잘못된 구석이 있다. 자유만 좀 허락된다면, 개성적인 목소리를 낼 수만 있다면….

이러저러할 수만 있다면. 이런 불만들은 매력적인 철 지난 낙관주의의 분위기를 풍긴다. 대다수 사람은 마음대로 하라고 내버려두기만 하면 클리셰로 생각하지 않고 독창성과 천재성을 발휘하며 대다수 개인의 목소리는 듣기만 하면 아름다움과 지혜의 목소리로 변한다는 루소적 전제에 의거하기 때문이다. 소설은 개인의 목소리의 표현, 단일한 관점의 경험이 아니라면 아무것도 아니라는 데 우리 모두 동의할 것이다. 그러나 해마다 출판되는 수천 편의 소설 중에서 좋은, 아니 심지어 흥미로운 소설이 몇 편이나 된단 말인가? 영화 산업에서도 그 이상을 기대하기 어려울 거라 짐작된다. 흥미로운 개인의 목소리를 지닌 사람들은 꽤 오래전부터 자기 목소리를 낼 수 있는 영화를 만들어왔다. 나는 엘리아 카잔의 〈아메리카 아메리카〉를 생각한다. 그리고 내 애정의 열기는 한참 떨어지지만 스탠리 큐브릭의 〈닥터 스트레인지러브〉를 생각한다.

다만 요즘은 '흥미로운' 목소리만 목소리를 낼 기회를 얻는 게 아니다. 《라이프》가 인용한 존 프랭컨하이머의 발언은 이 사실을 시인한다. "이제는 할리우드를 '영화산업'이라고 부를 수가 없습니다. 오늘날 우리는 영화에 개인적 판타지를 투영할 기회를 갖게 됐습니다." 프랭컨하이머의 개인적 판타지 중에는 〈올 폴 다운〉이 있다. 이 영화에서 우리는 프랭컨하이머가 디졸브로 호수에 어른거리는 백조들을 비췄을 때 워런 비티와 에바 마리 세인트가 사랑을 하고 있었다는 사실을 배웠다. 그리고 〈세븐 데이스 인 메이〉도 있는데, 여기서는 미국의 파워엘리트가 생각하고 말하고 기능하는 방식(영화에 나오는 캘리포니아 상원의원은 내 기억에 따르면 롤

스로이스를 몰았다)을 완전히 오해해서 가장 임상적인 의미에서 판타지처럼 보였다. 칼 포먼은 개인적 판타지를 영화에 투사하지 못하던 시절 (그런 타입 중에서는) 상당히 좋은 영화에서 작업했다. 두 편만 들어도 〈하이 눈〉과 〈나바론 요새〉가 있다. 그런데 나중에 소위 "개인적 발언"이라면서 내놓은 영화는 〈승리자들〉이었다. 이 현상은 머리 둘을 맞대는 게 머리 하나보다 나을 수도 있음을 시사한다. 특히 하나의 머리가 칼 포먼이라면.

한 가지 문제는 미국의 감독들이, 극소수의 예외를 제외하면, 스타일에 별 관심이 없다는 사실이다. 그들은 마음 속 깊이부터, 그 본질상 교훈적이다. 완벽한 자유, 개인적 발언을 할 기회를 가지고 하고 싶은 게 뭐냐고 물어보라. 그러면 '이슈'와 '문제'를 고를 것이다. 그들이 고르는 '이슈'는 실제로 화제가 되지도 않지만, 행여 그렇다 해도 대체로는 진짜로 화제가 되던 시기를 놓친다. 그러나 이를 무슨 타산적인 돈 욕심이나 의식적인 안전제일주의 탓으로 돌리면 오판이라고 본다. (최근에야 난쟁이를 발견한 시나리오 작가가 떠오른다. 자기도 틀림없이 우리처럼, 난쟁이들이 화려한 잡지의 소설 코너에 수지 파커가 광고에 나오는 빈도로 등장하던 시절을 거쳤을 텐데도 말이다. 이 작가는 난쟁이들이 현대 남성을 불구로 만드는 아노미 현상의 상징이라고 본다. 여기에는 소정의 문화적 시간 차가 있다.) 어떤 '이슈'가 안전한가를 계산하는 타산으로 보이지만, 이제는 상상력의 부재라고 부르자. 관객과 수많은 비평가들과 더 현명해야 하는 일부 사람들의 안일한 피드백이 부추긴 정신의 나태라고 부르자. 1961년 제작된 스탠리 크레이머의 〈뉘른베르크의 재판〉이 그토록 용감무쌍하게 비난한 대상은 추상으로서의 권위주의도, 전범 재판 자체도, 이와 얽힌 나양한 윤리석·법석 이슈도 아니고 나치의 잔혹행위였다. 하지만 이는 우리도 어느 정도 합의에 다다랐던 문제였다. (〈뉘른베르크의 재판〉이 아카데미상을 받았고 각본가 애비 만이 "모든 지식인"을 대표해 수상했다는 점을 기억할지 모르겠다.) 그 후 크레이머와 애비 만은 〈바보들의 배〉에서 협업했고, 그 영화에 "동정심과 유머를 좀 더" 주입하고 액션의 배경을 1931년에서 1933년으로 옮겼다. 나치스 국가사회당에 맞서 또 한 번 봉기하기에 더 낫겠다고 판단해서다. 포먼의 〈승리자들〉은 전쟁에서는 패자뿐 아니라 승자 역시 패배할 수밖에 없다는 명제를 끝도 없이 늘어놓는다. 이는 정확히 말해 급진적인 개념은 아니다. (포먼은 처음에는 약간의 스타일이 있다는 인상을 주는 감독이지만, 이런 인상은 철저히 기만적이다. 그나마 대체로 낡은 예이젠시테인 효과를 달달 외워 소환한 덕택이다.) 스탠리 큐브릭의 〈닥터 스트레인지러브〉는 실제로 스타일이 좀 있지만 부단한 독창성을 발휘한 영화라고 보기 어렵다. 이렇게 별 내용이 없는데 이렇게 많은 수고를 들인 작품은 흔히 찾아보

기 어렵다.《뉴 리더》의 존 사이먼은 〈닥터 스트레인지러브〉
의 "총체적인 사랑스러움"은 "기득권이 진지하게 여기는 모든
것들, 즉 핵전쟁, 정부, 군대, 국제관계, 영웅주의, 섹스, 기타
등등에 대해 투철한 불경"을 보여준 성취에 있다고 한다. 존
사이먼이 생각하는 기득권의 구성원이 누구인지 모르겠지
만, "기타 등등"에서부터 시작해 무작위로 훑어보자면, 섹스
는 우리가 가장 끈질기게 공유하는 농담거리다. 빌리 와일더
의 〈하나, 둘, 셋〉은 국제관계를 끝내주게(《버라이어티》참조)
풍자했고, 웃기는 대사로 군대를 그리는 거라면 〈필 실버스
쇼〉와 '빌코 상사'(〈필 실버스 쇼〉는 CBS에서 1955년에서 1959
년까지 방영했던 시트콤으로, 필 실버스는 의무를 소홀히 하
며 사기를 쳐서 돈을 뜯어낼 궁리만 하는 코믹한 군인 빌코 상
사 역을 맡아 큰 인기를 끌었다.―옮긴이)로 걸러진다. 그리고
'정부'가 미국의 기득권이 그토록 완강하게 존경하는 대상
이라면, 요즘은 황금시간대의 텔레비전 방송에서도 제법 언
더그라운드의 소재를 봤던 것 같다. 그리고 기타 등등이라.
〈닥터 스트레인지러브〉는 본질적으로 한 줄 대사로 점철된
개그였으며 다른 모든 전쟁과 핵전쟁의 차이를 다뤘다. 조지
스콧이 "이제는 느릿느릿하게 기밀실로 기어가볼까"라고 말
하고 스털링 헤이든이 "우리 이제 실전을 하게 된 거 같네요"
라는 대사를 치고 SAC 폭격기가 〈조니가 행진해 고향으로
다시 돌아오면〉 곡조에 맞춰 소련의 표적을 향해 날아가고

나면, 큐브릭은 이미 이 테마에 관해서는 푸가를 완성한 셈이니 이제 지겨워질 때까지 몇 분이 걸리는지 세기 시작했어야 한다.

그렇다면 우리에게는 현재 활동하는 흥미로운 지성이 얼마 남지 않는다. 게다가 재미없는 쪽이 훨씬 많다. 유럽의 상황도 그렇게 다르지 않다. 이딸리아 감독 중에서는 미켈란젤로 안토니오니가 아름답고 지적이며 정교하고 은은하게 구축된 영화를 만드는데, 그 힘은 전적으로 구조에서 나온다. 반면 루키노 비스콘티는 현재 활동하는 감독 중에서 양식의 이해도가 가장 떨어진다. 〈레오파드〉를 보느니 어차피 알아보지도 못할 순서로 늘어놓은 스틸을 보는 게 낫다. 페데리코 펠리니와 잉마르 베리만은 정신이 번쩍 드는 시각적 지성의 소유자로서 인간 경험에 대해서는 감각이 없어질 정도로 진부한 견해를 드러낸다. 알랭 레네는 〈지난해 마리앙바드에서〉와 〈뮈리엘〉에서 신경에 거슬리다 못해 연막이 아닐까 싶은 스타일을 구사했는데 스타일이 진공 상태를 침습하는 줄 알았다. 유럽 영화가 미국 영화보다 더 독창적이라는 생각에 대해 한마디 하자면, 〈보카치오 '70〉을 보라고 하고 싶다. 그 영화를 보고 나면 다시는 '틀에 박힌 공식'이라는 말을 자동적으로 '할리우드'로 치환할 수 없을 것이다.

그래서. 아마 해외에서 약간의 자극이 있어야겠지만, 할

리우드의 우리는 이제 모두 어른이 되어 혼자 세상으로 나
갈 준비가 되었다. 이제는 괴물의 손아귀에 잡혀 있는 게 아
니다. 해리 콘이 컬럼비아 픽처스를 항간의 표현대로 집단수
용소처럼 운영하던 시절은 갔다. 영화가 윤리강령 심의에 통
과했는지 여부는 박스오피스에서 중요하지 않다. 통행금지
도 없고 잔소리하는 아빠도 없고 뭐든지 할 수 있다. 우리 중
에는 이런 방임을 그리 좋아하지 않는 사람들도 있다. 우리
의 영화가 우리 마음만큼 좋지 않은 '이유'를 찾고 싶어하기
도 한다. 바로 얼마 전에도 소위 그 시스템 안에서 일하면서
겪는 난점을 불평하는 사람을 만났다. 그 사람은 그렇게 부
르지 않았지만 말이다. 찰스 잭슨의 어떤 단편을 영화화하고
싶다고 했다. "완전 멋진 소재인데요." 그는 말했다. "건드릴
수가 없어요, 안타깝지만. 자위에 관한 작품이거든요."

−1964−

도덕성에 관하여

사막의 윤리

어쩌다 보니 데스 밸리에 와서 엔터프라이즈 모텔 앤드 트레일러 파크의 객실에 있는데, 7월이고 몹시 덥다. 사실 기온은 무려 48도에 달한다. 아무리 해도 에어컨을 작동할 수가 없지만, 작은 냉장고가 있고 얼음 조각을 수건에 싸서 뒷목에 대고 있을 수는 있다. 나는 얼음의 도움을 받아 생각을 하려 애쓰고 있었다. 《아메리칸 스칼러》에서 내가 하루가 다르게 더욱 불신하게 되는 단어인 '도덕성'에 대한 글을 다소 추상적인 방식으로 써달라는 청탁을 받았지만, 내 마음은 완강하게 구체적인 것들로 향한다.

　여기 구체적인 것들이 몇 가지 있다. 어젯밤 자정에 라스베이거스에서 데스 밸리 인터체인지로 들어가는 진입로에서 차 한 대가 숄더를 박고 전복되었다. 아주 젊고 만취한 상태가 분명한 운전자는 즉사했다. 여자친구는 발견 당시 살아 있었지만 내출혈이 심하고 쇼크 상태로 의식이 없었다. 나는 이날 오후에, 여자를 데리고 제일 가까운 병원까지 운전해서 밸리 바닥을 가로지르고 치명적인 산길을 세 번 넘어 185마일(300km)을 달려간 간호사와 이야기를 나누었다. 간호사의 말에 따르면 활석을 캐는 광부인 남편이 고속도로에 남아, 검시관이 오늘 새벽 비숍에서 출발해 산을 넘어올 때까지 청년의 시신 곁을 지켰다고 한다. "고속도로에 시체를 두고 갈 수는 없잖아요." 간호사는 말했다. "부도덕한 일이에요."

이런 경우에는 나도 이 단어를 불신하지 않는다. 간호사의 말은 아주 구체적인 무엇을 의미했기 때문이다. 불과 몇 분이라도 시체를 사막에 혼자 버려두면 코요테들이 다가와 살점을 먹어치운다는 뜻이었다. 코요테가 시체를 갈가리 뜯어먹게 둘 것인가 여부는 감상적인 문제처럼 보일지 모르지만 당연히 그 이상의 의미가 있다. 우리가 서로 약속하는 한 가지는 사상자의 시신을 수습하려 노력하겠다는 것, 우리의 죽은 자들을 코요테 먹잇감으로 버리고 가지 않겠다는 것이다. 약속을 지켜야 한다고 배웠다면—가장 단순한 의미에서 교육을 잘 받고 자랐다면—우리는 시체와 함께 남을 테고, 그러지 않으면 악몽을 꿀 것이다.

물론 내가 말하는 건, 간혹, 물론 비하적 의미로 "짐마차 대열식 도덕성"이라 불리는 종류의 사회적 코드다. 실제로 정확하게 그것이다. 좋든 나쁘든 우리는 어릴 때 배운 그대로의 사람이 된다. 그리고 내 유년기는 충의의 약속을 거스른 이들을 기다리는 슬픔, 그 적나라한 호칭呼稱 기도(천주교에서 사제·성가대 등이 신창하고 신자들이 응답하는 형태로 바치는 탄원 기도.—옮긴이)로 조명된다. 시에라마드레 산맥의 눈 속에서 기아에 시달리던 도너-리드 파티(1846년 겨울, 조지 도너와 제임스 리드가 이끌던 이민자 대열이 캘리포니아로 향하다가 시에라마드레 산맥에 갇혔다. 이들은 굶주림으로 사상자의 시체를 먹고 생존한 걸로 알려졌다.—옮긴이), 문명의 소모적인 장구들은 다 사라지고 단 한 가지 흔적으로 남은 금제, 아무도 혈육을 먹어서는 안 된다는 전제. 오늘 밤 내가 있는 이곳과 멀지 않은 곳에서 제이호커스(1850년대 미국 캔사스 지역에서 약탈과 살인을 일삼은 남부군의 게릴라 잔당.—옮긴이)는 불화로 갈라섰다. 일부는 퓨너럴 산맥에서 죽었고 또 일부는 배드워터에서 죽어 쓰러졌으며 나머지 대다수는 패너민트 스프링스에서 죽었다. 간신히 살아나온 한 여자가 계곡에 이름을 붙였다('데스 밸리', 즉 죽음의 계곡이라는 뜻이다.—옮긴이). 제이호커스는 사막의 여름 때문에 죽었고 도너 파티는 산중의 겨울로 죽었다고, 아무도 통제할 수 없는 정황이었다고 말할 사람도 있을 것이다. 그러나 우리는 그들이 어드메에서 책임을 유기했고, 원시적 충의를 깨뜨렸다고 배웠다. 그러지 않았다면 무기력하게 겨울 산이나 여름 사막에 갇힐 리가 없다고, 잔학성에 굴복했을 리가 없다고, 서로를 저버렸을 리가 없다고, '실패'했을 리 없다고 배웠다. 간단히 말해 캘리포니아의 우리는 경각심을 일깨우는 동화로 그런 이야기들을 듣고 자랐고, 아무래도 잠재적인 거짓말인 '도덕성'이라는 말에 유일하게 떠오르는 것도 그런 이야기들이다.

이쯤이면 틀림없이 당신은 내게 참을성을 잃어가고 있을 터이다. 이런 말을 하고 싶을 것이다. 내가 말하는 '도덕성'은 원시적이다 못해 이름값도 제대로 못한다고, 오로지 생존만을 위한 코드일 뿐, 이상적인 선善의 성취는 도모하지 않는다고 말이다. 정확하다. 특히 오늘 밤 여기, 반물질과 함께하는 삶만 가능한 이 불길하고 무서운 땅에 나와 있자니, '선'이 인식 가능한 자질이라 믿기 힘들다. 오늘 밤 여기 나와 있는 기분이 어떤지 여러분에게 들려주려 한다. 이야기들이 밤에 사막을 여행한다. 누군가가 픽업트럭을 몰고 200, 300마일(400km)을 달려 맥주를 마시러 가고, 세상에서 벌어지는 일들의 뉴스를 가지고 원래 왔던 곳으로 돌아간다. 그리고 또 100마일을 달려 맥주 한잔을 마시러 가서 그전에, 또 그전에 갔던 곳들의 이야기를 전한다. 밤 사막에서 미치지 않으려면 계속 움직이라는 본능의 명령에 따르는 사람들 덕에 목숨을 부지하는 네트워크다. 여기 오늘 밤 사막을 돌아다닐 이야기가 있다. 네바다 선 너머에서 경찰 잠수부들이 지하의 웅덩이에 뛰어들어 구멍 속에 있다고 알려진 시신 두 구를 수습하려 한다. 익사한 한 청년의 아내가 거기 나와 있나. 열여덟 살이고 임신을 했고, 구멍 곁을 떠나지 않겠다고 한다. 다이버들은 아래로 내려갔다가 다시 물 위로 떠오르고, 여자는 거기 서서 물속을 하염없이 바라본다. 열흘째 잠수하는 중이지만 동굴 바닥도 시신도 시신의 흔적도 찾지 못했다. 밑으로, 밑으로, 밑으로 내려가는 32도 수온의 시커먼 물, 종류를 모르는 투명한 물고기 한 마리를 보았을 뿐이다. 오늘 밤의 이야기는 한 잠수부가 끌어올려졌는데 제정신을 잃고 횡설수설하며 소리를 질러대는 걸 여자가 듣지 못하도록 그를 밖으로 데리고 갔다는 것이다. 잠수부는 밑으로 내려갈수록 차가워지지 않고 오히려 뜨거워지는 물, 물속에서 깜박거리는 불빛, 마그마, 지하 핵실험에 대해 말했다.

여기서는 이야기들이 이런 색조를 띠게 되는데, 오늘 밤에는 그 수가 제법 적지 않다. 그리고 이건 단순한 이야기에 그치지 않는다. 길 하나 건너 신앙 공동체 교회에서는, 트레일러에서 살다가 태양을 받으며 죽으러 이곳에 온 노인 수십 명이 기도찬송회를 하고 있다. 소리는 들리지 않고 듣고 싶지도 않다. 내 귀에는 이따금 코요테의 울음소리, 인접한

스네이크 룸의 주크박스에서 틀어놓은 〈베이비, 더 레인 머스트 폴〉의 코러스만 맴돈다. 상상 불가의 원초적 제례를 찾아, 나만을 위해 갈라진 태고의 바위들을 찾아서 이곳까지 이끌려온 중서부 사람들의 목소리를, 그 죽어가는 목소리를 듣는다면 나 역시 이성을 잃고 말리라. 내가 간혹 방울뱀 소리가 들린다고 하면 남편은 수도꼭지, 사각거리는 종이, 바람이라고 말한다. 그리고 창가에 서서 바깥의 마른 빨래에 손전등 불빛을 비춰본다.

무슨 뜻이냐고? 제어할 수 있는 게 아무것도 없다는 의미다. 오늘 밤 이곳 노지의 공기에는 불길한 히스테리아가 감돈다. 인간적 관념을 떠올릴 수 없는 흉측한 변태성의 흔적이 비친다. "나는 내 양심을 따랐습니다." "내가 옳다고 생각한 일을 했습니다." 얼마나 많은 광인이 진심으로 그런 말을 했을까? 그런 말을 한 살인자는 또 얼마나 많았을까? 핵 정보를 팔아넘긴 스파이 클라우스 푹스도 그 말을 했고, 마운틴 메도스 학살(1857년 9월, 몰몬교도 무장군이 마운틴 메도스에서 개척민을 대량학살한 사건.—옮긴이)을 저지른 자들도 그 말을 했으며 나치 전범 알프레트 로젠베르크도 그 말을 했다. 그리고 오늘날 그 말을 하는 사람들이 우리 귀에 못이 박이도록, 다소 주제넘게, 상기시켜주듯이 예수님도 그 말을 하셨다. 아마도 우리 모두는 그 말을 해본 적이 있을 것이고 아마도 틀렸을 것이다. 원초적인 수준의 양심—사랑하는 이들에 대한 충의―을 제외하면, 개인적 양심을 우선에 놓는다는 주장보다 더 오만한 일이 있을까? ("어디 말해보세요." 사회학자 대니얼 벨이 어렸을 때는 하느님을 믿지 않았다고 말하자 랍비가 물었다. "하느님이 신경이나 쓰실 것 같습니까?") 적어도 가끔 내 눈에는 세계가 히에로니무스 보슈의 그림처럼 아수라장으로 보일 때가 있다. 그때 내 양심을 따라간다면 『사슴사냥터』(노먼 메일러가 1955년에 할리우드를 배경으로 쓴 소설.―옮긴이)에서 매리언 페이가 동쪽의 로스앨러모스를 바라보며 비가 내리듯 숙청이 벌어지기를 기도하던 자리, 그 황량한 사막에 함께 서게 될지도 모른다. "…와서 먼지와 악취와 오염을 씻어내게 하라. 어디에나 모두에게 오게 하라. 그렇게 와서 새하얗고 죽은 새벽에 세계가 맑게 서게 하라."

당신은 물론 내게 힘이 있더라도 그딴 비이성적인 양심을 당신에게 강요할 권리는 없다고 말할 것이다. 나 역시 아무리 합리적이고 아무리 계몽적이라도 당신의 양심을 내게 강요하지 않기를 바란다. ("우리가 가장 너그럽게 품는 소망에 깃드는 위험을 인지해야 한다." 라이어널 트릴링은 언젠가 썼다. "우리는 본성의 역설에 이끌려, 먼저 우리와 같은 사람들을 계몽할 대상으로 만들었다가, 다음에는 우리 동정의 대상으로 만들고, 최후에는 우리 강압의 대상으로 만들게 된다.")

양심에 근거한 윤리는 내재적으로 선동적이다. 대단히 새로운 주장은 아니지만, 갈수록 점점 더 거론되는 횟수가 적어지는 입장이다. 이런 입장을 견지하는 사람이라도, 양심에 근거한 윤리는 '틀리면' 위험하고 '옳으면' 존경스럽다는 정반대의 입장으로 심란하리만큼 신속하게 태세 전환을 한다.

보다시피 나는—이 사회적 코드에 대한 근본적 충의를 넘어서면—무엇이 '틀렸는지' 또 무엇이 '선'이고 무엇이 '악'인지 우리로서는 알 길이 없다는 입장을 아주 완강하게 고수하고자 한다. '도덕성'이라는 말의 가장 심기 불편한 자질은 활용 빈도다. 언론, 텔레비전, 건성으로 하는 대화에도 이 말이 등장한다. 단순한 권력(또는 생존)정치의 문제, 중립적인 공공 정책의 문제, 거의 모든 문제에 이 당파적 도덕성의 부담이 지워진다. 뭔가 안일한 태도, 자기만족이 작동하고 있다. 물론 우리 모두 뭔가 '신봉'하고 싶고, 공적인 명분에서 사적인 죄책감을 달래고 싶고, 지긋지긋한 자아를 잊고 골몰하고 싶고, 아마도 자기 집에 걸린 항복의 백기를 떼어 집에서 멀리 떨어진 전장에 펄럭이는 멋진 흰색 깃발로 바꾸고 싶어할 것이다. 물론 그래도 괜찮다. 태고 적부터 그런 식으로 일이 진행되어왔으니까. 그러나 자기가 하는 일과 이유에 관해 스스로 기만하지 않는다고 전제할 때만 괜찮은 거다. 즉석 결성된 온갖 위원회, 피켓 라인들, 《뉴욕 타임스》의 근사한 서명, 온갖 선전선동의 도구들이 자동으로 도덕성을 부여해주지는 않는다. 목적이란 임시방편이거나 아닐 수 있고, 좋은 생각이거나 아닐 수 있으나, 어쨌든 '도덕성'과는 무관함을 숙지할 때만 그래도 괜찮은 거다. 실용적 필요성이 아니라 **도덕적 중요성**이 있다는 이유로 우리가 뭔가를 원하고 꼭 필요하다고 자기를 기만하기 시작하면, 그때는 우리가 유행하는 광인의 대열에 합류할 테고, 그때는 히스테리아의 가녀린 울음소리가 뭍에서 들릴 것이며, 그때는 우리가 크나큰 난관에 봉착하게 될 것이다. 어쩐지 우리가 이미 그곳에 다다른 것도 같다.

– 1965 –

귀향

'집'이라는 짐

딸의 첫돌을 맞아 집에 와 있다. 여기서 '집'은 남편과 나와
아기가 사는 로스앤젤레스의 주택이 아니라 내 가족이 살고
있는 캘리포니아의 센트럴 밸리를 말한다. 이건 골치 아프지
만 꼭 필요한 구분이다. 남편은 내 가족을 좋아하지만 그 집
에서는 불편해한다. 일단 그곳에 가면 내가 가족의 생활양
식에 젖어드는데, 이 생활양식은 어렵고 비딱하고 신중한 모
호성을 띠기 때문이다. 이건 남편의 방식이 아니다. 우리는
퀴퀴하게 먼지 덮인 주택("먼-지"라고 남편이 집 구석구석 표
면을 손가락으로 긁어 글씨를 써놓은 적이 있는데 아무도 눈
치채지 못했다)에 살고, 이곳에 그득 쌓인 추억의 징표들은

남편 눈에는 무가치하다. (남편에게 광동식 디저트 접시가 무슨 의미가 있을까? 금의 순도를 측량하는 저울에 대해 무엇을 알겠으며, 안다 한들 무슨 신경을 쓸까?) 우리는 우리가 아는 정신병원에 실려간 사람과 우리가 아는 음주운전으로 기소된 사람과 부동산, 특히 토지, 에이커당 가격과 부동산 용도구역 C 2(부동산 용도구역제는 부동산의 개발 용도를 규제하는 법으로, C는 상업용 토지를 말한다.—옮긴이)와 토지 감정과 고속도로 접근성 이야기만 하는 것처럼 보인다. 남동생은 '매각 후 재임차'라는 매우 흔한 부동산 거래의 이점을 파악하지 못하는 남편을 이해하지 못하고, 남편은 우리 아버지 집에서 이야기가 나오는 사람들이 최근에 정신병원에 가거나 음주운전으로 기소당하는 일이 왜 이리 많은지 이해하지 못한다. 남편은 우리가 매각 후 재임차와 공공통행로 토지 수용 같은 얘기를 할 때 실제로는 우리가 암호를 써서 제일 좋아하는 노란 들판과 미루나무 숲과 굽이치는 강물과 폭설이 오면 폐쇄되는 산길 이야기를 하고 있다는 사실을 이해하지 못한다. 우리는 서로 말귀를 못 알아듣고 술을 한 잔 더 마시고 모닥불을 본다. 남동생은 내 남편의 면전에서 "조앤 남편"이라고 부른다. 결혼은 고전적인 배반이다.

아니, 이제는 아닐지도 모른다. 가끔 나는 지금 30대인 우리가, '집'이라는 짐을 짊어지고 가족의 삶에서 모든 긴장과 드라마를 겪게 되는 마지막 세대라는 생각을 한다. 나는 객관적으로 어느 모로 보나 '정상적'이고 '행복한' 가정에서 자랐지만, 가족과 통화하고 나서 전화를 끊고도 울지 않을 수 있게 된 건 거의 서른 즈음이었다. 우리는 싸우지 않았다. 잘못된 데도 없었다. 그런데도 이름 붙일 수 없는 불안이 나와 내가 비롯한 장소 사이를 팽팽한 감정의 긴장으로 채색했다. 집에 돌아올 수 있을까 하는 생각은 우리가 50년대에 꾸려서 나온 마음의 짐과 진짜 짐 보따리 모두에서 아주 현실적인 몫을 차지했다. 2차 세계대전 후의 파편화된 세상에서 태어난 아이들에게는 아무 의미도 없겠지만 말이다. 수 주일 전 샌프란시스코의 바에서 크리스털을 한 젊은 여자가 옷을 벗고 '아마추어 토플리스' 경연대회의 상금을 받으려고 춤을 추는 모습을 보았다. 별로 특별할 것 없었다. 낭만적인 타락이라는 지각도, 우리 세대가 그토록 열심히 쟁취하고자 했던 '어두운 여정'의 느낌도 없었다. 지금 저 여자애한테, 이를테면 『밤으로의 긴 여로』가 무슨 의미가 있을까? 누가 말귀를 못 알아듣는 걸까?

집에 와 있으면, 내가 이처럼 시대와 단절된 사고에 갇혀 있다는 생각이 어느 때보다 뚜렷해진다. 모퉁이를 돌 때마다, 찬장을 열 때마다, 나의 과거를 만나다 보니 신경증적 무기력이 도져 아무 일도 못 하고 정처 없이 이 방 저 방 서성거린다. 차라리 정면으로 맞붙어야겠다 생각하고 서랍 하나를 싹 비워 내용물을 침대 위에 늘어놓는다. 열일곱 살에 입었던 수영복.《더 네이션》에서 보낸 원고 거절 편지, 아버지가 쇼핑센터를 지으려다 만 부지의 1954년 항공사진. 작은 장미를 손으로 그려넣고 할머니의 이니셜인 "E. M."이라고 서명된 찻잔들.《더 네이션》에서 받은 거절 편지와 1900년에 핸드페인팅한 찻잔에는 최종 해결책이 없다. 스키를 타고 1910년이 도너 패스를 돌리보는 칭넌 할아버지의 사신에도 답이 없다. 나는 사진의 구김살을 펴고 할아버지의 얼굴을 본다. 내 얼굴이 보이기도 하고 안 보이기도 한다. 서랍을 닫고 어머니와 커피 한 잔을 더 마신다. 우리는 사이가 아주 좋다. 우리도 이해하지 못하는 사이에 게릴라 전쟁을 치른 참전 용사들이다.

나날이 흐른다. 아무도 만나지 않는다. 남편이 저녁마다 거는 전화가 두려워지기 시작했다. 이제는 멀게만 느껴지는 로스앤젤레스의 우리 삶, 그이가 만난 사람들, 주의를 요하는 편지들에 대한 소식을 물어주기 때문만은 아니다. 내가 뭘 하고 지냈는지 묻고, 어서 빠져나와서 샌프란시스코나 버클리로 나오라고 불편한 암시를 주기 때문이다. 대신 나는 강물을 건너 가족 묘지로 간다. 마지막에 방문한 이후로 습격을 받아 비석들이 깨어져 메마른 풀밭에 나뒹굴고 있었다. 풀숲에서 방울뱀을 본 적이 있어서 나는 차에 머물며 컨트리 웨스턴 채널을 들었다. 그러고는 아버지와 함께 산기슭 언덕에 있는 목장으로 갔다. 가축 떼를 치는 남자는 일요일부터 일주일 동안 열리는 소몰이에 오라고 한다. 그때는 로스앤젤레스에 있으리라는 걸 알면서도, 우리 가족 특유의 모호한 화법으로 가겠다고 말한다. 집에 와서 묘지의 비석들이 넘어졌다고 말한다. 어머니는 어깨를 으쓱한다.

대고모님들을 찾아뵈러 간다. 내가 내 사촌, 혹은 젊어서 죽은 딸이라고 생각하는 분들도 있다. 우리는 1948년에 마지막으로 본 친척의 일화를 듣고, 대고모님들은 내게 아직도 뉴욕시에 사는 게 좋냐고 물으신다. 로스앤젤레스에 산 지 3년째지만 나는 좋다고 한다. 아기한테는 박하 사탕을 먹어보라고 하고, 내게는 달러 지폐 하나를 슬쩍 찔러주며 "맛있는 거 사 먹어"라고 하신다. 질문은 말끝이 흐려지고 답은 버려지고 아기는 한줄기 오후 햇살을 받으며 먼지 티끌과 논다.

아기의 생일파티를 할 시간이다. 하얀 케이크, 스트로베리 마시멜로 아이스크림, 다른 파티에서 쓰고 남은 샴페인 한 병. 저녁에 아기를 재우고 나는 요람 옆에 무릎을 꿇고 앉아 그 애의 얼굴이 요람 울타릿살 사이로 삐져나온 부분에 내 얼굴을 대었다. 그 애는 열려 있고 잘 믿는 아이다. 불쑥불쑥 뜻밖의 일들이 발목을 잡는 대가족의 삶에 대책도 없고 익숙지도 않은 아이니, 내가 그런 삶을 주지 못해도 괜찮을지 모른다. 하지만 나는 그 이상을 주고 싶다. 사촌들과 강과 대고모들의 찻잔을 느끼며 자라나게 될 거라고 약속하고 싶고, 머리도 안 빗고 프라이드치킨을 들고 강가로 피크닉을 가자고 약속하고 싶고, 생일 선물로 **고향**을 주고 싶다. 하지만 우리는 이제 다르게 살고 나는 그 애에게 그런 건 전혀 약속할 수 없다. 그래서 나는 실로폰과 마데이라의 자수 원피스를 주고, 재미있는 이야기를 해주겠다고 약속한다.

– 1967 –

III

마음의
일곱 장소

캘리포니아의 딸이 쓰는 단상

새크라멘토

베벌리힐스의 라스칼라나 샌프란시스코의 어니스 같은 곳의 바에 앉아 있다 보면, 캘리포니아가 비행기를 타면 뉴욕에서 다섯 시간밖에 걸리지 않는 곳이라는 팽배한 망상에 쉽게 동참할 수 있다. 진실은 뉴욕에서 비행기로 다섯 시간 걸리는 곳은 라스칼라와 어니스라는 것이다. 캘리포니아는 다른 곳에 있다.

동부의 많은 사람들(라스칼라나 어니스에서는 안 쓰는 말이지만, 캘리포니아 사람들의 표현대로 하면 "저 후미진 동쪽" 사람들)은 이를 믿지 않는다. 로스앤젤레스나 샌프란시스코에 가봤고, 거대한 삼나무 숲 사이로 드라이브도 해봤고

빅서에서 오후 햇살에 빛나는 태평양도 봤기에, 자연스럽게 실제 캘리포니아에 가봤다고 믿는 경우가 많다. 하지만 캘리포니아에는 가본 적이 없으며 앞으로도 가지 못할 공산이 높다. 원하는 정도보다 훨씬 더 오래 걸리고 어려운 여행일 것이기 때문이다. 목적지가 지평선에서 신기루처럼 어른거리고 심지어 점점 더 멀어져서 영원히 작아지는 그런 여행 말이다. 내가 이 여행에 대해 좀 아는 게 있는 이유는 캘리포니아 출신이고, 태초부터 새크라멘토 밸리에 자리 잡은 가족, 아니 가족'들'의 군집으로부터 왔기 때문이다.

새크라멘토 밸리에 '태초' 비슷할 때부터 자리 잡은 가족이 대체 어디 있느냐고 반박할 수도 있다. 그러나 과거를 거창하게 말하는 게 캘리포니아 사람들의 특징이다. 그들의 말을 듣고 있으면 캘리포니아의 역사가 한날한시에 **백지상태**로 시작되어 짐마차들이 서부로 출발한 그날 해피엔딩에 도달한 것만 같다. 유레카—"내가 찾았다!"—라고. 그것은 캘리포니아주의 모토이기도 하다. 역사에 대한 이런 관점에는 어떤 우수가 깃든다. 나는 어렸을 때, 최고의 시절은 이미 오래전에 갔다는 확신에 젖어 있었다. 사실 내가 말하고 싶은 바는 이것이다. 새크라멘토 같은 곳을 고향으로 두었다는 것은 어떤 의미인가. 당신에게 그 점을 이해하게 할 수 있다면 캘리포니아도, 어쩌면 그 이상의 무언가도 이해시킬 수 있을 것이다. 새크라멘토가 바로 캘리포니아고, 캘리포니아

는 대호황의 정신세계와 체호프적인 상실감이 불편한 유보
상태로 만나는 곳이다. 정신은 의식 깊은 곳에 파묻혀 있으
나 지울 수 없는 생각, 말하자면 여기서는 왠지 만사가 잘되
어야만 한다는 강박에 시달리게 된다. 여기, 이 광활하고 표
백된 하늘 아래 이곳에서, 우리가 내쳐 달려온 대륙이 끝나
기 때문이나.

1847년 새크라멘토는 붉은 진흙의 구획지에 불과했고
셔터스 요새가 초원에 홀로 서 있었다. 샌프란시스코와 바다
는 코스트 산맥이 가로막고 있고 대륙의 다른 지역은 시에
라네바다 산맥으로 가로막혀 있는 새크라멘토 밸리는 당시
진정한 수풀의 바다였다. 풀이 어찌나 웃자랐는지 말을 달리
는 사내가 안장을 묶고도 남았다. 일 년 후 시에라의 산기슭
에서 황금이 발견되었고, 느닷없이 새크라멘토는 소도시가
되었다. 영화를 본 사람이라면 누구나 오늘 밤 꿈속에서 그
소도시의 지형을 그려볼 수 있다. 시금 사무실과 짐마차 공
방과 술집으로 이루어진 먼지 덮인 콜라주. 그때를 제2기라
고 부르자. 그리고 정착민들이 왔다. 농부들, 2백 년 동안 프
런티어를 따라 서쪽으로 이동한 사람들, 버지니아주, 켄터키
주, 미주리주를 개간한, 괴짜 근성이 있는 불완전한 사람들,
그 사람들이 새크라멘토를 농장도시로 만들었다. 토양이 비
옥했기에 새크라멘토는 결국 부유한 농장도시가 되었고, 이
는 시내의 주택, 캐딜락 딜러, 컨트리클럽을 의미했다. 온화

한 잠에 빠져 새크라멘토는 꿈을 꾸었는데 대략 1950년쯤 중요한 일이 생겼다. 새크라멘토가 깨어나 보니 바깥 세계가 들어오고 있었던 것이다. 빠르고 힘차게. 각성의 순간 새크라멘토는 좋은 쪽으로든 나쁜 쪽으로든 개성을 잃었고 이것은 내가 들려주고 싶은 이야기의 일부다.

그러나 내가 처음 기억하는 건 변화가 아니다. 제일 먼저 기억나는 건 나의 고조부가 미개척지로 발견해 경작하기 시작한 평원 위를 내달리는 남동생의 복서 개다. 우리 가족이 백 년 동안 헤엄쳤던 강에서 수영한(불안하기는 했다. 나는 싱크홀과 뱀을 무서워하는 불안한 아이였기 때문이다. 아마 나의 착오가 거기서 비롯되었는지 모른다) 기억이 난다. 새크라멘토강에는 침니가 풍부해 수면 아래로 손을 몇 인치만 담가도 보이지 않았다. 아메리칸강은 시에라에서 녹은 눈이 맑고 빠르게 흐르다가 7월이 되면 느려지고, 방울뱀들은 새로 드러난 바위 위에서 햇볕을 쬔다. 새크라멘토강, 아메리칸강, 가끔은 콘섬니스강, 드물게는 페더강. 조심성 없는 아이들이 날마다 그 강에 빠져 죽었다. 우리는 신문에서 소식을 들었다. 수류를 오판했다거나 아메리칸강이 새크라멘토강으로 흘러 들어가는 지점에서 구멍을 밟았다든가, 강바닥을 훑기 위해 욜로 카운티에서 베리 브라더스까지 불러왔지만 시신을 수습할 수 없었다는 뉴스. "외지에서 온 애들이야." 할머

242

니는 신문기사로 지레짐작했다. "그런데 부모가 애들을 강에서 물놀이하게 두면 쓰나. 오마하에서 놀러 온 사람들이었는데." 나쁜 교훈은 아니었지만 썩 믿음직한 이야기도 아니었다. 우리가 아는 아이들도 강물에서 죽었으니까.

여름이 끝났을 때—주 박람회가 끝나고 열기가 한풀 꺾이고 II 스트리드 로드를 따라 마시막 초록색 홉 덩굴이 뜯기고 밤이면 낮은 땅에서 골풀 안개가 피어오르기 시작할 때—우리는 『우리의 남아메리카 이웃』에 나오는 생산품들을 외우는 일로 돌아갔고 일요일에는 대고모님들을 뵈러 갔다. 여러 해가 흐르는 사이 그 많은 일요일마다 대고모님들을 찾아뵈었다. 지금 그 겨울들을 생각해보면, M 스트리트의 트리니티 성공회 임시 주교좌 성당 밖 도랑에 떨어져 있던 노란색 느릅나무 젖은 낙엽이 기억난다. 사실 이제 새크라멘토에는 M 스트리트를 캐피털 애비뉴라고 부르는 사람들이 있고, 트리니티에는 흔하고 특징 없는 새 건물들이 생겼지만 아마 아이들은 아직도 일요일 아침이면 똑같은 문답을 배우고 있을 것이다.

Q. 어떤 면에서 성지聖地가 새크라멘토 밸리와 닮았을까요?

A. 농작물의 품종과 다양성에서요.

그러면 나는 불어오르던 강물을 생각한다. 최고 수면 높이가 어디까지 달할까 들으려고 라디오에 귀를 기울이고, 제방이 버텨줄지를, 아니라면 언제 어디서 넘칠지를 걱정하던 기억을 떠올린다. 그 시절에는 댐이 그리 많지 않았다. 우회 수로가 가득 차면 사람들이 밤새 모래주머니를 쌓았다. 가끔 제방이 상류 쪽에서 밤에 넘칠 때가 있었다. 아침이 되면 육군 엔지니어들이 도시에 부담을 덜기 위해서 다이너마이트로 폭파했다는 루머가 돌았다.

비가 내리고 나면 봄이 와서 열흘쯤 머물렀다. 물이 빠진 들판은 눈부시지만 단명한 녹음(2, 3주 후 불이 붙으면 노랗고 건조해질 것이다)으로 디졸브되고 부동산 사업이 흥하기 시작했다. 그맘때쯤 할머니들은 카멜에 갔다. 그맘때쯤 스탠퍼드나 버클리는 고사하고 스티븐스나 애리조나나 오리건 대학에 떨어진 여자아이들은 호화유람선 루어라인호에 태워져 호놀룰루로 보내졌다. 누가 뉴욕으로 진학한 기억은 없지만 뉴욕에 가본 사촌 하나가(왜 갔었는지는 모르겠다) 로드 앤드 테일러 백화점의 구두 판매원이 "참아줄 수 없이 무례했다"고 말했던 생각은 난다. 뉴욕과 워싱턴과 해외에서 일어나는 일은 새크라멘토의 마음에 아무 영향을 주지 못했다. 어른들 손에 이끌려, 목장주였던 남편을 잃은 아주 늙은 부인을 방문했던 때가 생각난다. 부인은 (새크라멘토에서 인기 있는 대화 방식을 따라) 동세대 누군가의 아들을 회상하고 있었다. "그 존스턴네 아들은 별로 크게 못 됐어." 부인은 그렇게 말했다. 우리 어머니가 뜬금없이 반박했다. 알바 존스턴은 《뉴욕 타임스》하고 일하면서 퓰리처상을 탔다고요. 그러자 부인은 무표정하게 우리를 바라보았다. "새크라멘토에서는 별로 큰 사람이 못 됐다니까."

부인의 목소리가 침된 새크라멘토의 목소리였지만, 그때는 머지않아 다시는 못 듣게 될 줄을 몰랐다. 전쟁이 끝나고 붐이 일어나고 항공공학자의 목소리가 그 땅에서 들리게 되었기 때문이다. 참전 용사 보증금 면제. 저금리 주택담보대출!(당시의 주택 분양 광고 문구다.─옮긴이)

훗날 뉴욕에 살게 되었을 때 나는 일 년에 네댓 번 새크라멘토로 돌아갔고(비행이 편안할수록 왠지 모르게 우울해지곤 했는데, 나 같은 부류는 짐마차로는 죽어도 돌아가지 못했을 거라는 생각이 마음을 무겁게 짓눌렀기 때문이다) 애시당초 떠날 생각이 없었음을 증명하려 애썼다. 적어도 한 가지 측면에서 캘리포니아는─우리가 말하는 캘리포니아는─에덴과 비슷했다. 복된 땅에서 무단이탈한 이들은 당연히 추방당했다는 전제가 깔린다. 마음에 어딘가 도착적인 흠결이 있어 추방당했다고들 생각한다. 아무튼 도너 리드 파티는 죽은 일행을 먹어가며 새크라멘토에 오지 않았던가?

돌아가는 길은 어렵다고 말했지만, 실제로도 어렵다. 감상적인 여행들이 그러듯 평범한 모호성을 확대하기 때문이다. 캘리포니아로 돌아간다는 건 버몬트나 시카고로 돌아가는 것과는 다르다. 버몬트와 시카고는 비교 상수라서 변화를 측정하는 기준이 된다. 하지만 내 유년기의 캘리포니아에서 변함없는 점이라고는 그것이 사라지는 속도뿐이다. 한 예를 들자면, 1948년 성 패트릭 축일(아일랜드에 기독교를 전파한 패트릭 성인을 기념하기 위해 열리는 축제로, 아일랜드 전통 의상을 입거나 패트릭 성인의 상징색인 녹색 옷과 장신구로 치장한다.―옮긴이)에는 어른들 손에 이끌려 '현재 처리 중인' 법안의 입법을 보러 갔다. 정말 울적한 경험이었다. 몇 사람 되지도 않는 주의회 의원들이 초록색 모자를 쓰고 의회 공식 기록에 만담 같은 농담을 남기고 있었다. 아직도 나는 입법자라고 하면 그런 식으로 생각하게 된다. 초록색 모자를 쓰고 있거나 세너터 호텔 베란다에 앉아 부채질을 하면서 아티 새미시가 보낸 사절의 접대를 받고 있는 모습. (새미시는 "주지사는 얼 워런일지 모르지만 입법은 내가 좌지우지한다"라고 말했던 로비스트다.) 사실 이제 세너터 호텔 베란다도 없어졌고―더 세세하게 말하자면 항공사의 티켓 오피스가 되었다―어쨌든 입법부가 전반적으로 세너터 호텔을 저버리고 도시 북쪽의 더 화려한 모텔들을 선호하게 되었다. 추운 새크라멘토 밸리의 밤에 횃불을 밝혀주고 뜨겁게 덥힌 사우나에서 김이 올라오기 때문이다.

지금 그 캘리포니아를 찾기는 어렵거니와, 그중 어디까지가 그저 상상이거나 즉흥적으로 꾸며낸 것이었을까 생각하면 불안해진다. 사람의 기억에서 진짜 기억이 아니라 누구 다른 사람의 기억, 가족 네트워크로 전해 내려오는 이야기들로 구성되어 있는 부분을 깨닫는 일은 울적하다. 예컨대 내게는 금주법이 새크라멘토 주변의 홉 경작사들에게 큰 영향을 미쳤다는 생생한 '기억'이 있다. 우리 가족이 알던 홉 경작자의 여동생이 샌프란시스코에서 밍크코트를 사 가지고 왔는데, 도로 갖다주라는 얘기를 듣고 거실 바닥에 주저앉아 코트를 꼭 껴안고 울고 있었다. 나는 금주법이 폐지되고 일 년 후에 태어났지만 그 장면은 실제 내가 나오는 기억보다도 더 '현실적'인 느낌이다.

집으로 돌아오던 어느 여행길을 기억한다. 뉴욕에서 밤비행기를 혼자 타고 잡지에서 우연히 본 W. S. 머윈의 시를 읽고 또 읽었다. 타국에 오래 살았지만 이제 집에 돌아가야 한다는 걸 아는 한 남자에 대한 시였다.

…하지만 꼭
금세라야 한다. 이미 나는 뜨겁게 옹호한다
두둔할 수 없는 우리 흠결들을 확신하면서
기억을 되살려주면 원망한다, 이미 내 마음에서는
우리 언어는 그 어떤 공통어도 약속할 수 없는

풍요로움을 묵직하게 짊어지고 있는데, 산과

드넓은 강들은, 지상 그 어디와도 다르고

당신도 요점은 파악했을 것이다. 나는 당신에게 진실을 말해주기 원하면서, 벌써 드넓은 강들의 이야기를 해버렸다.

장소에 대한 진실은 손에 잡히지 않고 신중하게 추적해야 한다는 사실이 이제 명확해졌으리라. 내일 새크라멘토에 가면 누군가(내가 아는 사람은 아니겠지만) 저 외곽의 에어로젯 제너럴로 데리고 나가줄지도 모른다. 그곳은, 새크라멘토 말로, "로켓 어쩌고랑 상관이 있다는 데"다. 에어로젯에는 1만 5천 명의 직원이 있는데, 거의 모두 외지에서 유입된 사람들이다. 새크라멘토가 얼마나 문호를 개방하고 있는가 하면, 어느 새크라멘토 변호사의 아내가 내게 말해준 얘기가 있다. 12월을 두 번 거슬러가서 오픈하우스에서 외지인을 본 적이 있는 것 같다고 말이다. ("그렇게 싹싹할 수가 없었어요, 사실." 그 여자는 열렬하게 덧붙여 말했다. "그 사람과 아내가 메리와 앨의 옆집을 샀던가 뭐 그래서, 두 사람은 만난 적이 있대요.") 그래서 에어로젯에 가서 대형 상가 로비에 서면 매주 2, 3천 명의 부품 영업사원들이 자기네 장비를 팔려 애쓰고 있고, 고개를 들면 에어로젯의 인력 현황과 각자의 프로젝트와 위치가 시시각각 게시되는 전자 게시판이 보일 테다.

그러면 바로 얼마 전에 새크라멘토에 갔던 기억이 아득해질 것이다. 미니트맨, 폴라리스, 타이탄, 탄도 미사일 섬광이 번득인다. 커피 테이블은 온통 항공 일정으로 뒤덮여 있고 최첨단이며 외부 세계와 잘 연결되어 있다.

그러나 나는 그곳에서 몇 마일 더 멀리로, 은행에 아직도 '앨릭스 브라운네 은행' 같은 이름이 붙어 있는 소도시들로 당신을 데리고 갈 수 있다. 하나밖에 없는 호텔 식당에 아직도 팔각형 타일 마루가 깔려 있고 먼지 낀 종려나무 화분과 커다란 실링팬이 있고 모든 가게―종자 사업, 하베스터 식당 분점, 호텔, 백화점과 메인 스트리트까지―이름이 하나같이 도시 건설자의 이름을 딴 소도시로 데려가줄 수 있다. 몇 번의 일요일 전에 나는 그 같은, 아니 그보다 작은 소도시에 있었다. 아니, 호텔도 없고 하베스터 식당 분점도 없고 은행도 불타 없어진 강가 마을에 있었다. 친척의 금혼식이었는데 기온이 44도에 달했고 주빈들은 리베카 홀의 글라디올러스를 앞에 두고 등이 똑바른 의자에 앉아 있었다. 거기서 만난 사촌에게 에어로젯 제너럴을 방문한 이야기를 해주었더니, 흥미롭지만 믿을 수 없다는 표정으로 듣고 있었다. 어느 쪽이 진짜 캘리포니아일까? 그게 우리 모두 궁금한 바다.

열린 해석이 불가능한 주제들에 관해 몇 가지 반박 불가능한 명제를 시험해보도록 하자. 새크라멘토는 전형적인 밸리 소도시라고 말하기가 여러모로 어렵지만, 그래도 밸리의 소도시고 그 맥락에서 바라보아야 한다. 로스앤젤레스에서 '밸리'라고 말하면, 대다수 사람들은 샌퍼넌도 밸리를 뜻한다고 생각해버린다. (실제로 어떤 사람들은 워너브라더스를 말하는 줄 안다.) 착오는 금물이다. 우리는 사운드 스테이지(방음장치가 되어 있어 촬영과 녹음이 동시에 이루어지도록 설계된 스튜디오.—옮긴이)와 소규모 목장들이 있는 밸리가 아니라 진짜 계곡, 중심의 계곡, 새크라멘토강과 샌와킨강으로 물이 다 빠져나가서 구렁과 컷오프와 도랑과 델타-멘도타와 프라이언트-컨 운하의 복잡한 네트워크로 관개하는 130만여 헥타르의 땅을 말하고 있다.

　로스앤젤레스에서 100마일(160km) 떨어진 북부, 테하차피 산맥에서 베이커스필드 외곽으로 뚝 떨어지면 남부 캘리포니아를 벗어나 밸리에 들어서게 된다. "고속도로를 보면 그 길이 몇 마일에 걸쳐 똑바로 뻗어, 당신을 덮친다. 가운데 그려진 검은 선으로 당신을 덮치고 또 덮치고 (…) 열기가 하얀 슬래브에서 눈부시게 피어올라 오로지 검은 선만 선명하고, 칭얼거리는 타이어로 당신을 덮쳐온다. 당신이 그 선에서 눈을 떼고 몇 번 심호흡을 하고 뒷목을 세게 철썩 때리지 않는다면 최면에 걸리고 말 것이다."

　작가 로버트 펜 워런이 쓴 글에 나오는 건 다른 길이지만 밸리의 도로, 베이커스필드에서 새크라멘토로 향하는 99

번 국도라 해도 좋겠다. 이 고속도로는 그야말로 곧게 뻗어 있어서 로스앤젤레스에서 새크라멘토까지 비행기를 타고 직선 경로로 날아가면 시야에서 한 번도 99번 국도가 사라지지 않는다. 도로가 가르는 풍경을 보면 숙련되지 못한 눈은 차이를 볼 수 없다. 밸리 출신의 눈은 수 마일에 걸친 목화 묘목들이 흐릿해져 수 미일에 걸친 도마도 묘목으로 바뀌는 지점이나 대규모 기업형 목장들—디조르조 식품재벌의 잔해인 컨 카운티 랜드—이 사라지고 개인 목장(사유 목장일 경우 지평선 멀리 집 한 채와 졸참나무 덤불숲이 보인다)이 나타나는 지점이 어딘지 알아볼 수 있지만, 그런 구분도 멀리서는 의미가 없다. 종일 가도 가도 움직이는 건 태양과 거대한 레인버드 스프링클러뿐이다.

베이커스필드에서 새크라멘토로 99번 국도를 타고 가다 보면 드문드문 소도시가 나온다. 델러노, 툴레어, 프레즈노, 마데라, 머세드, 머데스토, 스톡턴. 몇몇은 이제 상당히 커졌지만 핵심적인 면에서는 다 똑같다. 1층, 2층, 3층 건물들이 요령 없이 배치되어 있어서 W. T. 그랜트 도매점 옆에 상당히 좋아 보이는 원피스 가게 같은 게 있기도 하고 커다란 '뱅크 오브 아메리카'가 멕시코 영화관 맞은편에 있기도 하다. 멕시코 영화관에서는 〈도스 펠리쿨라스〉, 〈빙고 빙고 빙고〉 같은 영화들을 상영한다. 다운타운(현재 밸리의 언어 패턴을 장악하는 '오키'(오클라호마에서 이주한 농장 노동자.—

옮긴이)들의 억양을 따르자면 앞 단어 다운에 강세가 들어간다)을 넘어가면 낡은 목조 가옥들이 몇 블록에 걸쳐 있다. 벗겨져 떨어지는 페인트, 삐걱거리는 산책로, 드문드문 납땜한 호박빛 창문들이 캘리포니아에서만 볼 수 있는 패스트푸드점이나 5분 세차장, 스테이트팜 보험 회사를 내려다보고 있고, 그 너머로 쇼핑센터와 규격형 주택들이 몇 마일씩 펼쳐져 있다. 삼나무 외장에 파스텔 빛깔, 싸구려 건물의 명확한 표식들이 첫 비를 견뎌낸 집들에서 이미 꽃피고 있다. 냉방이 된 차를 타고 99번 국도를 달려가는 이방인(아마 일 때문에 가는 길일 것이다. 99번 도로는 절대로 관광객을 빅서나 산시메온 시티에 데려다주지 않기 때문이다)의 눈에는 이 소도시들이 납작하고 빈곤하다 못해 상상력을 다 뽑아내는 느낌일 것이다. 그 소도시들은 주유소 근처에서 친구들과 어울리며 보내는 저녁과, 드라이브인 극장에 봉인된 동반 자살을 떠올리게 한다.

그러나 기억하라.

Q. 어떤 면에서 성지가 새크라멘토 밸리와 닮았을까요?
A. 농산물의 품종과 다양성에서요.

사실 US 99번 국도는 세계에서 가장 비옥한 집중 경작지를 지난다. 10억 달러 값어치의 곡물이 자라는 야외의 거대한 온실이다. 밸리의 부를 기억하는 순간 이 도시들의 모노크롬 같은 평평함은 묘한 의미를 띠고, 도착적이라고 생각할 수도 있는 마음의 습관을 암시한다. 밸리의 정신에는 냉방 중인 자동차를 탄 이방인에 대한 진정한 무관심을 투사하는 무언가가 있다. 이방인의 생각이나 바람은 물론이고 심지어 그 존재마저 인식하지 않는다. 완강한 단절은 이 소도시들의 봉인이다. 한번은 댈러스의 어떤 여자를 만난 적이 있다. 누구보다 매혹적이고 아름다운 여인은 텍사스의 환대와 과하다 싶은 사교적 예민함에 익숙했다. 그런데 남편이 캘리포니아주 머데스토에 주둔하고 있던 4년간의 전쟁 기간 동안 한 번도 누구네 집에 초대받은 적이 없다고 했다. 새크라멘토에서는 아무도 이 이야기가 놀랍다고 생각지 않을 것이다. ("거기 친척이 없나 보지." 내가 그 얘기를 했더니 누군가 이렇게 대답했다.) 밸리의 소도시들은 서로를 이해하고 괴팍한 영혼을 공유하기 때문이다. 생각도 똑같고 외양도 똑같다. 나야 머데스토와 머세드를 구분하지만 나는 그곳에 놀러가고 댄스파티에도 갔던 사람이다. 게다가 머데스토의 메인 스트리트 위에는 궁형의 표지판이 있는데, 거기 쓰인 글귀는 이러하다.

물—재물
만족—건강

머세드에는 그런 표지판이 없다.

새크라멘토가 밸리의 소도시치고 덜 전형적이라고 앞서 말하기는 했으나 새크라멘토 역시 밸리의 도시다. 다만 더 크고 더 다양하며 강물과 시의회가 있을 뿐이다. 새크라멘토의 참된 성격은 여전히 밸리의 성격이며, 그 미덕은 밸리의 미덕이며, 그 슬픔은 밸리의 슬픔이다. 여름에는 똑같이 덥다. 공기가 은은하게 빛나고 풀이 하얗게 표백되고 블라인드가 종일 내려져 있을 만큼 지독하게 덥고, 8월이 달이 아니라 천형처럼 느껴질 정도로 지독하게 덥다. 똑같이 평평하다. 우리 가족의 목장은 살짝 구릉 진 지대가 있는데, 그래봤자 1피트(30cm) 높이쯤 될 것이다. 그런데 올해로부터 백년을 거슬러 올라간 시점부터 '언덕 목장'이라는 별명이 있었다. (올해는 미래의 구획 택지로 불리지만, 그건 이 이야기에서 따로 해야 할 부분이다.) 무엇보다도, 외부 유입에도 불구하고 새크라멘토는 밸리의 단절된 편협성을 간직하고 있다.

그 단절을 실감하려면 방문객이 신문 두 부 중에서 아무거나 하나만 집어 들면 된다. 조간인 《유니언》이나 석간인 《비》Bee다. 《유니언》은 공화당 성향이고 몹시 궁핍하고 《비》는 민주당 성향이고 강력하지만("밸리는 꿀벌들의 것!" 프레즈노, 머데스토, 새크라멘토의 《비》를 소유한 맥클래치 가문은 예전에는 농업 신문에 "타 언론의 영향력으로부터의 단절"이라는 헤드라인으로 광고했다) 몹시 비슷하게 읽히고 기조 사설 칼럼이 다루는 관심사도 이상하고 희한하며 교훈적이다. 《유니언》은 민주당 성향도 짙고 충성도도 높은 카운티에서 존 버치 학회가 이 지역을 장악할까 봐 주로 조바심을 낸다. 창설자의 유언에 단어 하나 틀림없이 충실한 《비》는 아직도 소위 '권력 드리스드'라는 유팅에 맞서 성선聖戰을 벌인다. 《비》가 1910년 주지사 당선을 도왔던 하이럼 존슨의 그림자. 1924년 《비》가 밸리를 갖다 바친 로버트 라폴레트의 그림자. 새크라멘토의 신문들에는 지금 새크라멘토가 살아가는 방식과 제대로 연결되지 않는 무언가가, 요점에서 두드러지게 엇나간 무언가가 있다. 알고 보니 항공과학자들은 《샌프란시스코 크로니클》을 읽고 있었다.

그러나 새크라멘토의 신문들은 그저 새크라멘토 자체의 별스러운 특성을 반영할 뿐이다. 밸리의 운명, 바로 이제 의미를 잃은 과거에 붙잡혀 꼼짝도 못 한다. 새크라멘토는 농업으로 성장했지만 토지에 더 수지맞는 용도가 있다는 사실을 깨닫고 큰 충격을 받은 소도시다. (상업회의소는 곡물 생산량을 말해줄 테지만 그런 건 신경 쓰지 말라. 중요한 건 감정이다. 옛날 초록색 홉이 자라던 곳은 이제 라치몬트 리비에라 주택 단지가 되고 옛날 휘트니 목장이 이제 3만 3천 호의 주택과 컨트리클럽을 갖춘 복합 단지인 선셋 시티가 되었다는 사실을 알게 되는 마음 말이다.) 새크라멘토는 방위산업과 부재하는 소유주들이 갑자기 가장 중요한 사실로 떠오른 소도시다. 사람도 돈도 많아지는 일이 없다가 '존재 이유'를 잃게 된 소도시다. 가장 견고한 시민들이 스스로 퇴물이 된 느낌을 갖게 된 그런 소도시다. 오래 산 가족들은 자기네들끼리만 만나며 살지만 서로 만나는 일도 예전처럼 잦지 않다. 그네들은 진영을 정비하고 똘똘 뭉쳐 긴 밤을 준비하며 공공 통행로의 권리를 팔고 그 수입으로 산다. 자식들은 끼리끼리 결혼할 테고 브리지를 하며 함께 부동산 사업에 뛰어들 것이다. (새크라멘토에는 다른 사업이 없다. 토지 말고는 다른 현실이 없다. 심지어 나조차, 뉴욕에서 살며 일하고 있던 당시, 캘리포니아 대학교에서 제공하는 도시토지경제학 강의를 통신 수업으로 들어야 한다는 강박을 느꼈다.) 그러나 해빙이 끝난 계절에 밤늦은 시각이 되면 언제나 누군가가 있다. 이곳에 온전히 마음을 붙이지 못하는 줄리언 잉글리시(존 오하라의 소설 『사마라에서의 약속』의 주인공.―옮긴이) 같은 사람이 반드시 있다. 저 바깥 교외로 나가면 항공우주공학자들의 군단이 주둔하고 특유의 젠체하는 언어로 말하고 이방의 꽃을 가꾸며 약속의 땅에 머물 계획을 세우고 있기 때문이다. 그들이 새크라멘토의 새로운 토착민 세대를 양육하게 될 텐데, 그들은 셔터 클럽의 초대를 받지 못해도 전혀, 정말로 전혀 상관하지 않기 때문이다. 그러니 얼음이 다 녹아 사라진 늦은 밤이 되면, 의아해하는 마음이 드는 것이다. 꼭 닫힌 포궁에 한 줄기 바깥 공기가 흘러들고, 어쩌면 셔터 클럽이 '퍼시픽 유니언'이나 '보헤미안'급이 아니라는 암시를 준다. 새크라멘토가 도시가 아니라는 의혹을 심어준다. 그런 자기 의혹에 빠지면 소도시들은 '성격'을 잃는다.

새크라멘토의 이야기를 하나 늘려주고자 한다. 몇 마일 외곽으로 나가면 6천에서 7천 에이커에 달하는 장소가 있는데, 처음에는 외동딸을 둔 목장주의 소유였다. 그 딸은 해외로 나가서 작위가 있는 사람과 결혼했고 아버지는 두 사람에게 거대한 저택을 지어주었다. 음악실, 유리온실, 무도회장이 딸린 집이었다. 손님을 초대하고 대접을 해야 했기 때문에 무도회장이 필요했다. 해외에서 들어온 사람들, 샌프란시스코에서 온 사람들, 파티가 몇 주씩 이어지고 특별열차가 편성되었다. 물론 그들은 오래전 죽은 사람들이지만 외아들은 결혼하지 않고 늙어 아직도 그곳에 산다. 집 안에 사는 건 아니다. 대저택은 이미 거기 없다. 세월이 지나며 방들이 하나씩 하나씩, 동들이 하나씩 하나씩 불타 사라졌다. 거대한 집의 굴뚝만 아직 버텨 서 있고 상속자는 그 그늘에 산다. 까맣게 그을린 땅에 주거용 트레일러를 놓고 살고 있다.

그것이 우리 세대가 아는 이야기다. 다음 세대가 될 항공우주공학자들의 자손은 그 이야기를 아마 알지 못할 것이다. 그 이야기를 누가 해줄 수 있을까? 그네들의 할머니들은 뉴욕주 스카즈데일에 살고 대고모는 만나본 적도 없을 텐데. '옛' 새크라멘토는 그들에게 뭔가 색색의 화려한 이야기, 《선셋》 잡지에 실리는 기사가 될 것이다. 십중팔구 '재개발'이 처음부터 그 장소에서 진행되고 있었고 재미있는 가게와 그림 같은 소방서를 개조한 술집이 있는 강변의 엠바르카데로가 과거의 향취를 그대로 간직하고 있다고 생각할 것이다. 더 소박하던 시절에는 그곳이 프런트 스트리트라고 불렸고(아무튼 여기는 스페인 정착지였으니 말이다) 시내의 부랑자와 교화 대상자와 추수철의 떠돌이 노동자들이 토요일 밤 진창 술에 취하러 오는 곳이었다는 사실을 알아야 할 이유가 그들에게는 없을 것이다. 승리의 삶 선교회, 주님이 구원하신다, 하룻밤 숙박료 25센트, 추수 현황 정보 문의. 그들은 진정한 과거를 잃고 가공된 과거를 얻을 테고, 시 외곽의 7천 에이커 부지에 주거용 트레일러 한 대가 홀로 서 있어야 할 이유를, 전혀, 전혀 알 길이 없을 터이다.

그러나 아마 그들이 중요한 무엇을 놓치게 될 거라는 건, 내 주제넘은 생각인지 모른다. 돌이켜 생각해보면 이건 새크라멘토의 이야기가 아니라 우리가 늙어가면서 잃어버리는 것들, 우리가 깨뜨리는 약속들에 대한 이야기인지도 모른다. 아마 나도 모르게 이 시 속의 마거릿을 머릿속에서 닳도록 돌려보았는지도 모른다.

마거릿, 잃어버린 골든그로브를

떠나지 못하고 슬퍼하고 있니? (⋯)

인간이 태어날 때 예정된 천형이란다

네가 비탄하는 건 마거릿이란다

− 1965 −

낙원에서 보낸 편지, 21°19′ N., 157° 52′ W.
하와이

너무 오래 피곤했고 너무 심하게 쌈꾼 노릇을 했고 너무 자주 편두통과 실패를 무서워했고 낮이 짧아지고 있어서, 말 안 듣는 서른한 살짜리 아이인 나는 하와이로 휙 보내졌다. 겨울이 오지 않고 아무도 실패하지 않고 평균 나이가 스물세 살인 곳. 그곳에서라면 나도 새로운 여자로 태어날 수 있을지 모른다고. 일 년에 백만 달러 판매 달성 인센티브 여행을 온 생명보험 영업사원이 있고, 우애결사단원(프리메이슨의 외부 단체로 친목·보건 활동과 자선 사업을 한다.—옮긴이)과 샌프란시스코 이혼녀들과 돈을 물 쓰듯 하는 비서들과 눈이 번쩍 뜨이는 비키니를 입은 소녀들과 완벽한 파도

를 찾아 헤매는 소년들, 1달러 보증금을 내고 일주일에 2달
러 50센트 할부로 혼다 자동차나 서핑보드를 샀다가 버리
는 태평한 경제관념을 터득한 아이들, 금수저를 물고 태어
난 소년소녀라도 굴뚝청소부처럼 험한 일을 마다하지 않아
야 한다는 얘기를―이를테면 나는 그런 얘기를 듣고 자랐
다. 한 번도 들이보지 못한 아이들이 있는 곳. 나는 도리스
듀크(듀크 대학을 설립한 담배 재벌의 상속녀.―옮긴이)와 헨
리 카이저(현대 미국 조선업의 대부.―옮긴이)의 희망을 영원
히 붙잡아두었던 그 똑같은 태양 아래 누울 작정이었다. 지
난 10년은 없던 세월로 치고 프로즌 다이키리 칵테일을 홀
짝이며 머리에 꽃을 꽂을 작정이었다. 종착역에 다다르면 바
로 너머에 절망의 구렁텅이(존 버니언의 〈천로역정〉에 나오는
알레고리적 지명.―옮긴이)가 아니라 다이아몬드 헤드가 펼
쳐진 광경을 내 눈으로 직접 보고 싶었다.

　　나는 신중한 방문객으로서 갔다. 사랑스럽게 훌라춤을
추는 손들이 들려주는 이야기에 광범한 연구가 필요하다고
믿지 않는다. 하와이어를 들어본 적도 없다. 무엇보다도 특
히 '알로하'는 처음 들어봤는데, 이 단어는 내가 표현하려는
모든 것을 늘 정확히 말해주었다. 경탄할 능력도 별로 없었
고, 기념 셔츠를 입은 중서부 사람들과 무무와 인조 진주를
목에 건 관광객 부인들이나 코닥 훌라 쇼나 선데이 나이트
루아우 같은 관광 쇼나 단정한 교사가 해변의 소녀를 만났

다 따위의 따분한 일담에 또 귀를 기울이며 진부한 얘기를 참아줄 마음도 없었다. 솔직히 털어놓자면 진짜건 복제본이건 낙원을 즐길 마음이 전혀 아니었으니 정확히 어떻게 왜 하와이가 내 마음을 움직이고 감동시키고 슬프게 하고 괴롭히고 내 상상력을 자극하는지, 내가 피카케와 파인애플의 냄새를 잊고 종려나무가 무역풍을 받아 흔들리며 내는 소리를 잊은 지 한참 후에도 아련히 공기 중에 남는 그것이 무엇인지를 당신에게 설명하는 일은 어려울 것이다.

아마 내가 캘리포니아에서 성장했기 때문에, 하와이는 내 판타지에서 중요한 한 자리를 커다랗게 차지했다. 어렸을 때는 캘리포니아 해변에 앉아 하와이를 보고 있다는 상상을 했다. 석양의 은은한 빛, 실눈을 뜨면 간혹 눈에 띄던 잘 보이지도 않는 불규칙성. 이 판타지에서 신기한 공백은, 하와이에 대해 아무것도 몰랐기 때문에 실제로 봐도 하와이의 모습이 어떤지 몰랐을 거라는 점이다. 어린 시절 내 마음에는 아득한 하와이가 세 가지 있었는데, 그 셋 사이의 연결고리는 아무리 봐도 알 수가 없었다.

먼저, 1941년 12월 7일 진주만 공습 당일에 지도에서 처음 본 하와이가 있다. 지도에 꽂힌 파스텔 빛깔의 핀들은 전쟁과, 멀리 떠나는 아버지와, 공군기지 근처에 빌린 객실에서 임시변통으로 축하하는 크리스마스와, 이제 그 무엇도 예전 같지 않을 거라는 생각을 의미했다. 훗날 전쟁이 끝났을 때는 또 다른 하와이가 있었다. 로열 하와이 호텔에서 느긋하게 쉬고 있거나 호화 유람선에서 가족과 함께 내리고 있는 살찐 링컨 머큐리 자동차 딜러들의 신문기사 사진을 통해 알게 된 태평양의 '빅 록 캔디 마운틴'(〈빅 록 캔디 마운틴〉은 부랑자가 생각하는 낙원을 노래하는 포크송.—옮긴이), 니보디 큰 사촌들이 시프보딩(시금보나 소박하던 그 시절에는 그렇게 불렸다. 서프보딩이라고. 그리고 하와이에서만 했다)을 배우며 겨울방학을 보내고 할머니들이 요양하며 〈케알라케콰의 작은 초가집〉 가사를 외우는 곳. 뜬눈으로 침대에 누워서 위층 사람이 그 노래를 부르는 소리를 듣던 밤이 며칠이나 되는지는 기억나지 않지만, 그 하와이와 1941년 12월 7일의 하와이를 연결 지을 수 없었던 건 기억난다.

그리고 언제나 제3의 하와이가 있다. 전쟁과도 요양하는 할머니들과도 무관하고, 오로지 과거와, 그리고 상실과 이어지는 장소다. 내 직계 가족 중에서 마지막으로 하와이에 살았던 사람은 고조부의 아버지였는데 1842년 젊은 선교사로 그곳에서 가르쳤고, 나는 웨스트코스트 지역에서 우리가 하와이를 부르던 명칭대로 '아일랜드'의 삶이 그 후로 퇴락일로를 걸었다고 생각하게 되었다. 고모가 하와이에서 수 세대에 걸쳐 살았던 가문과 결혼했는데도 그곳을 더 이상 방문하지 않게 되었다. "카이저 씨 이후로는 안 간다"고들 했다. 그 건설 사업자가 포트 드 루시 근처 몇 에이커에 달하는 간석지

매립부지에 하와이언 빌리지 호텔을 건축할 때 크레인을 한 번 휘둘러 그들의 유년기와 그 부모들의 유년기까지 싹 쓸어버린 것처럼, 아련하고 흐릿한 기억 속에서, 갑자기 들르는 손님까지 생각해서 밤마다 48명분의 식탁을 차리던 대단한 체리 과수원을 영영 시들게 만든 것처럼, 헨리 카이저라는 사람이 개인적인 악감을 품고 그들을 캘리포니아로 유배 보내 추억의 기념품들 사이에서 살다 죽게 만든 것처럼, 그래서 능소화 꽃과 조각 장식이 달린 궁전풍 의자와 48인용 은제 식기 세트와 릴리우오칼라니 여왕(하와이의 마지막 국왕.—옮긴이)의 것이었던 다이아몬드와 묵직한 리넨을 이제는 사라지고 없는 길고 긴 황금빛 오후들에 수놓고 살아가라고 저주한 것처럼, 우리 가족은 그렇게 말했다.

물론 나이가 들면서 '헨리 카이저'라는 이름에 말 그대로의 무게보다 더 상징적 의미가 실려 있다는 걸 알았지만, 그때도 핵심을 놓치고 단순히 호텔의 증식과 백 달러 저가 항공이 과거의 질서를 어지럽혔다고 상상했고, 내 첫 기억의 하와이를 멀리 치워버렸다. 전쟁을 의미했던 그 하와이는 그저 역사에 일어난 사고라고. 과거가 틀림없는 온화한 목가도 아니고 현재가 틀림없는 한가로운 중산층의 부산한 관광지도 아니니 돌연변이 괴물일 뿐이라고. 그럼으로써 나는 하와이를 완전히 오해했다. 호놀룰루를 감싸고 있는 단 하나의 오라가 있다면, 반짝이는 불빛에 열띤 광휘를 더하고 분홍

색 쌍동선에 가슴 미어지는 부조리를 덧입히고 평범한 낙원
은 비길 수도 없이 상상력을 자극하는 단 하나의 분위기가
있다면, 그건 불가피하게 전쟁의 분위기이기 때문이다.

물론, 우리의 기억으로부터 시작한다.

하와이는 우리의 지브롤터 해협이고, 우리의 채널코스
트라 해도 과언이 아니다. 일 년 내내 맑은 푸른 태평양
의 날씨로 벼려진 눈으로 비행기는 하와이를 중심으로
한 거대한 원형의 바다를 쉽게 감시할 수 있다. 하와이
가 망을 보고 있는 한, 아시아로부터의 기습 공격은 한
마디로 불가능하다는 것이 전문가들의 견해다. 호놀룰
루 근방에 위치한 위대한 펄 하버 해군기지가 우리 것
인 한, 미국의 전함과 잠수함이 태평양에서 극도로 수
월하게 작전을 펼칠 수 있다. 펄 하버는 단연코 세계 최
고, 아니 적어도 세계 최고의 반열에 오르는 해군 요새
다. 펄 하버는 막대한 연료와 식량을 비축하고 있고 강
철이 입을 수 있는 최악의 부상도 치료할 수 있는 거대
한 병원들을 갖추고 있다. 펄 하버 기지는 망망한 태평
양을 통틀어 전함과 병력이 확실히 믿고 의지할 수 있
는 성역이다.

존 W. 밴더쿡,《보그》1941년 1월 1일 기사.

그 사실이 발생하고 25년 후, 이제 매일 오후 밝은 핑크색 관광 유람선이 케왈로 분지를 떠나 펄 하버로 향한다. 처음에는 너절한 축제 분위기가 감돈다. 청명한 날 외유의 설렘이 있다. 승객들은 투어가이드와 숙박시설과 캔리스 숯불구이의 음식에 대한 불평불만을 늘어놓고, 소년들은 유람선들 주위를 헤엄쳐 다니며 동전을 구걸한다. "어이, 멋진 아저씨." 소년들은 외쳐 부른다. "동전 하나만 던져주세요." 가끔 지폐를 던져주는 여자가 있는데 무례한 갈색 몸들이 허공에서 지폐를 낚아채고 자기 기대를 조롱하면 격분하곤 한다. 유람선이 분지를 출발하면 소년들은 뺨이 불룩하게 입 안 가득 동전을 물고 다시 헤엄쳐 돌아오고, 아이들은 차라리 뭍에 남아 있을 걸 그랬다고 입을 삐루퉁하게 내민다. 새로 장만한 꽃무늬 원피스와 며칠 전 받은 레이(꽃으로 엮은 목걸이.— 옮긴이)를 건 여자들은 파파야 주스를 홀짝이며 "이상적인 선물—12월 7일의 그림 이야기"라고 쓰인 소책자를 읽는다.

어쨌든 우리가 익히 들어온 친숙한 이야기다. 심지어 아이들도 잘 아는 이야기다. 당연히 아이들도 영화에서 펄 하버의 존 웨인과 존 가필드를 보았고, 커크 더글러스와 스펜서 트레이시와 밴 존슨이 어째서 오늘 아침에는 히컴 공군기지에서 아무도 응답하지 않는가 의아해하는 모습을 지켜보며 헤아릴 수 없는 오후 시간을 보냈기에, 아무도 가이드의 말을 귀 기울여 듣지 않는다. 네바다호가 좌초한 자리에 사탕수수가 나부낀다. 포드 아일랜드(펄 하버 중심에 있는 작은 섬으로, 해군 요충지였다.—옮긴이)에서는 한가로운 사람의 형체가 퍼팅을 연습한다. 영업권을 지닌 매점은 파파야 주스를 더 열심히 짜낸다. 우리가 무엇을 기억하러 왔는지 기억하기기 어렵다.

그때 어떤 일이 벌어진다. 나는 사반세기가 지난 후 다른 사람들이 어떤 반응을 보이는지 알아보려고 두 번의 오후에 걸쳐 그 밝은 핑크색 유람선을 타고 펄 하버로 갔지만, 애초에 내가 알아내려고 했던 것을 아직도 알지 못한다. 어느 시점에서 내가 울기 시작했고 다른 사람은 안중에도 없어져버렸기 때문이다. 유타호가 수심 50피트(15m)에 가라앉아 있는 자리에서, 물빛이 터키색도 아니고 밝은 파랑색도 아니고 사방이 하버의 회색으로 덮인 그 자리(펄 하버에서 침몰한 전함 탱크에 들어 있던 막대한 양의 기름이 아직도 서서히 새어나오고 있어 근방의 물빛은 회색으로 보인다.—옮긴이)에서 울기 시작해서 핑크색 유람선이 애리조나호를, 아니 우리 눈에 보이는 애리조나호의 잔해(애리조나호 침몰 기념관은 전함의 잔해 바로 위에 지어졌다.—옮긴이)를 떠난 후까지 그치지 못했다. 녹슨 포탑이 회색 물을 가르고, 마스트에는 성조기가 게양되어 있다. 해군은 49개 주에서 온 1,102명의 병력이 승선한 애리조나호가 지금도 임무를 수행하고 있다고 믿기 때문에 마스트에 항시 성조기를 게양하고 있다. 다른 사람들의 반응에 대해 내가 아는 건 들은 이야기뿐이다. 애리조나호에서는 모두가 조용하다는 것.

며칠 전 나보다 겨우 네 살 아래의 누군가가 왜 침몰한 배 한 척에 내가 그토록 감정적으로 좌우되는지 모르겠다고 말했다. 그 친구는 계속 "우리 세대"라고 일컬으며, 우리 세대에 지울 수 없는 흔적을 남긴 결정적인 사건은 펄 하버가 아니라 존 케네디의 암살이라고 했다. 그 사람에게는 우리가 서로 다른 세대에 속한다는 말밖에 하지 못했고 당신에게 하고 싶은 말을 해주지 못했다. 호놀룰루에서 애리조나호보다도 더 조용한 장소, 태평양 국립추모공원에 대한 말. 펀치볼이라는 이름의 사화산 분화구에 매장된 청년들, 그들은 모두 스무 살 같아 보였다. 스물과 열아홉과 열여덟과 가끔은 그만한 나이도 되지 않은 소년들. "새뮤얼 포스터 하먼"이라는 이름이 어느 묘석에 쓰여 있었다. "펜실베이니아. 일병 27차 징집 보충병 5해병사단. 2차 세계대전. 1928년 4월 10일~1945년 3월 25일." 새뮤얼 포스터 하먼은 열일곱 살 생일을 불과 15일 앞두고 이오지마에서 전사했다. 일부는 12월 7일에 죽었고 일부는 에놀라게이(히로시마에 세계 최초의 원자폭탄을 투하한 미육군 항공대의 B-29 폭격기의 애칭.—옮긴이)가 이미 히로시마를 폭격한 후에 죽었다. 일부는 오키나와와 이오지마와 과다카날 상륙작전에서 죽었으며, 일렬로 늘어선 묘석 한 줄은 모두 우리가 이제 기억조차 못 하는 섬의 해변에서 죽었다고 한다. 호놀룰루를 내려다보는 광활한 분화구에는 1만 9천 개의 무덤이 있다.

나는 그곳에 아주 많이 올라갔었다. 분화구 언저리로 걸어가면 도시가 보였다. 와이키키와 하버와 꽉 막힌 통맥 같은 도로가 내려다보였지만, 그 위는 조용했고 비구름으로 들어갈 만큼 고도가 높아 부드러운 안개가 거진 종일 깔려 있었다. 어느 날 오후 한 부부가 와서 1945년 열아홉 살의 나이로 전사한 캘리포니아 소년의 무덤에 플루메리아 레이를 세 개 놓고 갔다. 여자가 마침내 무덤에 내려놓았을 때 레이들은 이미 시들어가고 있었다. 오래도록 거기 서서 손에 쥔 꽃목걸이를 이리저리 비틀고 있었기 때문이다. 대체로 나는 죽음을 아주 초연하게 바라볼 수 있는 편이지만, 열아홉 살에 죽은 소년에 대해 21년이 흐른 뒤 무엇을 추억할 수 있을까에 대해서는 아주 많이 생각하게 된다. 그곳에서 내가 본 다른 사람은 풀을 깎는 인부와 새 무덤을 파는 사람들밖에 없었다. 지금은 베트남에서 유해를 공수해오고 있다. 지난주 그전 주 심지어 지난달에 채워진 무덤에도 아직 묘석이 없고 안개에 얼룩지고 진흙이 튄 플라스틱 신분증들이 있을 뿐이다. 분화구에서도 그 구역의 흙은 새로 갈아엎어 밟아 다져졌지만, 저 높은 비구름 속에서 풀은 빨리 자란다.

분화구에서 내려오면 그리 멀지 않은 데 호텔 스트리트가 있다. 호놀룰루에서는 샌프란시스코의 마켓 스트리트에 해당하는 항구도시의 반짝거리는 밤거리다. 그 주에는 코럴시 항공모함이 호놀룰루에 정박하고 있었고 베트남에서 회복과 요양 목적으로 휴가를 받은 165명의 병사와 오키나와를 경유해 베트남으로 향하는 3,500명의 해병대 병력이 승선하고 있었다. (그들은 재가동된 제5해병사단 소속이었고, 당신이 기억할지 모르지만 열여섯 살의 새뮤얼 포스터 하면 역시 제5사단 소속이었다.) 그 밖에는 펄 하버와 히컴 공군기지와 캠프 H. M. 스미스와 포트 섀프터와 포트 드 루스와 벨로스 공군기지와 카네오헤 해병대 항공기지와 스코필드 배럭스로 배치된 정규 보충병력이 타고 있었고, 조만간 이들은 전원 시내의 호텔 스트리트로 향했다. 언제나 그랬다. 해군은 2차 세계대전이 끝난 후 홍등을 켠 영업장들을 싹 쓸어버렸지만 이 세계의 호텔 스트리트들은 이 전쟁과 저 전쟁을 구분할 수 있을 만큼 크게 변하지 않는다. 머리에 히비스커스 꽃을 단 소녀들이 페니 아케이드와 일본식 당구장과 마사지 스튜디오 앞을 나른하게 서성거린다. "마사지 일할 젊은 여성 구함." 나붙은 광고에는 이렇게 쓰여 있다. "참으로 새롭고 짜릿한 자극." 점성술사들이 꽃무늬 종이 커튼 뒤에 앉아 손톱을 다듬는다. 여장 남자 버라이어티 쇼에 출연하는 소년들은 반짝이는 이브닝드레스를 입고 인도에 서서 담배를 피우며 지나가는 선원들을 슬쩍 바라본다.

　그리고 선원들은 술에 취한다. 호텔 스트리트의 청년들은 모두 스무 살 같아 보였다. 스물과 열아홉과 열여덟의 소년들은 디모인(미국 아이와주의 주도.—옮긴이)을 떠나왔지만 아직 다낭에 도착하지 않았기에 술에 취했다. 택시댄스홀(여자 댄서들이 돈을 받고 남자 고객과 춤을 추어주는 댄스홀.—옮긴이)을 기웃거리고 벌레스크의 섹스 심볼 릴리 센시어와 템페스트 스톰의 사진이 걸려 있는 스트립 댄스홀을 기웃거리다가(릴리 센시어는 캘리포니아에 있고 템페스트 스톰은 볼티모어에 있지만, 무슨 상관인가, 호놀룰루의 토요일 밤에는 다 똑같아 보이는 것을),《선샤인》과《누드》와 사슬에 묶인 여자들이 표지에 나온 문고판을 파는 가게 뒤켠에서 '예술영화'를 보려고 호주머니를 뒤져 25센트 동전들을 건진다. 스냅사진을 라미네이트 코팅한다. 자기 목소리를 녹음하고(안녕, 자기, 나 오늘 밤에는 호놀룰루에 있어) 머리에 히비스커스 꽃을 꽂은 소녀들에게 말을 건다.

　하지만 대체로는 그저 약간 더 심하게 취해서 하와이 무장 순찰대를 피해 도로에서 비틀거리며 서로 문신을 해보라고 부추길 뿐이다. 만용을 부리며 루 노먼드의 문신 가게까지 반 블록이나 더 가야 하는데 미리 셔츠를 찢어발기고, 막상 바늘이 하트나 닻을 살갗에 새기는 동안에는 멍하니 무관심을 가장하며 앉아 있었다. 특별히 열혈이거나 특별히 취한 경우에는 빨간색으로 성흔까지 그려넣어 십자가에 매달린 그리스도를 새긴다. 친구들이 유리 입방체 밖에 옹기종기 모여 빨갛게 물드는 피부를 지켜보고 있는 내내 모퉁이의 컨트리 웨스턴 바에서 흘러나온 〈킹 오브 더 로드〉가 호텔 스트리트까지 울려 퍼졌다. 노래는 바뀌고 소년들은 오고 가지만 루 노먼드의 문신 가게는 같은 자리를 30년째 지키고 있다.

유명한 패배의 현장과 열일곱 살짜리 소년들의 무덤과 항구도시의 번화가에 전쟁의 분위기가 감돈다고 해서 놀랄 일은 아닐지 모른다. 하지만 그 분위기는 이곳에만 머물지 않는다. 전쟁은 하와이에서 삶의 결 자체에 짜여 감정과 경제에 지울 수 없이 고정되었고 과거의 기억뿐 아니라 미래의 비전까지 장악하고 있다. 호놀룰루에서는 어느 지점에서 모든 대화가 전쟁으로 거슬러 올라간다. 사람들은 코파데오로와 스타 재스민이 만발한 마키키 하이츠의 정원에 앉아 펄하버를 내려다보며 술을 한 잔 더 마시고 그 일이 벌어진 날 아침의 이야기를 들려준다. 웨블리 에드워즈가 라디오에 나왔다는 걸 그들은 기억한다. 그날 아침 웨블리 에드워즈가 끝없이 반복해서 하던 말은 "이것은 공습입니다. 대피하십시오. 이것은 **실제상황입니다**"였다. 그 자체로 비범한 말은 아니지만, 그 말을 기억한다는 건 비범한 일이다. 그리고 그들은 차를 몰고 언덕 위로 올라가서 불구경을 하던 사람들을 기억한다. 요즘 쓰나미가 닥쳐올 때 사람들이 그러듯이. 학교 강당에 설치된 임시 병동을 기억하고 나이가 찬 소년들은 총알이 없는 총을 메고 저수조를 지키러 가야 했던 일을 기억한다. 밤 9시 등화관제가 실시된 후 안개를 뚫고 팔리 산을 넘어가러 하던 기억을 뇌살리며 웃고, 아내들이 두꺼운 장화와 커다란 손수건을 YWCA로 가지고 가서 외곽 섬에서 온 소녀들에게 병원 침대 만드는 법을 가르쳐주던 일을 떠올린다. 그때는 와이키키 해변 2마일(3km)에 걸쳐 호텔이 셋밖에 없었다고 한다. 해군을 위한 로열, 언론을 위한 할레쿨라니, 그리고 모아나 호텔. 사실 셋 다 합쳐도 인상이 흐릿해 와이키키에 마지막으로 내려가본 건 1945년, 아니 1946년의 일이었다. "로열은 변한 게 없어." 로열에서 8분 거리에 사는 호놀룰루 사람이 내게 말했다. "할레쿨라니." 또 다른 누군가 방금 그 이름이 깜박이며 기억으로 들어왔다는 듯 말하지만 아직 그 자리에 있는지는 잘 모르겠다고 한다. "거기로 술 마시러 가면 재밌었는데." 그때는 모두 젊었고, 이야기 속에서 어떤 광휘가 그 시절에 젖어든다.

그리고 하와이 매각에 지분이 있는 사람이라면—매각에 지분이 있는데도 아직 모르는 하와이 사람은 이제 거의 없다—하와이의 미래가 이토록 밝은 이유를 설명한다. 처음에는 군대, 다음에는 관광객, 또 보조금으로 운영되는 설탕 사업까지, 고전적인 허위 경제라고 볼 수도 있지만 하와이의 미래가 밝은 이유는 하와이가 태평양의 허브이기 때문이다. 호놀룰루에서는 아슬아슬한 격차로 더 자주 사용되는 표현이 "우리의 멋진 알로하 정신"밖에 없다. 그들은 하와이가 관광 사업으로 봐도 태평양의 허브이며 또—여기서 잠시 말을 끊을 테고, 어쩌면 유리잔을 들어 찬찬히 살펴본 후에 말을 이을지도 모른다. "그리고, 뭐, 솔직히, 사태가 다른 방향으로 가더라도, 그러니까 **상황**이 역전되더라도, 그런 점에서도 우리가 요충지에 있다, 그 말이지요." 그래서 하와이는 역시 태평양의 허브란다. 아마 전쟁의 전망을 말하면서 이런 평정심을 유지하는 곳은 미국 다른 지역 어디에도 없을 것이다.

물론 이유를 제시하거나, 어쨌든 하와이는 한 번의 전쟁을 겪고 살아남았다고 말하거나, 군대의 어휘에 푹 젖어 있고 전쟁 사업에 철저히 헌신하는 지금의 호놀룰루도 전쟁터에 있는 셈이라고 말하기는 쉽다. 그러나 저류는 이보다 깊다. 하와이에서 전쟁을 바라보는 시각은 기묘하게 양면적인데, 인구 분포에서 가장 비중이 큰 구성원들이 무의식적일지언정 전쟁을 선한 기운으로, 사회 발전의 원동력으로 인식하는 탓이다. 물론 사탕수수 봉건주의의 척추를 깨뜨리고, 수축하던 경제와 부동의 사회를 열어젖히고, 불과 한 줌의 가문들이 하와이의 모든 것, 예컨대 쇼핑 장소와 상품 선적법과 섬에 들어오는 사람들과 그 운신 반경과 섬의 폐쇄 시점마저 제 마음대로 주무르던 쾌적하되 강고한 식민주의적 세계를 영원히 박살 낸 건 2차 세계대전이었다.

우리는, 우리 대다수는, 전쟁 전의 하와이에 대한 어떤 이미지를 가지고 있다. '빅파이브'라는 표현도 들어봤고, 하와이에서는 일부 가문이 거액의 돈과 권력을 획득했고 그 돈과 권력을 이주 오래도록 유지했다는 사실도 일반적으로 알고 있다. 하와이 권력의 현실은 우리가 상상한 것보다 더 자명하며 더 교묘하다. 빅파이브 회사들—농업 전문 기업 C. 브루어, 테오 H. 데이비스, 토지개발 회사 아메리칸 팩터스, 식품 회사 캐슬 앤드 쿡, 부동산 겸 농산물 기업 알렉산더 앤드 볼드윈—은 사탕수수 플랜테이션의 수탁매매인으로 시작했다. 결과적으로 플랜테이션 경영인들이었던 셈이다. 세월이 흐르면서 빅파이브 가문들과 소수의 다른 가문이—이를테면 섬에 좌초해 하와이 최초의 철도를 건설한 선원의 후예인 딜링엄 가문이 있다—결혼으로 인연을 맺었고, 서로의 회사에 상임이사가 되었으며, 선박과 보험과 금융 사업에 진출해 본토는 감히 견줄 수도 없는 선의의 과두제를 구성하게 되었다.

거의 반세기에 걸쳐 이처럼 서로 굳게 연결된 이사회가 하와이의 생활 전 분야로 확장했고, 즉각적으로 또 개인적으로 행사할 수 있는 권력을 휘둘렀다. 예를 들어 아메리칸 팩터스는 하와이를 대표하는 백화점 리버티 하우스를 1941년에(그리고 지금도) 소유하고 있었다. 1941년, 시어스, 로벅이 은밀히 중개인을 통해 작업을 펼쳐 호놀룰루 교외에 상가 부지를 매입했다. 시어스는 마침내 백화점을 열었지만, 시어스 회장 로버트 E. 우드가 전용 선박을 따로 사들이겠다고 협박을 한 후에야 가능했다. 캐슬 앤드 쿡과 알렉산더 앤드 볼드윈이 조종하는 맷슨 해운사가 감히 빅파이브 회사와 경쟁관계에 있는 회사의 물품을 운송할 것인가 하는 문제가 상당히 복잡했던 것이다.

그것이 하와이였다. 그런데 2차 세계대전이 터진 것이다. 섬의 청년들은 전쟁에 나갔고 새로운 생각을 가지고 귀향했다. 섬의 반대에도 불구하고 본토의 돈이 유입되었다. 전쟁 이후 고故 월터 딜링엄은 다이아몬드 헤드의 자택에서 내려와 공개 청문회에서 헨리 카이저에게 전쟁 전의 하와이에서 가장 의미심장하게 통용되던 호칭—"방문객"—을 썼지만 방청객 절반은 알아듣지 못했다. 사실보다는 정신적인 면에서 2차 세계대전은 모두를 딜링엄으로 만들었고, 혼자 알아차리지 못하는 하와이 사람이 있다면 정치가와 노조 지도자와 본토의 관찰자들로부터 같은 이야기를 끝없이 듣고 또 들어야 했다.

물론 변화의 정도가 과장되는 경우는 잦았고 그 이유는 가끔은 감상적이고 가끔은 전략적이었지만, 하와이는 이제 과거의 하와이가 아니라는 건 사실이었다. 아직도 호놀룰루에는 '로웰'이 한 사람뿐이고 그 사람은 로웰 딜링엄이다. 여전히 '벤'은 하나뿐이고 그 사람은 로웰의 형제다. 그러나 벤 딜링엄은 1962년 미국 상원에 도전했다가 '니세이'(2세대 일본계 미국인의 별칭.—옮긴이)인 대니얼 이노우에에게 참패를 당했다. (1920년대에는 의회위원회에서 하와이에서 일본인이 투표을이 지조한 이유를 벤 딜링엄의 아버지와 헨리 볼드윈에게 물었다. 그들은 일본인들이 주민등록을 하지 말라는 도쿄의 지령을 받은 것 같다는 대답밖에 내놓지 못했다.) 여전히 호놀룰루 보수파 사이에는 빅파이브가 노조에게 '굴복'했다는 반감이 강하다. 그러나 미합중국 정부를 강압과 폭력으로 전복하도록 가르치는 음모를 꾸민 죄로 스미스 법령에 근거한 유죄판결을 받은 바 있는 국제항만창고 노조의 터프한 리더 잭 홀은 현재 하와이관광청 이사로 재임하며 자원봉사 단체 아웃도어 서클의 숙녀들에게 "사랑스러운 섬 하와이를 보존하고자" 노력해주어 감사하다고 격려하는 입장이 되었다. 그리고 학생 시절 시내 중개사의 말을 따라다니며 받아적던 친 호는 이제 수천억 달러 상당의 부동산 소유주가 되었을 뿐 아니라 벤 딜링엄의 저택 바로 옆, 다이아몬드 헤드에 소재한 중개사의 자택까지 차지했다. "사실은 말이죠." 친 호의 조카가 내게 말해주었다. "열네 살 때부터 그 집을 원했던 것 같아요."

하지만 변화를 가장 선명하게 이해하려면 뭐니 뭐니 해

도 푸나후 스쿨을 찾아가봐야 한다. 이 학교는 선교사들이 "그들의 아이들과 그 아이들의 아이들"을 가르치기 위해 설립했고, 이 목표는 최근까지 다소 직설적으로 해석되었다. 푸나후의 오래된 학교 앨범을 뒤적거려보면 하와이 과두체제를 개략적으로 이해할 수 있다. 똑같은 이름들이 해마다 등장하고, 그 이름들은 호놀룰루에서 그저 '스트리트'라고 불리는 머천트 스트리트에서도 볼 수 있다. 빅파이브 사무실들이 즐비해 하와이 섬의 대다수 업무가 처리되는 교차로에 가보면 비석이나 점잖은 황동색 글씨로 여기저기 새겨져 있기 때문이다. 1881년에는 한 알렉산더가 졸업 연설을 했고 한 딜링엄이 졸업 축시를 썼다. 1882년 졸업식에서는 한 볼드윈이 '중국 이민'에 대한 연설을 했고, 한 알렉산더가 '라보르 입세 볼룹타스'(라틴어로 '노동은 그 자체로 즐거움이다'라는 의미.―옮긴이)를 주제로 연설했으며, 또 한 비숍은 '햇빛'에 대해 말했다. 하와이 최고위층이 이처럼 언제나 백인 과두제와 공존했고 또 결혼의 연을 맺기도 했음에도, 푸나후의 학우들은 그들이 장래에 '밴드에서 연주'할 거라고 상상했다.

푸나후는 여전히 하와이의 파워 엘리트를 위한 학교다. 그건 사실이다. "푸나후에서는 마땅히 이곳에 속한 아이들을 위한 자리를 항상 마련해둘 것이다." 1944년부터 교장으로 재직한 존 폭스 박사는 최근 회보에서 동문에게 장담했다. 그러나 1944년에 1,100명의 재학생 평균 아이큐가 108이었던 반면 현재는 3,400명의 재학생 평균 아이큐는 125에 달한다. 예전에는 입학 등록의 10퍼센트가 동양계였으나 현재는 30퍼센트를 조금 밑돈다. 그리하여 푸나후에 새로 지어진 쿡 도서관은 히람 빙엄 목사의 손자의 손녀가 보관기록 관리를 맡고 있으나 도서관 밖에서는 계단에 흩뿌려진 플루메리아 꽃송이 가운데 팬아메리칸 항공사 가방에 책들을 넣은 어린 중국인 소년들이 앉아 있다.

"존 폭스는 좀 논란의 여지가 있지요, 아시겠지만요." 유서 깊은 가문 출신 동문들은 간혹 이런 말을 할 테지만, 정확히 어떤 점이 논란이 되는지 콕 짚어 말하지 않는다. 하와이가 워낙 열심히 현대의 멜팅팟이라는 이미지를 팔고 있으므로, 인종 간의 관계를 다루는 영역 전체가 대화에서 민감한 주제다. "여기 우리한테 딱히 인종차별이 있었다고는 말하지 않겠어요." 어느 호놀룰루 여인은 요령껏 조심스럽게 설명했다. "그보다는 우리에게 아주 멋진, 멋진 경쟁심이 있었다고 말하겠어요." 또 다른 이는 그저 어깨를 으쓱할 뿐이다. "그냥 그 문제를 긴박하게 다룰 필요가 없었어요. 동양계는―글쎄요, 분별이 있다고 하면 정확한 표현이 아니고, 흑인이나 유태인들과는 다르다고 해야 할까요. 자기네들을 달가워하지 않는 자리에 억지로 밀고 들어오려 하지 않아요."

심지어 섬의 자유주의자라고 하는 사람들이라도 인종

문제를 다루는 이런 태도를 보면, 특히 본토에서 과민했던 지난 몇 년을 겪은 사람이 보기에는 참 신기하기도 하고 차라리 정감이 가도록 무구한 구석이 있다. "사교적으로 중국인들과 친한 사람들도 확실히 있답니다." 한 여자는 내게 말했다. "자기 집에 초대도 하고 그래요. 예를 들어 내 친구 삼촌은 허구한 날 친 호를 집에 불러서 함께 지내요." 이 발언은 어쩐지 "나와 제일 친한 친구들 중에 로스차일드가 있어요"와 비슷하게 들리긴 하지만, 나는 의도를 곡해하지 않고 그대로 받아들였다. 학교 복도를 함께 걸으며 전쟁으로 이루어진 교육 통합의 기적을 내게 설명해주던 교사의 원시적인 진보주의를 말 그대로 받아들였듯이. "보세요." 교사는 갑자기 예쁜 중국 여학생의 팔을 잡고 빙글 돌려 세우더니 나를 똑바로 마주보게 했다. "전쟁 전에는 이런 건 볼 수 없었을 거예요. 저 눈을 보세요."

아무튼 그리하여 하와이라는 독특하고 여전히 본토와 단절된 신화 속에서 전쟁이 불러온 전위는 진보의 약속으로 치환되었다. 그 약속들이 이루어졌는가 여부는 물론 진보가 미덕인지 여부와 마찬가지로 말하는 사람에 따라 달라지겠지만, 어쨌든 하와이의 상상력에서는 전쟁이 중추적 역할을 한다. 정신을 가득 채우는 전쟁, 탄탈로스의 비구름처럼 호놀룰루 상공에 떠 있는 전쟁. 그 이야기를 하는 사람은 많지 않다. 그들은 오아후의 고속도로와 마우이의 콘도미니엄과 세이크리드 폴스의 맥주 깡통들과 호놀룰루를 아예 우회해서 곧장 하와이 섬에 있는 로런스 록펠러의 마우나케아로 가는 편이 나은지를 말한다. (사실 하와이 군도에서 갈 만한 곳을 한 군데 고른다면 마우이나 카우아이나 하와이 어딘가라는 생각이 이제는 워낙 널리 퍼져 당연시되고 있어서 아무리 생각해도 호놀룰루가 다시 새롭게 부상할 일만 남은 것 같다.) 아니면 좀더 미래지향적인 방향으로 흘러가서 소설가 제임스 미치너 같은 수사를 써서 하와이가 얼마나 다인종적인 낙원이며 노조 지도부의 낙원이고 진보적 낙원인지를 말한다. 이곳에서는 과거가 현재와 화해하고 국제항만창고 노조의 잭 홀이 퍼시픽 클럽에서 점심을 먹고 하와이 구세력의 보고라 할 수 있는 비숍 에스테이트가 헨리 카이저와 손을 잡고 코코헤드를 하와이 카이라는 3억 5천만 달러 규모의 개발 사업으로 변모시킨다. 관광산업 종사자라면 백만 관광객 달성의 해(1970)와 2백만 관광객 달성의 해(1980)와 2천 명의 로터리 클럽 회원이 1969년 호놀룰루에서 컨벤션을 연다는 얘기를 하면서 '상품'을 논할 것이다. "우리한테 필요한 게 보고서에 나와 있습니다." 한 여행업 종사자는 내게 말했다. "우리는 상품을 형성하고 다듬는 일에 좀더 세심한 주의를 기울여야 해요." 이 상품은 그들 삶의 터전이다.

호놀룰루 출신으로 야심가 기질이 있다면―이를테면 여

기 산 지 불과 30년밖에 되지 않았다면―'로웰'이라는 이름을 꺼내고 그들이 벌이는 자선 사업 이야기를 할 것이다. 호놀룰루 출신이지만 야심가 기질이 전혀 없다면 부티크를 열고 부동산업에 진출하는 이야기를 할 테고 무무를 입고 맨발로 헨리 카이저의 파티에 나타난 재클린 케네디가 무례를 저질렀는지를 논할 것이다. ("내 말은 사람들이 여기 쉬러 오는 거고 정장을 차려입지는 않는 걸 알지만, 그래도 말이에요….") 그들은 본토에 꽤 자주 가지만 실제로 근황을 정확히 파악할 만큼 자주 가지는 않는다. 그들은 초대하고 초대받고 사람들이 오가는 걸 좋아한다. ("사람들이 없으면 어떻겠어요?" 한 여자가 내게 수사적인 질문을 던졌다. "마치 위스콘신주 러신의 클럽에서 맞는 토요일 밤 같을 거예요.") 그들은 아주 친절하고 아주 열렬하며 너무나 건강과 행복과 희망의 화신처럼 보여서 가끔은 말을 걸기가 어려울 정도다. 그들은 내가 하와이에 온 이유를 이해하지 못할 테고 아마도 내가 앞으로 기억하게 될 것도 이해하지 못하리라는 생각이 든다.

― 1966 ―

태고의 바위

앨커트래즈

앨커트래즈 섬은 현재 꽃으로 뒤덮여 있다. 오렌지색과 노랑색 네스트리움, 제라늄, 스위트그래스, 파란 붓꽃, 노란 데이지. 운동장 콘크리트가 갈라진 틈으로 이베리스가 올라온다. 채송화가 녹슬어가는 보행자 통로에 카펫처럼 깔려 있다. "경고! 들어오지 마시오! 미국 정부 재산." 경고문에는 아직도 이렇게 쓰여 있다. 커다랗고 노랗고 4분의 1마일(400m) 밖에서도 보일 글씨로. 그러나 마지막 서른 명의 수인을 섬밖으로 내보내 유지비가 더 싼 교도소로 이송한 1963년 3월 21일 이후로 그 경고문은 실효가 없어졌고 포탑은 텅 비었으며 감방은 버려졌다. 꽃과 바람과 낑낑 우는 타종 부표와 골든게이트를 지나 치솟아 오르는 조수와 함께 앨커트래즈에 나와 보면 불쾌한 장소는 아니지만, 이런 곳을 좋아하려면 해자가 필요할 것이다.

나는 가끔 그럴 때가 있는데, 이게 바로 여기서 하려는 이야기다. 지금은 세 사람이 앨커트래즈 섬에 살고 있다. 존과 마리 하트는 존이 간수로 일하던 16년 전에 구한 그 아파트에 그대로 살고 있다. 이웃이 버드맨(살인죄로 평생을 감옥에서 보내며 새를 기르고 연구한 죄수.―옮긴이)과 미키 코언(로스앤젤레스를 본거지로 삼은 폭력조직 코언 패밀리의 두목.―옮긴이)이던 옛날에, 두 사람은 섬에서 다섯 아이를 길러냈지만, 버드맨과 미키 코언은 이제 가고 없고 하트 부부의 자식들도 막내가 1966년 6월 결혼식을 올리면서 모두 떠났다. 앨커트래즈에 사는 또 한 사람은 빌 도허티라는 은퇴한 상선 선원이다. 그리고 존 하트와 빌 도허티는 22에이커의 섬을 24시간 감시하는 일을 맡아 미연방조달국에 보고할 의무가 있다. 존 하트는 더피라는 이름의 개를 키우고 빌 도허티는 듀크라는 이름의 개를 키우며, 개들은 일차적으로 훌륭한 반려지만 한편으로 앨커트래즈 섬 방어의 최전방에 서 있다. 마리 하트의 모퉁이 창문에서는 바다 너머로 1마일 반(2.4km) 떨어진 샌프란시스코의 스카이라인이 보이고, 그녀는 그 앞에 앉아서 '풍경'을 그리거나 오르간으로 〈올드 블랙 조〉나 〈플리즈 고 어웨이 앤드 렛 미 슬립〉 같은 노래를 연주한다. 일주일에 한 번 하트 부부는 보트를 타고 샌프란시스코에 가서 우편물을 받고 마리나의 커다란 세이프웨이 식료품점에 가서 장을 보며, 간혹 마리 하트는 아이들을 만나러 섬 밖으로 나들이를 한다. 마리 하트는 전화로 아이들과 연락하는 걸 좋아하지만 일본 화물선이 케이블을 끊은 이후 벌써 10개월째 앨커트래즈에서는 전화가 두절되었다. 아침마다 KGO 교통방송 리포터가 《샌프란시스코 크로니클》을 헬리콥터에서 던져주고, 시간이 나면 커피 한잔 마시러 들른다. 그 밖에 이 섬에 나오는 사람은 토머스 스콧이라는 이름의 미연방조달국 직원뿐이다. 토머스 스콧은 간혹 국회의원이나 앨커트래즈 섬을 매입하길 원하는 거물을 데리고 오거나, 어린 아들과 아내를 데리고 소풍을 온다. 섬을 사기를 원하는 사람은 꽤 많아서 스콧 씨 말로는 비밀 입찰로 5백만 달러를 벌어들일 수 있다고 한다. 그러나 의회가 섬을 '평화공원'으로 변환하는 계류 법안을 처리하지 않는 한, 조달국에서 단독으로 매매를 진행할 권한은 없다. 스콧 씨는 앨커트래즈에서 손을 떼면 기쁠 거라지만, 요새의 섬을 관리하는 권한을 포기할 때는 양가적인 감정이 들 수밖에 없을 것이다.

나는 얼마 전 그와 함께 섬으로 나가보았다. 어떤 아이라도 앨커트래즈보다 훨씬 더 감옥다운 감옥을 상상할 수 있다. 앨커트래즈에서는 철창과 철조망이 형식에 불과한 것,

요점을 벗어난 무의미로 보인다. 섬 자체가 감옥이고 차가운 조수가 장벽이었다. 정확히 사람들이 부르는 별명 그대로였다. 더 록(Rock, 바위). 빌 도허티와 듀크가 우리를 위해 독을 내려주었고, 절벽을 오르는 스테이션왜건 안에서 빌 도허티가 스콧 씨에게 자기가 이미 했거나 앞으로 할 예정인 소소한 보수 작업들 이야기를 했다. 앨커트래즈에서 보수 작업이란 시간을 보내기 위한 일, 말하자면 나무나 고래 뼈를 깎는 선원의 조각이나 다를 바 없다. 정부는 교도소의 보수 비용을 한 푼도 지불하지 않는다. 1963년에는 보수·유지 비용만 5백만 달러에 달했고, 바로 그 이유 때문에 이곳을 버리고 떠나게 되었다. 일 년에 2만 4천 달러로 책정된 현재의 앨커트래즈 관리 비용은 대체로 감시 업무에 들어가고, 일부는 빌 도허티와 하트 부부가 매년 사용하는 40만 갤런의 물을 조달하는 데 사용되며(앨커트래즈에는 물이 한 방울도 나지 않고, 이는 개발에 큰 장애물이다) 나머지는 두 아파트에 난방과 온수를 제공하고 등불을 켜는 데 쓰인다. 교도소 건물들은 말뜻 그대로 버려진 것처럼 보인다. 열쇠로 여는 자물쇠들은 감방 철문에서 뜯겨나갔고 거대한 전기 잠금장치는 전선이 끊어졌다. 카페테리아의 최루가스 분사구는 텅 비어 있고 바닷바람에 풍화된 페인트가 여기저기 뭉텅뭉텅 연록색과 황토색 부스러기로 벗겨져 떨어지고 있다. 나는 B블럭 2열 200호, 깊이 5피트(1.5m) 너비 9피트(3m)의 알 카포

네의 감방 안에 한참 서 있었다. 전망 좋은 방은 입소 순서에 따라 보상으로 주어지는데, 그런 감방은 아니었다. 나는 문을 닫으면 완전한 암흑인 독방을 거닐었다. "달팽이 미첼." 14번 독방 벽에는 연필 낙서가 있었다. "너무 느리게 걸은 죄로 총살당한 유일한 사내." 그 옆에는 달력이 그려져 있었다. 달 이름을 적어 놓고 연필로 하루하루를 지웠다. 숫자 없는 어느 해의 5월, 6월, 7월, 8월.

소속 부서가 앨커트래즈를 잠재적 재산으로 취득한 날부터 교정학에 관심을 갖게 되었다는 스콧 씨는 탈출과 보안 루틴에 대한 이야기를 하며 마 바커(중서부의 범법자들이 미국 전역에 맹위를 떨치던 소위 '공공의 적 시대'에 바커-카피스 갱단을 운영한 갱스터 형제들의 어머니. ─옮긴이)의 아들 닥이 탈출하려다 죽은 해변을 가리켰다. (다시 돌아오라고 경고했으나 닥 바커는 차라리 총살을 당하겠다고 말했고 결국 총살당했다.) 나는 아직 받침대에 비누가 남아 있는 샤워실도 보았다. 누렇게 바랜 부활절 예배문(어찌하여 살아 있는 자를 죽은 자 가운데서 찾느냐? 여기 계시지 않고 살아나셨느니라)을 집어 들고 건반에서 상아칠이 다 썩어 떨어진 업라이트 피아노에서 음표 몇 개를 눌러보며 예전의 교도소 모습을 상상하려 애썼다. 밤새도록 대형 조명등 불빛이 창문에 어른거리고 간수들이 총포류 저장고를 순찰하고 식사를 마치고 매번 숫자를 확인한 후 포대에 넣는 식기류의 짤랑

거리는 소리를 그려보았다. 뭔가 불쾌한 것, 철컹 잠기는 문과 멀어져가는 보트처럼 무시무시한 밤의 공포를 의무감에서 열심히 상상했다. 그러나 사실을 말하자면, 그곳에 나가 있자니 좋았다. 인간의 허영심도 없고 인간의 환상도 깨끗이 떨쳐낸 폐허, 날씨에 돌려준 장소, 바람의 울음소리를 멈추려 한 여인이 오르간을 연주하고 한 노인이 듀크라는 개 한 마리와 공놀이를 하는 곳. 지켜야 할 약속이 있어 돌아왔노라고 말할 수도 있겠지만, 아마 아무도 내게 머물라고 청하지 않았기 때문에 돌아왔을 것이다.

−1967−

절망의 해안

뉴포트 벨뷰 애비뉴

바로 얼마 전에 뉴포트에 갔었다. 한때 부유한 미국인들이 여름을 보냈던 세기말풍의 거대한 석조 '코티지'를 보고 싶어서였다. 그 저택들은 여전히 벨뷰 애비뉴와 클리프 워크를 따라 웅장한 자태를 하나씩 드러낸다. 실크 커튼은 해졌으나 가고일(유럽 기독교 사원 벽이나 처마에 붙어 있던 괴물을 본뜬 석조상.―옮긴이)은 훼손되지 않았고, 그 자체를 넘어선 무언가를 기리는 기념관이 되었다. 확실히 이 저택들은 그 어떤 초절주의(19세기 미국 사상가들이 주장한 이상주의적 관념론에 의한 사상개혁 운동으로 초월주의라고도 한다.― 옮긴이)적 의미를 염두에 두고 지어졌다. 그러나 아무도 내게 그 의미가 무엇인지 명확히 말해주지 않았다. 나는 거대한 여름 별장들이 박물관이라는 약속을 받았고, 그것들이 괴물이라는 경고를 받았다. 그것들이 암시하는 삶의 양식이 도저히 믿을 수 없이 우아하며 동시에 도저히 믿을 수 없이 추하다는 장담을 받았고, 최상류의 부자들은 당신과 나와 다르다고, 그리고 물론 세금도 더 적게 낸다는 얘기를 들었다. '브레이커스'(뉴포트에 있는 밴더빌트 가의 대저택으로, 하얗게 부서지는 파도가 보이는 전망이 인상적이라서 브레이커스, 즉 부서지는 파도라는 뜻의 이름이 붙었다.—옮긴이)가 진짜로 고급스러운 취향은 아니지만, 그래도 나는 **흘러간 크로케 위킷들은 어디에 있을까** 생각하며 상념에 젖고 싶었다. 나는 이디스 워튼을 읽었고 헨리 제임스를 읽었는데, 그 작가들은 이 저택들이 "모멸당한 균형감과 분별의 괴팍하고 어색한 보복"으로서 거기 그 자리에 언제까지나 서 있어야 한다고 믿었다.

그러나 전부 다 요점에서 빗겨나 있다. 세금이며 취향이며 모멸당한 균형감 같은 온갖 말들. 예를 들어 1900년의 리처드 갬브릴 부인과 같은 행보를 걷는다고 하자. 뉴욕 공공도서관을 설계한 건축가를 고용하고 로드아일랜드 해변에 18세기 프랑스풍 샤토를 세우는 계획을 인가하고 헨리 8세가 앤 불린에게 선물로 준 정원을 베껴서 꾸미라고 한 후 그 집을 '버넌 코트'라고 명명한다면, '분별'의 부재라는 죄목과는 멀어지게 되지 않는가 말이다. 여기서는 뭔가 다른 게 작용하고 있다. 그 어떤 미학적 판단도 벨뷰 애비뉴의 뉴포트, 수공 제작한 철문 너머 저 막대한 어리석음에는 적용되지 않는다. 저것들은 자본이라는 종양이 전이된 결과물이고 논리적 극단까지 진행된 산업혁명이며, 저것들이 암시하는 바는 삶이 '편리'해야만 하고 삶을 살아가는 자들은 '행복'해야 한다는 관념이 지극히 최근에 생겨났다는 사실이다.

'행복'은 결국 소비윤리다. 뉴포트는 생산이 윤리적 핵심으로 간주되는 사회, 경제적 과정의 목표는 아니더라도 보상으로 간주되는 사회의 기념비다. 이 장소에는 쾌락 원칙이 부재한다. '브레이커스'나 '마블 하우스'나 '오커 코트'를 건설할 돈, 그것도 뉴포트에 건설할 돈을 가졌다는 것은 그 자체로 다양한 가능성의 부정이다. 그 섬은 물리적으로 추하고, 극단적인 혹독함이라는 유일한 미덕을 제외하면 빈곤하며, 향유하기보다 지배해야 하는 풍경이다. 뉴포트에 널리 퍼진 토피어리 원예는 장소의 정신을 말해준다. 그런데 이 사람들한테 다른 선택지가 없었던 것도 아니다. 윌리엄 랜돌프 허스트는 뉴포트가 아니라 태평양 끝에 집을 지었다. 샌시메온은 온갖 괴상한 취향에도 불구하고 실제로 마법에 걸린 언덕이었다. 황금빛 햇살을 듬뿍 받으며 수영하고, 쾌락의 공기를 마시는 심오하게 낭만적인 장소였다. 그러나 뉴포트에서 공기는 돈의 원천을 선포할 뿐이다. 심지어 드넓은 잔디밭이 햇살에 얼룩지고 분수가 사방으로 물을 내뿜을 때도, 공기 중에는 쾌락과 무관하며 우아한 전통과도 아무 상관이 없는 어떤 분위기가 감돈다. 돈의 어여쁜 쓰임새가 아니라 돈이 창출되는 혹독한 과정의 실감, 광구와 레일과 주조 공장과 터빈과 돼지 배때기의 미래가 바로 옆에 존재한다는 실감이다. 뉴포트에서는 지독하게 끈질긴 돈의 존재감에 내몰려 결국 돈의 적나라한 기원을 생각하게 될 수밖에 없다. '로즈클리프'에 대한 상념은 딸이 뉴포트에 살 수 있게 해주려고 네바다의 산에서 은을 캐내는 빅 짐 페어(채광 기술자 겸 사업가 제임스 그레이엄 페어를 가리킨다. 뉴포트에 자리한 맨션 '로즈클리프'는 그의 딸이 건설했고, 영화 〈위대한 개츠비〉의 촬영지로 유명하다.—옮긴이)의 이미지로 디졸브된다. "저 진입로에 유류트럭이 주차하고 있는 걸 보면 버윈드 노인네가 무덤에서 돌아누울 겁니다." '엘름스' 저택의 분지 정원을 둘러보던 중 한 경비가 말했다. "석탄, 유연탄으로 다 지은 건데요." 그러니까 나뿐 아니라 경비도 마음에 그 생각을 담고 있었던 것이다. 대리석으로 된 여름 별장 밖에서 햇살을 받고 서 있는 그 순간에, 석탄, 유연탄, 역청이라든가 무연탄 같은 말들. 여름의 공상에서 나올 단어들은 아니다.

그런 식으로 뉴포트는 희한하게 서부적이고, 정신적으로도 뉴욕보다는 버지니아 시티에, 보스턴보다는 덴버에 가깝다. 뉴포트에는 주로 프런티어의 특성으로 지목되는 거침

없는 과단성이 있다. 그리고 프런티어처럼 여자들이 끼어들 자리가 별로 없었다. 남자들은 뉴포트에 돈을 지불했고 여자들에게 그곳에 사는 특권을 하사했다. 세브르 비스퀴(비스퀴는 유약을 바르지 않는 맨구이 도자기로, 18세기 세브르의 자기가 비스퀴로 유명하다.―옮긴이) 도자기 세트를 제대로 진열하기 위해 금박으로 상식한 그릇장을 사듯이 여자들을 돋보이게 진열하기 위해 대리석 계단을 살 수도 있는 법이다. 금으로 세선세공한 정자에 앉히면 여자들을 차별된 조명으로 전시할 수 있었다. 프랑스식 거실은 또 다른 세팅이었다. 여자들을 달래고 비위를 맞추고 욕망을 채워주고, 여자들에게 예쁜 방과 워스의 드레스를 준 다음에 스스로 자기 집과 자기 삶의 주인이라고 상상해도 좋다고 허락해주었다. 그러나 협상의 시간이 닥쳐왔을 때 그 자유는 실물과 꼭 닮은 착시화로 밝혀졌다. 그것은 이디스 워튼을, 그리고 자기 뜻과 달리 말버러 공작부인 콘수엘로 밴더빌트(미국의 재력가 밴더빌트 가문의 딸로 스펜서-처칠 가의 9대 말버러 공작과 결혼했으나 사랑이 없는 불행한 삶을 살다가 이혼했다.―옮긴이)를 신경쇠약에 걸리게 만든 베일리 비치의 세계다. 그 저택들은 남자들의 집이고 공장이며, 터널과 철도로 지반이 약화되고 소금물을 집수하는 배관이 관통하며, 저수탱크와 빗물집수장치와 은식기를 보관하는 지하 창고와 자기와 크리스털과 '트레이 깔개 천―고급'과 '트레이 깔개 천—일반'을 아우른 장비 창고를 달고 있다. '엘름스' 저택의 깊은 뱃속 어딘가에는 줄리아 버원드의 침실 두 배 크기의 석탄 창고가 있다. 저택의 기계장치는 욕망이나 취향에 무조건 우선한다. 위대한 열정이나 아침의 변덕으로 공장이 폐쇄되거나 (오찬과 가면무도회와 마롱글라세의) 생산이 느려지는 일은 없다. '브레이커스' 저택의 식당에 서면, 편두통을 호소하며 도망치는 상상을 하게 된다.

그렇다면 뉴포트의 진면모는 교훈적이다. 돈과 행복이 반대항으로 밝혀지는 미국적 도덕극의 환상적인 배경이다. 그런 것을 하필 이런 남자들이 고안해냈다니 기묘하게 극적이지만, 생각해보면 우리 모두 가끔은 자기비판을 하지 않던가. 나로서는 코닐리어스 밴더빌트가 어둑한 무의식의 당구실에 서서 '브레이커스'를 괜히 지어서 제 무덤을 팠다고 생각해본 적이 한 번도 없을 거라 믿기가 어렵다. 그들 모두에게 물어봐도, 철도를 놓거나 콤스톡에서 고순도의 사금을 채굴하거나 감히 경찰을 궁지에 몰아넣을 수 있다고 상상하던 청년 시절이, 그 과거의 세계가 훨씬 더 푸르렀다 할 것이다. 이 사내들은 분명히 이 사회의 누구보다 큰 꿈을 꾸었고 그 꿈을 실현했다. 그런데 그러고 나서 한 일이 고작, 불행과 자유의 제한과 삶이라는 기계장치에 갇힌 운명으로 차근차근 이끄는 생산윤리를 어린아이 밑그림처럼 잘 보여주는 집을 짓는 것이었다니. 이런 면에서 벨뷰 애비뉴의 교훈은 브록 팜(초절주의자들이 만든 실험적·유토피아 공동체.- 옮긴이)의 사상보다 더 심각하게 급진적이다. 뉴포트의 석조 건물에 새겨진 설교문을 못 읽는 사람이 어디 있을까? 철도의 건설이 구원을 보장해준다고 누가 믿을 수 있을까? 철도를 지은 자들의 잔디밭에는 편두통에 시달리는 여자들의 그림자와 오래전 죽은 아이들을 기다리는 포니 마차뿐 아무것도 남지 않았는데.

– 1967 –

소노라주 과이마스

멕시코

로스앤젤레스에는 절벽이 부스러져 파도에 휩쓸릴 정도로
비가 내렸고 아침에 옷을 차려입을 마음도 나지 않아서 우
리는 뜨거운 날씨를 찾아 멕시코 과이마스로 가기로 했다.
청새치를 찾아가지 않았다. 스킨다이빙을 하러 가는 것도
아니었다. 우리는 우리 자신으로부터 벗어나려 했던 거고,
그러려면 드라이브밖에 길이 없었다. 녹음이 우거진 어여쁜
장소들이 빛바래고 어딘가 어려운 장소, 사막을 제외한 그
무엇도 상상력을 흔들지 못할 때, 그럴 때 노갤러스를 지나
쳐 차를 몬다. 사막은, 세상의 모든 사막은 실제로 죽음의 그
림자가 드리운 계곡이다. 사막에서 돌아오면 새로 태어난 알

케스티스(그리스 신화에 등장하는 페라이의 왕 아드메토스의 아내로, 남편 대신 죽음을 맞지만 헤라클레스가 죽음의 신 타나토스와 싸워 되살려낸다.—옮긴이)가 된 기분이 든다. 15번 국도를 타고 노갤러스를 지나면 소노라 사막밖에 아무것도 없다. 메스키트와 방울뱀과 동쪽 하늘에 떠 있는 시에라마드레 산맥 외에는 아무것도 없고, 간간이 북쪽으로 치달리는 페멕스 트럭과 아주 간혹 페로카릴 델 파시피코의 먼지 덮인 풀먼 차량이 지나갈 뿐 인간의 노력일랑 흔적도 찾아볼 수 없다. 마그달레나는 15번 국도상에 있고 다음에 에르모시요가 나오고, 에르미시요는 과이마스에서 불과 85마일(137km) 북부에 있다. 그러나 비행기를 타고 가면 요점을 놓치게 된다. 요점은 열기와 기만적인 시점과 사체死體의 위압적인 감각에 방향감각을 잃고 쭈그러드는 데 있다. 도로는 은은히 빛난다. 눈은 감기고 싶어한다.

그런데 그때, 사막이 유일한 현실이 되는 순간을 막 지나치면, 그 순간 15번 국도는 해안으로 돌아서고 거기 과이마스가 있다. 달 표면처럼 거칠게 툭툭 튀어나온 야산과 섬들을 따스한 캘리포니아만灣이 온통 감싸고 파도가 철썩거린다. 심지어 선인장에도 물이 철썩이고, 물은 신기루처럼 반들반들하고, 항구에 정박한 배들은 불안하게 휘파람을 불며 신음한다. 땅에 좌초되고 길을 잃은 유령 같은 스쿠너(돛대가 2개 이상인 범선.—옮긴이)들이다. 여기가 과이마스다.

소도시로 말하자면 마치 그레이엄 그린이 쓴 소설 같다. 그 늘진 광장의 세공된 퍼걸러(마당이나 평평한 지붕 위에 나무를 얽어 세워서 등나무 같은 덩굴성 식물을 올리도록 만든 시설.—옮긴이)에서는 일요일에 밴드 공연이 벌어지고, 시끌벅적한 새 떼가 있다. 하늘색 타일 돔이 있는 성당은 보수 상태가 엉망이고, 십자가에는 터키 독수리가 한 마리 앉아 있다. 부두에는 소노라산産 면 곤포와 시커먼 구리 농축액들이 산처럼 쌓여 있고, 파나마와 라이베리아의 깃발을 올린 저 멀리 화물선들 위에서는 그리스와 독일의 소년들이 뜨거운 석양을 받으며 그로테스크하고 폐쇄공포증을 유발하는 언덕들과 정적에 휩싸인 소도시를 심드렁하게 응시하고 서있다. 굳이 찾아가기에는 좀 희한한 연옥의 풍광이다.

우리가 정말로 열렬히 자신을 잊고 싶었다면 시내에 묵었을 것이다. 빛바랜 청옥색 셔터가 고장 나 안뜰 쪽으로 열려 있고, 노인들이 문간에 앉아 있고 아무것도 움직이지 않는 호텔에 묵었을 것이다. 그러나 대신 우리는 시 외곽의 플라야 데 코르테스에 투숙했다. 멕시코 전역에 철도가 깔리기 전에 서던 퍼시픽 회사가 지은 크고 오래된 호텔이다. 그 장소 역시 신기루다. 두텁게 회칠한 벽과 어두운 셔터와 원색의 타일이 깔려 아름답고 서늘한 호텔, 새카만 침목으로 만든 테이블, 연한 아플리케 모슬린 커튼, 묵직한 서까래를 빙 둘러 감싸고 있는 옥수수들. 수영장 주위로 후추나무가 자라고 안뜰에는 레몬과 바나나가 자랐다. 음식은 별다를 것 없었지만, 저녁 식사 후에는 테라스의 해먹에 누워 분수 소리와 바닷소리를 들었다. 일주일 동안 우리는 해먹에 누워 있다가 건성으로 낚시를 하고 일찍 잠자리에 들었으며 짙은 갈색으로 탔고 게을러졌다. 남편은 상어 여덟 마리를 잡았 고 나는 해양학 교과서를 읽었으며 우리는 별로 대화를 하지 않았다. 한 주가 끝나갈 무렵이 되자 우리는 무언가 하고 싶어졌지만, 할 일이라고는 오래된 우주 계획의 추적국을 방문하거나 〈서커스 월드〉에 나오는 존 웨인과 클라우디아 카르디날레를 보러 가는 것뿐이어서 이제는 집에 가야 할 때라는 걸 알았다.

−1965−

로스앤젤레스 노트

로스앤젤레스

이날 오후 로스앤젤레스의 대기에는 뭔가 불편한 구석이 있다. 부자연스러운 정적, 어떤 긴장감. 오늘 밤부터 샌타애나(남캘리포니아와 멕시코 북부에 부는 강한 계절풍.—옮긴이)가 불기 시작한다는 뜻이다. 북동쪽에서 불어오는 뜨거운 바람이 우는 소리를 내며 카혼과 샌고르고니오 고개를 지나쳐 66번 국도를 따라 모래바람을 일으키고 산야와 신경줄을 바짝바짝 말려 인화점까지 밀어붙인다. 앞으로 며칠 동안 우리는 협곡에서 피어오르는 연기를 보고 밤에는 사이렌 소리를 듣게 될 것이다. 샌타애나가 불 때가 됐다는 소식은 듣지도 못했고 신문에서 읽은 적도 없지만 나는 안다. 그리고 오늘 내가 만난 거의 모든 사람이 알았다. 우리는 느낌으로 안다. 아기가 보챈다. 가사도우미가 퉁명스러워진다. 나는 전화 회사와의 잦아들던 말다툼에 새삼 불을 붙였다가 괜히 마음만 상해 전화를 끊고 자리에 누워 공기 속에 감도는 기운에 몸을 맡긴다. 샌타애나와 공존한다는 건 의식적으로나 무의식적으로 인간 행동을 보는 심오하게 기계적인 관점을 받아들이는 일이다.

처음 로스앤젤레스에 와서 외딴 해변에 살던 때 들은 이야기가 있다. 나쁜 바람이 불면 인디언들이 바다에 몸을 던진다는 얘기였다. 이유는 짐작할 수 있었다. 샌타애나가 부는 시기에 태평양은 불길하게 번들거리고, 밤에는 올리브 나무 사이에서 비명을 지르는 공작들뿐 아니라 파도조차 없는 섬뜩함 때문에 잠을 설친다. 열기는 초자연적이었다. 하늘에는 누런빛이 감돌았다. 가끔 '지진 날씨'라고 불리는 그런 빛이었다. 하나밖에 없는 내 이웃은 며칠 동안 집 밖 출입을 하지 않고 밤에 불도 켜지 않았으며, 그이의 남편은 손도끼를 들고 주변을 배회했다. 어느 날 그는 내게 침입자 소리를 들었다고 했고, 다음 날은 방울뱀 소리가 들렸다고 했다.

레이먼드 챈들러가 샌타애나에 대해 예전에 쓴 글이 있다. "그런 밤이면 술이 들어가는 파티는 무조건 싸움으로 끝났다. 온순한 아내들은 고기 써는 칼의 날을 만지며 남편의 목덜미를 찬찬히 살폈다. 그 어떤 일이라도 일어날 수 있다."

이 바람이 그런 바람이었다. 그때는 이 바람이 우리 모두에게 미치는 영향을 몰랐지만, 알고 보니 이 역시 민간의 지혜를 과학이 뒷받침하는 사례였다. 치달려 지나치는 협곡의 이름을 딴 샌타애나는, 오스트리아와 스위스의 '푄'이나 이스라엘의 '함신'처럼 푄 바람이다. 끈질기고 사악한 바람은 많이 있고 유명한 것을 꼽자면 프랑스의 미스트랄과 지중해의 시로코를 들 수 있겠지만, 푄 바람은 뚜렷한 특성이 있다. 바람을 받는 산맥의 뒤쪽에서 발생하고, 공기는 차가운 덩어리로 시작했다가 산을 내려오면서 데워져 결국은 뜨겁고 메마른 바람으로 나타난다. 언제 어디서든 푄이 불어오면 의사들은 두통과 구역질과 알레르기와 '불안'과 '우울'의 호소를 듣게 된다. 로스앤젤레스에서는 샌타애나가 부는 기간에는 공식 수업을 하지 않는 교사들도 있다. 아이들이 도저히 다룰 수 없는 지경이 되기 때문이다. 스위스에서는 푄 기간에 자살률이 높아지고 일부 스위스주 법원에서는 계절풍을 범죄의 양형요건으로 인정한다. 외과의사들도 바람을 주의 깊게 살피는데, 푄 기간에는 보통 피가 응고하지 않기 때문이다. 몇 년 전 이스라엘 물리학자가 발견한 사실에 따르면, 바람이 부는 기간뿐 아니라 그보다 10일에서 12일 전부터 양이온의 비율이 음이온에 비해 비정상적으로 높아진다고 한다. 아무도 정확히 그 이유를 모른다. 정전기 운운하는 사람들도 있고 태양의 이상변동을 말하는 사람들도 있다. 아무튼

양이온은 확실히 있고, 불필요하게 과도한 양이온의 작용은, 최대한 간단하게 말해서, 사람들을 불행하게 만든다. 이보다 더 기계적일 수는 없다.

동부 사람들은 흔히, 남부 캘리포니아에는 '날씨'가 없다고 불평한다. 나날과 계절이 거침없이, 무감각하리만큼 밍밍하게 흘러간나고 말한다. 상당히 잘못된 판단이다. 사실 이곳의 기후는 드물지만 격렬한 극단성으로 규정된다. 두 번 무섭게 쏟아지는 아열대의 비가 몇 주에 걸쳐 내리며 야산을 씻어내리고 주택 단지들을 싹 쓸어 바다로 떠내려 보낸다. 일 년에 20일 산발적으로 불어오는 샌타애나는 건조하다 못해 인화성인지라 어김없이 불을 부른다. 처음 샌타애나 예보가 뜨면 삼림청은 북부 캘리포니아의 인력과 장비를 남부 삼림으로 파견하며 로스앤젤레스 소방청은 일상적인 비소방 업무를 취소한다. 샌타애나로 인해 1956년 말리부가 그렇게 불탔고 1961년에는 벨에어가, 1964년에는 샌타바버라가 불길에 휩싸였다. 1966~67년의 겨울에는 샌가브리엘 산맥에 퍼진 샌타애나의 불길과 싸우다가 열한 명이 목숨을 잃었다.

샌타애나 기간에 로스앤젤레스 신문 1면의 뉴스만 봐도 이 장소의 진면목에 근접할 수 있다. 근년에 가장 길었던 샌타애나 기간은 1957년으로, 여느 때의 사나흘이 아니라 무려 14일간 11월 21일에서 12월 4일까지 지속되었다. 첫날만 해도 샌게이브리얼 산맥에서 2만 5천 에이커가 불길에 휩싸였고 강풍은 시속 100마일(160km)에 달했다. 시내에서 바람은 보퍼트 풍력 계급(0~17등급까지 18단계로 바람을 구분해 각 등급에 대응하는 바람의 상태와 풍속을 규정하는 단위.─옮긴이) 기준으로 12등급에 달했는데 이는 허리케인에 준한다. 유정탑들이 바람에 전복되고, 날아다니는 물체에 부상당하는 일이 없도록 거리 통행을 삼가라는 명령이 내려왔다. 11월 22일 샌게이브리얼 산맥의 산불은 통제 불능으로 치달았다. 11월 24일 교통사고로 여섯 명이 숨졌고 주말까지 《로스앤젤레스 타임스》는 교통사고 사망자를 계속 집계했다. 11월 26일 돈 문제로 우울증에 시달리던 패서디나의 유명 변호사가 아내와 두 아들을 쏘아 죽이고 자살했다. 11월 27일 사우스게이트의 스물두 살 이혼녀가 살해당해 달리는 차에서 내던져졌다. 11월 30일 샌게이브리얼 산불은 여전히 통제 불가능이고 시내의 바람은 시속 80마일(130km)로 불었다. 12월의 첫날 네 사람이 폭행으로 숨졌고 3일에 바람이 잦아들기 시작한다.

로스앤젤레스에서 살아보지 않은 사람은 샌타애나가 이 지역의 상상력에 얼마나 뿌리 깊은 영향을 미치는지 실감하기 어렵다. 불타는 도시는 로스앤젤레스가 지닌 가장 근본적인 자아상이다. 너대니얼 웨스트는 『메뚜기의 하루』에서 이 사실을 인지했고 1965년 와츠 폭동(세계대전 종전 후 인권과 평등을 찾아 서해안으로 이주했지만 기대와 달리 계속되는 차별에 좌절하고 낙담한 흑인들이 집단적 분노를 표출한 폭동.—옮긴이) 때도 상상력에 지울 수 없이 새겨진 광경은 불이었다. 며칠 내내 하버 고속도로를 달릴 때마다 불타는 도시가 보였다. 종말이 닥쳐오면 그런 풍광일 줄 우리는 처음부터 알고 있었다. 로스앤젤레스의 날씨는 대재난과 묵시록의 날씨이고, 뉴잉글랜드의 예외 없이 길고 쓰라린 겨울이 삶의 양식을 규정하듯 샌타애나의 폭력과 예측 불가능성이 로스앤젤레스의 삶의 질에 총체적으로 영향을 미치고 덧없는 삶, 믿고 의지할 수 없는 무상함을 강조한다. 바람은 우리가 얼마나 벼랑 끝에 가까운지 보여준다.

2.

"그래서 내가 호출한 거예요, 론." 밤샘 라디오 방송에서 전화 속의 목소리가 말했다. "그저 이 『비서를 위한 섹스』에 나오는 인간—그 여자 이름은 뭔지 모르겠지만요—이 나라의 윤리에 전혀 도움이 되지 않는다는 말 한마디만 하고 싶어요. 한심하지요. 통계가 보여줘요."

"『섹스와 오피스』랍니다." 디스크자키가 말했다. "그게 제목이에요. 헬렌 걸리 브라운(여성지 《코스모폴리탄》 편집장을 거쳐 CEO가 된 베스트셀러 작가.—옮긴이)이 쓴 책이죠. 통계가 뭘 보여준다는 겁니까?"

"그걸 내가 바로 여기 딱 갖고 있을 리가 있나요, 당연히.

하지만 뻔하다니까요."

"그 얘기를 들으면 흥미로울 것 같군요. 건설적으로 갑시다, 부엉이 여러분."

"좋아요. 한 가지 통계를 들어보지요." 이제 반항적으로 변한 예의 목소리가 말했다. "내가 책은 안 읽었을지 모르지만, 유부남과 점심을 먹으러 나가는 걸 추천한다니 이게 무슨 일이죠?"

그런 식으로 자정부터 새벽 5시까지 이어진 방송은, 간간이 레코드를 틀 때와 방울뱀이 헤엄을 칠 수 있는지를 두고 논쟁하는 청취자 연결 통화를 할 때만 끊어지곤 했다. 방울뱀에 관한 잘못된 정보는 로스앤젤레스 불면증 환자들의 상상력을 지배하는 라이트모티프(악극이나 표제음악에서 주요 인물이나 특정한 감정을 상징하며 작품 내에서 여러 번 반복되는 주제동기.—옮긴이)다. 새벽 2시가 가까웠을 때 "저 밖에 타자나 쪽"에서 한 남자가 항의 전화를 했다. "아까 전화했던 밤 부엉이들은, 어, 『회색 플란넬 정장을 입은 남자』라든가 그런 다른 책을 생각했던 것 같습니다." 남자는 말했다. "헬렌은 우리에게 지금 실제로 어떤 일이 벌어지는지 말해주는 몇 안 되는 작가란 말입니다. 휴 헤프너도 있지만, 그 역시, 어, 영역이 다르고, 논란이 되고 있지요."

한 노인은 "개인적으로" 델타-멘도타 운하에서 헤엄치는 방울뱀을 본 적이 있다고 증언한 후, 헬렌 걸리 브라운 문제에 "중재"를 촉구했다. "읽지도 않은 책을 포르노그래피라고 말하려고 전화하면 안 되는 거죠." 노인은 포르-니-오그래피라고 발음하며 불만을 토로했다. "내 말은, 책을 사서 읽어봐요. 한번 기회는 줘봐야지." 원래의 도발자가 다시 전화해 책을 사서 보겠다고 했다. "그러고 나서 태워버릴 거예요." 어자는 덧붙여 말했다.

"책을 잘 태우시나 봐요?" 디스크자키가 서글서글하게 웃었다.

"난 아직도 마녀를 화형에 처하면 좋겠어요." 여자가 씩씩거렸다.

3.

일요일 오후 3시고 기온이 40도고 스모그까지 겹친 공기는 너무 텁텁해서 먼지 낀 종려나무들이 돌연 퍽 매혹적인 신비를 휘감고 우뚝 선 느낌이다. 나는 아기와 스프링클러 물을 맞으며 놀고 있다가 낡은 비키니 수영복 차림으로 차를 타고 선셋 애비뉴와 풀러 가의 교차로에 있는 랠프스 마켓에 간다. 장 보러 가는 옷차림으로 썩 좋지는 않아도 선셋과 풀러 교차로에 있는 랠프스에 갈 때는 그렇게 유별난 옷도 아니다. 그럼에도 면 무무를 입은 덩치 큰 여자가 정육 코너에서 카트를 들이받았다. "슈퍼마켓에 무슨 저런 옷을 입고 온담." 여자는 커다랗게, 하지만 쉰 소리로 말한다. 모두 눈길을 돌리고 나는 비닐 패키지에 든 양갈비를 살펴보는데 여자가 똑같은 말을 되풀이한다. 여자는 상점에서 내가 가는 곳마다 따라다녔다. 어린이 식품 코너, 유제품 코너, 멕시칸 미식 코너. 그리고 틈날 때마다 카트를 들이박았다. 여자의 남편이 여자의 소매를 잡아당긴다. 내가 계산대를 떠나는데 여자가 마지막으로 언성을 높였다. "랠프스에 뭐 저런 옷을 입고 온담." 여자는 말한다.

4.

베벌리힐스의 누구네 집 파티. 핑크색 천막, 오케스트라 두 조, 가르뎅의 이브닝 재킷을 입은 프랑스 공산당 소속 영화감독 한두 사람, 체이슨스 레스토랑에서 시킨 칠리와 햄버거. 어떤 영국 배우의 아내가 테이블에 혼자 앉아 있다. 남편은 여기서 일을 아주 많이 하지만 여자는 캘리포니아를 찾는 일이 드물다. 여자와 약간 안면이 있는 미국인이 테이블로 걸어간다.

"여기서 보다니 정말 반갑군요." 미국인 남자가 말한다.

"그런가요." 배우의 아내가 말한다.

"여기 얼마나 계셨습니까?"

"너무 오래요."

여자는 지나가는 웨이터에게서 새로 술을 받아 남편에게 미소를 짓는다. 그는 춤을 추고 있다.

미국인은 다시 시도한다. 여자의 남편 이야기를 해본다.

"이 영화에서 연기가 훌륭하시다고 들었습니다."

여자는 처음으로 그 미국인을 본다. 그러다 드디어 말을 하는데 단어 하나하나를 똑똑하게 발음한다. "그리고…또… 게이…이기도…하죠." 여자는 기분 좋게 말했다.

5.

로스앤젤레스의 구전 역사는 피아노 건반에 새겨져 있다. 〈문 리버〉, 피아노 연주자는 항상 이 곡을 연주하고, 단골 레퍼토리로는 〈마운틴 그리너리〉, 〈데어 이즈 어 스몰 호텔〉과 〈디스 이즈 낫 더 퍼스트 타임〉도 있다. 여기 사람들은 첫 아내와 마지막 남편에 대해 서로 말하고 이야기한다. "유머를 잃지 말아요"라고 서로 말한다. "여기 이거 진짜 웃겨 죽는다니까." 한 건설 노동자가 10주년 결혼기념일을 혼자서 축하하고 있는 실직한 시나리오 작가에게 말한다. 건설 노동자는 현재 몬테시토의 어느 현장에서 일하고 있다. "몬테시토에 가면 말이죠." 그는 말한다. "1평방마일에 백만장자가 135명 살아요."

"다 썼어요." 작가가 말한다.

"할 얘기가 그것밖에 없어요?"

"오해하지 말아요. 난 샌타바버라가 세상에서—씨발, 세상에서 제일 아름다운 곳이라고 생각하지만, 이 아름다운

장소에는 속에…어…**썩어빠진 것들이** 있단 말이죠. 백만장자
들은 그 썩어빠진 수백만 달러를 먹고 산다 이 말이에요."

"그럼 나한테도 썩은 걸 좀 줘보쇼."

"아니, 아니." 작가가 말한다. "그냥 내 생각이, 백만장자들
은 뭐랄까… 그… 그…탄력성이 결여되어 있다는 말이에요."

취객이 〈더 스위트하트 오브 시그마카이〉를 연주해달라
고 청한다. 피아노 연주자는 그 노래를 모른다고 한다. "피아
노를 어디서 배웠어요?" 취객이 말한다. "난 학위가 두 개 있
어요." 피아노 연주자가 말한다. "하나가 음악교육이지요." 나
는 공중전화로 가서 동전을 넣고 뉴욕의 친구에게 전화를
건다. "어디 있어?" 그가 묻는다. "엔시노의 피아노 바에." 내
가 말한다. "왜?" 그가 묻는다. "그냥." 내가 말한다.

–1965~67–

그 모든 것들에 안녕

뉴욕

바빌론까지 몇 마일일까?

60마일하고도 10마일 더—

촛불을 켜고도 갈 수 있을까?

그럼, 그리고 돌아올 수도 있지—

발이 빠르고 가볍다면

촛불을 켜고도 갈 수 있지.

사물의 시작을 보는 건 쉽고 끝을 보는 건 더 어렵다. 이제는 내 뒷목의 신경이 콱 죄어들 정도로 선명하게 내게 뉴욕이 언제 시작되었는지 볼 수 있지만 끝난 시점은 손가락으로 콕 짚어 말할 수가 없다. 모호한 지점들과 새로운 출발들과 깨어진 다짐들을 가로질러 여주인공이 과거의 낙관주의를 잃은 대목이 몇 페이지에 있는지 찾아서 말할 수가 없다. 처음 뉴욕을 보았을 때 나는 스무 살이었다. 여름철이었고, DC-7 여객기에서 내려 낡은 아이들와일드 임시 터미널로 들어섰다. 새크라멘토에서는 내가 입은 원피스가 굉장히 세련되게 느껴졌지만 벌써부터, 심지어 낡은 아이들와일드 터미널에서도, 덜 세련되다는 느낌이 들었다. 따뜻한 공기에서는 곰팡이 냄새가 났고, 뉴욕과 관련해 내가 본 모든 영화와 내가 들은 모든 노래와 내가 읽은 모든 이야기로 프로그래밍되어 있던 어떤 육감이 앞으로는 모든 게 딴판으로 달라질 거라고 내게 말해주었다. 실제로 그랬다. 그로부터 얼마 후 어퍼 이스트 사이드의 모든 주크박스에서는 같은 노래가 흘러나왔는데 그 노래의 가사는 "하지만 예전의 나였던 여학생은 어디로 갔을까"였고, 충분히 늦은 밤이 되면 나도 같은 의문을 품곤 했다. 이제는 무슨 일에 종사하든 거의 모든 사람이 시차는 있더라도 결국 같은 의문을 품게 된다는 걸 알지만, 스무 살과 스물한 살과 스물두 살의 좋고도 나쁜 축복 중에는 모든 물적 증거가 반대 방향을 가리키는데도 불구하고 이런 일을 겪은 사람은 자기 말고 아무도 없을 거라는 확신이 있다.

물론 어딘가 다른 도시였을 수도 있다. 정황이 달랐더라면 파리나 시카고나 심지어 샌프란시스코였을 수도 있겠지만 지금은 내 얘기를 하는 거니까 여기서는 뉴욕에 대해 말하고 있다. 첫날 밤 시내로 들어가는 버스 차창을 열고 스카이라인을 보려고 눈을 크게 떴지만, 눈에 보이는 건 퀸스의 쓰레기 더미와 미드타운 터널 이쪽 차선이라는 커다란 표지판과 쏟아지는 여름비(심지어 ᄀ마저 놀랍고 이국적으로 보였다. 여름비가 없는 서부에서 방금 왔으니까)뿐이었고, 그 후로 사흘간 나는 에어컨이 1도로 맞춰진 호텔 방에서 담요를 둘러쓰고 앉아서 심한 기침과 고열에 맞서 싸워야 했다. 병원에 간다는 생각조차 하지 못한 건 아는 의사가 한 명도 없었기 때문이고, 프런트에 전화해서 냉방을 꺼달라고 부탁해야겠다는 생각을 한 기억은 확실히 나지만 실제로 전화는 끝내 하지 않았다. 누가 오면 팁을 얼마나 줘야 할지 몰라서였다. 어떻게 사람이 그렇게 어릴 수가 있을까? 누군가 그런 사람이 있었다고 내가 장담한다. 사흘 동안 내가 할 수 있던 일이라곤 이듬해 봄이 오더라도 결혼하지 않을 줄 이미 알고 있던 남자애와의 장거리 통화뿐이었다. 뉴욕에 머물고 싶어, 라고 나는 그에게 말했다. 딱 6개월만, 그리고 내 창문에서 브루클린 브리지가 보여. 사실 그 다리는 트리버러였고 나는 8년간 머물렀다.

돌이켜보면 모든 다리의 이름을 알게 되기 전 그때가 훗날보다 더 행복했던 것처럼 느껴지는데, 이것도 이야기가 진행되면서 뚜렷하게 드러날 것이다. 내가 해주고 싶은 이야기 일부는 뉴욕에서 젊은이로 사는 삶의 진짜 의미다. 어떻게 6개월이 영화에서 거짓말처럼 수월하게 디졸브가 이루어지듯 8년으로 바뀔 수 있는지다. 지금 내게는 그 시절이 딱 그렇게 느껴진다. 감상적인 디졸브와 구식의 눈속임 쇼트들로 이루어진 긴 시퀀스. 시그램 빌딩의 분수가 눈송이들로 디졸브되고 나는 스무 살에 회전문으로 들어갔다가 훨씬 더 나이가 들어서 다른 거리로 나온다. 그러나 뭐니 뭐니 해도, 특히 당신에게, 그리고 그 과정에서 나 자신에게도, 왜 내가 이제는 뉴욕에 살지 않는지 그 이유를 설명하고 싶다. 뉴욕은 아주 돈이 많거나 아주 돈이 없는 사람들을 위한 도시라는 말을 자주 듣게 된다. 그만큼 자주 인구에 회자되는 말은 아니지만, 뉴욕은 또한, 적어도 어딘가 다른 곳에서 온 우리 같은 사람들에게는 아주 젊은 시절만을 위한 도시다.

뉴욕에서의 춥고 반짝이는 12월의 어느 밤, 이 도시에 너무 오래 살았다고 투덜거리는 한 친구를 데리고 파티에 가면서 내가 스물세 살의 영특한 인맥을 자랑하며 "새로운 얼굴들"을 보게 될 거라고 장담했던 기억이 난다. 그 친구는 말 그대로 웃다가 목이 메었고, 나는 택시 창문을 내리고 그 등을 두드려주어야 했다. "새로운 얼굴이라니." 그는 마침내 말했다. "새로운 얼굴 같은 소리 하고 있네." 알고 보니 친구가 지난번에 "새로운 얼굴들"을 약속받고 갔던 파티에는 열다섯 명 정도가 있었는데, 이미 다섯 여자와 잔 적이 있고 두 명을 제외한 남자들한테는 모두 갚을 빚이 있었더라고 했다. 나도 그를 따라 웃었지만, 첫눈이 막 내리기 시작한 데다 커다란 크리스마스트리들이 파크 애비뉴를 따라 내 눈이 닿는 곳까지 노랗고 하얗게 번쩍이고 있는 한, 이야기의 특별한 교훈을 내가 이해하게 될 때까지는 오랜 세월이 남아 있었다.

오랜 세월이 지나야 했던 이유는 아주 단순하게, 내가 뉴욕과 사랑에 빠져 있었기 때문이다. 지금 말하는 '사랑'은 쉽게들 말하는 그런 사랑이 아니다. 나는 그 도시와 사랑에 빠져 있었다. 처음으로 마음을 움직인 사람을 사랑하고 다시는 누구와도 그런 사랑을 하지 못하듯, 그렇게 사랑에 빠져 있었다. 첫 봄 어스름 속에서 62번가를 걸어 건너던 기억이 있다. 아니, 두 번째 봄이었던가, 한동안은 그 계절들이 다 똑같았다. 약속에 늦었는데도 렉싱턴 애비뉴에서 복숭아를 샀고 교차로에 서서 먹으면서 내가 서부를 벗어나 신기루를 잡았다는 실감에 젖었다. 복숭아 맛을 음미하며 지하철에서 불어와 내 다리를 스치는 부드러운 바람을 느꼈고 라일락과 쓰레기와 값비싼 향수 냄새를 맡았다. 조만간 값비싼 대가를 치르리라는 걸 알았지만—내가 그곳에 속한 사람이 아니고 그곳 출신이 아니었기에—스물두 살이나 스물세 살에는 나중엔 감정적 균형도 잘 잡게 되고 어떤 대가라도 치를 수 있게 되리라 믿는다. 그때 나는 여전히 여러 가능성을 믿었고, 오로지 뉴욕에 고유한 그 느낌, 말하자면 다음 순간, 다음 날, 다음 달, 언제라도 뭔가 굉장히 특별한 일이 일어날 거라는 예감을 품고 있었다. 그때는 일주일에 버는 돈이 65달러나 70달러에 불과했고("해티 카네기(뉴욕에 기반을 둔 패션 사업가이자 당시《보그》에 가장 많이 실린 하이패션 디자이너.—옮긴이) 옷 좀 사 입어." 내가 일하던 잡지 편집장은 일말의 아이러니도 없이 이런 조언을 해주었다) 돈이 너무 없어서 어떤 주에는 블루밍데일 백화점 식품 코너에 외상을 달아놓아야 했지만, 이런 얘기는 캘리포니아로 보내는 편지에서는 하지 않았다. 아버지에게는 돈이 필요하다는 얘기를 한 적이 없다. 하지만 말을 했다면 아버지는 돈을 보내주었을 테고, 나는 혼자 해낼 수 있는지 끝까지 알지 못했을 것이다. 그 당시에 생계를 해결하는 일은 내게 게임처럼 느껴졌고, 그 게임에는 자의적이지만 몹시 엄격한 법칙이 있었다. 아주 특수한 겨울 저녁, 이를테면 6시 30분경, 칠십 몇 번가에서 버스를 향해 아주 빨리 걷다가 브라운스톤 저택들의 환하게 밝혀진 창문으로 깔끔한 주방에서 일하는 요리사들과 위층에서 촛불을 켜는 여자들과 그 위층에서 아름다운 아이들이 목욕 시중을 받는 모습을 보게 되는 그런 저녁이 아니라면, 가난하다는 느낌은 들지 않았다. 돈이 필요하면 언제든 벌 수 있다는 느낌이 있었다. '데비 린' 같은 필명으로 십대를 위한 신디케이트 칼럼을 쓸 수도 있고 인도에 금을 밀수할 수도 있고 100달러를 받는 콜걸이 될 수도 있고, 아무래도 아무 상관도 없었다.

돌이킬 수 없는 일은 아무것도 없었다. 손을 뻗으면 무엇이든 가질 수 있었다. 노둥이를 놀 때마다 희한하고 흥미로운 무언가가 나타났다. 내가 본 적도 없고 해본 적도 없고 알지도 못했던 것들이 있었다. 파티에 가면 자칭 '감정에 호소' 씨라고 불러달라면서 '감정에 호소' 연구소를 운영한다는 사람을 만날 수 있었다. 티나 오나시스 블랜드포드(그리스 선박재벌의 딸로 사교계의 유명인사.—옮긴이)나 사우샘프턴-엘모로코(1950년대 카페 소사이어티의 쇠퇴기까지 유명인사와 부자들이 즐겨 찾던 맨해튼의 나이트클럽.—옮긴이) 지역을 '빅 C'라고 부르며 단골로 드나드는 플로리다의 농장주("내가 빅 C에서는 인맥이 꽤 좋아요, 아가씨." 그는 남에게 빌린 광대한 테라스에서 콜라드 그린을 먹으며 내게 말하곤 했다)도 만날 수 있었다. 아니면 할렘 시장의 셀러리 왕 미망인이나 미주리주 본테르의 피아노 세일즈맨을 만날 수도 있고 텍사스 미드랜드에서 두 번이나 큰돈을 벌었다가 다 잃은 누군가를 만날 수도 있었다. 나 자신과 다른 사람들에게 약속을 하고 또 할 수 있었고, 세상에는 그 약속들을 다 지키고도 남을 시간이 있었다. 밤을 꼬박 새고 또 실수를 저질렀지만, 그래도 아무 상관이 없었다.

그러니까 나는 뉴욕에서 희한한 위치에 있었던 셈이다. 거기서는 실제로 생활을 영위한다는 생각을 해본 적이 없다. 상상 속에서 나는 언제나 거기 몇 달만 더, 크리스마스나 부활절까지만, 아니면 5월의 따뜻한 날이 오기 전까지만 머무는 사람이었다. 그런 이유로 남부 사람들과 함께 있을 때가 가장 편했다. 나와 마찬가지로, 어디든 그네들이 소속된 곳으로부터 무한정 연장된 휴가를 떠나온 듯 보였기 때문이다. 미래를 생각하기를 싫어하는 한시적인 망명객들은 뉴올리언스나 멤피스나 리치먼드나, 내 경우에는 캘리포니아로 떠나는 비행기 시각을 항상 알고 있었다. 항상 서랍 속에 비행기 일정을 마련해두고 사는 사람은 살짝 다른 달력에 맞춰 생활한다. 예를 들어 크리스마스는 다른 계절이다. 다른 사람들은 거침없이 크리스마스를 맞는다. 스토(버몬트 주 북부의 소도시.—옮긴이)에 가거나 외국에 가거나 코네티컷의 어머니 댁에 하루 일정으로 다녀온다. 그러나 우리처럼 어딘가 다른 곳에 집이 있다고 생각하는 사람들은 비행기를 예약했다 취소하고, 1940년 리스본을 떠나는 마지막 비행기편을 기다리듯 악천후에 발이 묶인 비행기를 기다리다 결국은 남겨진 사람들끼리 서로 위로하며 유년기의 오렌지와 기념품과 훈제굴 스터핑을 마련해 서로 꼭 붙어서 머나먼 국가로 파병된 제국의 군인들처럼 함께 지내곤 했다.

하긴 그게 바로 우리였다. 뉴욕이, 뉴욕이라는 관념이 서부나 남부 출신의 우리에게 어떤 의미인지를 동부에서 자란 사람이 완전히 이해할 수는 있을지 잘 모르겠다. 동부의 어린이에게, 특히 월 스트리트에 삼촌이 있고 토요일마다 FAO 슈워츠에 가서 수백 달러를 쓰고 베스트에서 구두를 맞추고 빌드모어 시계 밑에서 기다리다가 레스터 라닌(미국의 재즈·팝 밴드 리더.—옮긴이)의 음악에 맞춰 춤을 추던 아이에게 뉴욕은 '최고의' 도시일지 몰라도, 사람이 살 만한 곳, 그저 도시에 불과하다. 그러나 레스터 라닌의 이름을 들어본 사람이 아무도 없고 그랜드 센트럴 스테이션은 토요일 밤의 라디오 프로그램일 뿐이고 월 스트리트와 피프스 애비뉴와 매디슨 애비뉴는 장소가 아니라 추상('돈'과 '하이패션'과 '광고계의 거물')인 곳에서 온 우리에게 뉴욕은 단순한 도시가 아니었다. 무한히 낭만적인 개념이며 사랑과 돈과 권력이 모두 모이는 신비스러운 결체이고 찬란하지만 덧없는 꿈 그 자체였다. 그곳에서 '생활'을 한다는 생각은 경이로운 기적을 세속적인 일상으로 환원하는 일이었다. 이상향에서 '생활'하는 사람이 어디 있단 말인가.

사실 나로서는 뉴욕이 스페인의 에스토릴 같은 꿈같은 피서지가 아니라 진짜 장소라고 생각하는 젊은 여자들을 이해하기가 극도로 어려웠다. 그런 여자애들은 토스터를 사고 아파트에 새 캐비닛을 짜넣고 뭔가 합리적인 미래를 그렸다.

나는 뉴욕에서 가구를 사본 적이 없다. 일 년쯤은 여기저기 다른 사람들의 아파트에서 살았다. 그 후로는 구십몇 번가의 아파트에서 살았는데, 아내와 헤어진 친구의 보관창고에서 빌려온 물건으로만 살림을 채웠다. 그리고 구십몇 번가의 아파트를 떠나면서는(그때는 만사가 파장으로 치닫고 있었고 나는 모든 걸 두고 떠났다) 살림도 모두 그 안에 두고 나왔다. 심지어 겨울 옷가지와 나 자신이 누구인지 잊지 않기 위해 침실 벽에 걸어두었던 새크라멘토 카운티의 지도까지도 놓고 나와서, 75번가의 한 층 전체를 차지하는 방 네 개짜리 수도원 같은 아파트로 들어갔다. "수도원 같다"는 말은 여기서 자칫 시크한 단정함을 의미하는 것으로 곡해할 여지가 있는데, 결혼해서 남편이 가구를 들여오기 전까지 이 방 네 개에 있는 살림이라고는, 이사 가기로 결심한 날 전화로 주문한 싸구려 더블 매트리스와 박스 스프링과 가구를 수입하는 친구가 내게 빌려준 프랑스제 정원용 의자 두 개밖에 없었다. (지금 생각해보니 뉴욕에서 내가 알고 지내던 사람들은 희한하고 자기모순적인 부업을 하나씩 하고 있었다. 해머커 슐레머에서 그리 잘 팔리지 않는 외제 정원용 의자를 수입하거나 할렘에서 머리 펴는 기구를 홍보하려 하거나 일요일판 신문에 머더 인코퍼레이티드(1930~40년대의 주요 범죄 집단들이 연합해 운영하던 살인청부 조직.—옮긴이)의 비화를 폭로하는 기사를 대리로 써주었다. 아마 우리 중 아무도 아주 진지

하지 않았고, 우리의 가장 사적인 삶에만 몰두해 있었던 것 같다.)

그 아파트에 내가 했던 일은 딱 하나, 침실 창문을 가로질러 50야드의 극적인 노란색 실크를 걸었던 것뿐이다. 황금빛 햇살이 들어오면 기분이 좋아질 거라는 막연한 생각이 들었기 때문인데, 실제로는 커튼이 묵직하게 늘어지도록 제대로 추를 달지 않아서 여름 내내 길고 투명한 황금빛 실크가 창밖으로 날려 서로 뒤엉키고 오후의 폭풍우에 흠뻑 젖곤 했다. 바로 그해, 내가 스물여덟 살이 되던 해, 나는 모든 약속이 지켜지지는 않을 것이고 어떤 일들은 실제로 돌이킬 수 없으며 모든 회피와 모든 태만과 모든 실수와 모든 말, 모든 것들이 결과적으로는 중요했음을 서서히 깨닫게 되었다.

모두 그것으로 귀결되지 않는가? 약속들? 요즘 내게 뉴욕의 기억은 섬광 같은 환시로 돌아온다. 그 환시들은 임상적으로 세세해서 가끔은 기억이 흔히 만들어낸다는 왜곡이라도 있기를 바랄 정도다. 내가 뉴욕에 있었던 시기에는 아주 오랫동안 플뢰르 드 로카이유라는 향수를 쓰다가 레르 뒤 탕을 쓰기 시작했는데, 아주 흐릿한 자취라도 그 둘 중 하나의 향을 맡게 되면 그날은 연상이 끝없이 꼬리에 꼬리를 문다. 헨리 벤델의 재스민 비누나 게를 삶는 특정 혼합 향료의 향기 역시 맡기만 하면 그대로 과거로 내던져지

고 만다. 옛날에 쇼핑을 하던 80번가의 체코 식당에는 나무
통에 가득한 삶은 게 요리가 있었다. 물론 냄새는 기억을 자
극하기로 원래 악명이 높지만, 마찬가지로 내게 영향을 미치
는 다른 것들도 있다. 파랑과 흰색의 스트라이프 시트. 베르
무트 카시스(블랙커런트로 담근 리큐어 카시스를, 포도주에
향료를 넣어 우린 술인 베르무트에 혼합한 칵테일.—옮긴이).
1959년이나 1960년에는 새것이었던 빛바랜 나이트가운 몇
벌과 비슷한 시기에 샀던 시폰 스카프들.

뉴욕에서 젊었던 우리 중 많은 이들이 머릿속의 영화관
에 똑같은 장면들을 담고 있을 것이다. 나는 새벽 5시쯤 약
간의 두통과 함께 수없이 많은 아파트에 앉아 있던 기억이
있다. 잠을 이루지 못하는 친구가 있었는데 그 친구가 똑같
이 불면증에 시달리는 다른 몇 사람과 친해서 우리는 하늘
색이 연해지는 광경을 지켜보고 마지막 술을 얼음 없이 마
신 후 이른 새벽 빛 속에서 집으로 돌아갔다. 거리는 깨끗하
고 젖어 있었고(밤새도록 비가 내렸던가? 우리는 전혀 몰랐
다) 길거리를 다니는 택시 몇 대는 여전히 전조등을 켜고 있
었고 색이라곤 신호등의 빨강과 초록뿐이었다. 화이트로즈
바는 아침에 아주 일찍 문을 열었다. 우주인이 우주로 날아
가는 광경을 보려고 그중 한 군데에서 줄을 섰던 기억이 난
다. 어찌나 오래 기다렸는지 실제로 발사가 이루어진 순간
내 눈길이 고정된 곳은 텔레비전 스크린이 아니라 타일 바

닥의 바퀴벌레였다. 나는 동틀 무렵 워싱턴 스퀘어 위로 드리워져 있던 앙상한 가지들이 좋았고, 세컨드 애비뉴의 모노크롬 같은 단조로움이 좋았고, 화재용 비상계단과 철창이 내려진 상점들이 독특하고 텅 비어서 좋았다.

한잠도 자지 않고 아침 6시 반이나 7시에 싸운다는 건 상대적으로 어려운 일이었다. 그러고 보면 그것도 우리가 밤을 꼬박 샌 한 가지 이유였던 것 같다. 꼭두새벽이 내게는 쾌적한 시간대로 느껴졌다. 구십몇 번가의 아파트 창문은 굳게 셔터가 내려져 있었고, 나는 몇 시간 더 자고 출근할 수 있었다. 그때는 두세 시간만 자고도 촉 풀 오브 넛츠에서 산 원두커피 한 통만 있으면 얼마든지 일할 수 있었다. 나는 출근이 좋았고, 잡지를 내놓는 부드럽고 만족스러운 리듬이 좋았고, 4색쇄와 2색쇄와 흑백쇄로 질서정연하게 진행하는 과정이 좋았다. 추상이라고는 없이 편안하게 반짝이며 신문 가판대에서 집어 들거나 손으로 들어볼 수 있는 '제품'이 좋았다. 나는 교정쇄와 레이아웃의 온갖 세세한 사항이 좋았고 잡지가 인쇄되는 날 늦게까지 야근하는 게 좋았으며, 앉아서 《버라이어티》를 읽으며 편집장의 전화를 기다리는 게 좋았다. 사무실에서는 도시 저편에 뮤추얼 오브 뉴욕 빌딩의 날씨 신호가 보였다. 록펠러 플라자 위에 "타임"과 "라이프"라는 글자를 교대로 표시하는 불빛을 보면 막연하게 기분이 좋아지곤 했다. 그리고 초여름날 저녁 연보라색으로 젖은 8시에 업타운으로 걸어가며 구경하는 것도 좋았다. 57번가 진열창으로 보이는 로스터프 튜린 그릇, 턱시도와 이브닝 드레스를 입고 택시를 잡는 사람들, 이제 막 잎이 무성해진 나무들, 부드럽게 빛나는 공기, 돈과 여름의 그 모든 달콤한 약속들.

몇 년이 지나도 뉴욕을 감싼 그 경이로운 느낌은 여전히 사라지지 않았다. 나는 뉴욕의 외로움을 사랑하기 시작했다. 언제 어느 때라도 내가 어디 있는지 무슨 일을 하고 있었는지 아무도 알 필요가 없다는 느낌 말이다. 걷는 게 좋았다. 싸늘한 날에는 이스트 리버에서 허드슨 강까지 갔다가 돌아왔고 따뜻한 날에는 빌리지까지 내려가서 돌아다녔다. 웨스트 빌리지에 사는 친구는 시외로 나갈 때마다 나를 위해 아파트 열쇠를 남겨두었고, 그냥 그곳으로 이사를 가버리고 싶을 때도 가끔 있었다. 그때쯤은 전화기가 내 신경을 긁기 시작했고(보다시피 장미꽃은 이미 벌레 먹기 시작했던 거다) 그 번호를 알고 있는 사람은 몇 안 되었기 때문이다. 웨스트 빌리지의 번호를 아는 누군가가 점심을 같이 먹자며 찾아온 날이 기억난다. 우리 둘 다 숙취에 시달렸고 나는 맥주를 따주려다 손을 베어 울음을 터뜨렸다. 우리는 같이 스페인 식당으로 걸어가 속이 좀 나아질 때까지 블러디 메리와 가스파초(토마토와 야채를 갈아 만드는 스페인의 차가운 수프.—옮긴이)를 마셨다. 그때는 오후를 그렇게 보내도 죄책

324

감에 괴로워하지 않았는데, 내겐 아직 세상의 모든 오후가 남아 있었기 때문이다.

그리고 게임이 후반부에 접어들었을 때도 나는 여전히 파티에 가는 걸 좋아했다. 모든 파티, 나쁜 파티, 최근 결혼해 스타이비선트에 사는 부부가 여는 토요일 오후의 파티, 아직 출판하지 못했거나 실패한 작가들이 싸구려 레드와인을 주고 과달라하라에 가는 얘기를 하는 웨스트사이드의 파티, 손님들이 모두 광고 회사에서 일하고 민주당 개혁파에 투표하는 빌리지의 파티, 최악의 파티인 사디스 레스토랑에서의 출판 기념 파티. 당신도 이제쯤은 내가 타인의 경험에서 배움을 얻는 사람이 아니라는 걸 알았을 것이다. 정말로 아주 오랜 시간이 흐른 뒤에야 새로운 얼굴을 믿지 않게 되었고 그날의 교훈을 이해하기 시작했다. 축제에 너무 늦게까지 머무른다는 건 얼마든지 가능한 일이었다.

언제 그 점을 이해하기 시작했는지는 말해줄 수 없다. 내가 아는 건 스물여덟 살 때가 아주 나빴다는 사실뿐이다. 내가 듣는 말마다 이미 들은 적이 있었고, 더는 차마 들어줄 수가 없었다. 그랜드 센트럴 근처의 작은 술집에 앉아서, 누군가 코네티컷행 기차를 놓쳐가면서 아내가 도우미를 제대로 다루지 못한다며 불평하는 소리를 듣기도 싫었다. 다른 사람들이 출판사에서 받은 선인세 얘기도, 필라델피아에서 새삼스럽게 골치를 썩이는 연극 얘기도, 가서 만나보면 내가 아주 좋아할 거라는 사람들 얘기도 아무 관심이 없어졌다. 만나보면 어김없이, 이미 다 아는 사람이었다. 도시에서 피해 다녀야 할 지역도 생겼다. 나는 평일 아침의 매디슨 애비뉴를 참을 수가 없었다. (당시 내가 매디슨에서 20미터도 안 되는 거리에서 살고 있었기 때문에 특히 피해 다니는 게 불편했다.) 요크셔테리어를 산책시키며 그리스테드 슈퍼마켓에서 쇼핑하는 여자들을 보면 목에서 뭔가 베블런 효과(재화의 가격이 오르는데도 특권층의 과시욕이나 허영심 등으로 인해 수요가 줄어들지 않는 현상.—옮긴이)처럼 울컥하는 마음이 올라왔기 때문이다. 오후에 타임스 스퀘어에 가지 않았고 뉴욕 공공 도서관은 이유를 막론하고 피했다. 어느 날은 슈라프트 레스토랑에 들어가지지가 않는가 하면 다음 날은 본윗 텔러 백화점이 싫었다.

나는 아끼는 사람들에게 상처를 주고 관심 없는 사람들을 모욕했다. 누구보다 나와 가까웠던 지인과 절연했다. 우는 때와 안 우는 때가 분간이 가지 않을 정도로 울었고, 엘리베이터에서도 택시에서도 중국식 세탁소에서도 울었다. 병원에 갔더니 의사는 내가 우울증에 걸린 것 같다면서 '전문가'를 찾아가야 한다고만 말했다. 의사는 정신과 의사의 이름과 주소를 적어주었지만 나는 가지 않았다.

대신 나는 결혼을 했고, 사실 아주 잘한 일이었지만 타이밍은 나빴다. 여전히 아침에 어퍼 매디슨 애비뉴를 걸을 수 없었고 사람들과 대화를 나눌 수 없었고 중국식 세탁소에서 울었기 때문이다. 그전에는 '절망'의 의미를 이해하지 못했고 지금도 이해한다고 말할 수 있는지 모르겠지만, 그해에는 이해했다. 물론 일도 못 했다. 심지어 조금이라도 확신을 갖고 저녁을 할 수노 없었다. 남편이 사무실에서 전화를 걸어 부드러운 목소리로 내가 저녁을 할 필요가 없다고, 마이클스 펍이나 툿츠 쇼어스나 사디스 이스트로 밥 먹으러 나오라고 말할 때까지, 75번가의 아파트에 아무것도 못 하고 앉아 있기만 했다. 그리고 5월의 어느 날 아침(우리는 1월에 결혼했다) 남편은 내게 전화해 뉴욕에서 한동안 멀리 떠나 있고 싶다고, 6개월 정도 휴가를 내고 우리 같이 어디론가 가자고 말했다.

그이가 내게 그 말을 한 건 3년 전이었는데, 우리는 그 후로 로스앤젤레스에 살았다. 우리가 아는 많은 뉴욕 사람들이 이상한 기벽이라고 생각하고, 우리에게도 그렇게 말했다. 그러면 할 수 있는 대꾸도 적절한 답도 없어서 우리는 그냥 누구나 하는 틀에 박힌 답을 한다. 우리가 지금 뉴욕의 생활비를 "감당하는" 게 얼마나 어려운지 모른다고, 우리한테 "공간"이 더 필요하다고 뭐 그런 얘기를 한다. 사실 내가 진짜로 하고 싶은 말은 뉴욕에서는 내가 아주 젊었는데 어느 시점에서 황금의 리듬이 깨어졌고 이제 나는 젊지 않다는 이야기다. 마지막으로 뉴욕에 갔을 때는 추운 1월이었고 모두들 아프고 피곤했다. 내가 거기서 알던 사람 여럿이 댈러스로 이사 가거나 알코올 중독 치료를 하러 가거나 뉴햄프셔의 농장을 샀다. 우리는 열흘 머물렀고 오후 비행기를 타고 로스앤젤레스로 돌아왔다. 그날 밤 공항에서 집으로 가는 길에는 태평양 위에 뜬 달이 보였고 사방에서 재스민 향기가 풍겨서 우리는 둘 다 뉴욕에 여전히 갖고 있던 아파트를 유지할 필요가 없어졌다는 걸 알았다. 내가 로스앤젤레스를 '코스트'라고 부르던 세월이 있었지만 이제는 아주아주 오래전처럼 느껴졌다.

－1967－

감사의 말

「키스가 끊이지 않는 곳」은 "그저 학교에서 비폭력을 옹호하는 사람들"이라는 제목으로 《뉴욕 타임스 매거진》에 처음 실렸다. 「노트 쓰기」와 「캘리포니아의 딸이 쓰는 단상」은 《홀리데이》에 실렸다. 「마음속에서 그 괴물을 떨칠 수가 없어」와 「도덕성에 관하여」는 《아메리칸 스칼러》를 통해 첫선을 보였고, 후자는 "양심이라는 음험한 윤리"라는 제하에 실렸다. 「자존감에 관하여」와 「소노라주 과이마스」는 《보그》에 처음 게재되었다. 「로스앤젤레스 노트」의 일부 대목은 《새터데이 이브닝 포스트》에 "샌타애나"라는 제목으로 실린 글이다. 나머지 에세이는 모두 원래 《새터데이 이브닝 포스트》에 기고했고, 몇 편은 다른 제목으로 발표되었다. 「황금빛 꿈을 꾸는 사람들」은 「남은 게 아무것도 없다는 말을 어떻게 해」였다. 「로메인 스트리트 7000번지, 로스앤젤레스 38」의 원제는 "하워드 휴스 언더그라운드"였다. 「낙원에서 보낸 편지, 21° 19′ N., 157° 52′ W.」는 「하와이: 펄 하버를 굽어보는 위령의 나팔 소리」였고, 「그 모든 것들에 안녕」은 「마법에 걸린 도시에 고하는 작별인사」였다.

필자는 여러 에세이의 재수록을 허락해준 모든 매체에 감사의 마음을 전한다.

혼돈의 무의미에 맞서는 글쓰기의 힘

1.

중심이 버티지 못하고 있었다.

― 「베들레헴을 향해 웅크리다」 중에서

1967년 미국은 베트남에 세계 역사상 최악의 폭격을 퍼부었다. 이스라엘은 팔레스타인을 침공했고 6일 전쟁이 발발했다. 비틀스는 앨범 《서전트 페퍼스 론리 하츠 클럽 밴드》를 발표했다. 우주로 향하던 조종사들이 미처 발사도 하지 못한 로켓 속에 갇혀 화재로 몰살당하는 참사가 벌어졌다. 조앤 디디온은 히피 현상을 취재하기 위해 '사랑의 여름'을 앞두고 조용히 열기를 응집하고 있던 샌프란시스코의 헤이트 애시베리로 향했다. 그리고 반문화 취재의 한 획을 그은 뉴 저널리즘의 걸작 「베들레헴을 향해 웅크리다」를 썼다. 기사는 이듬해인 1968년에 활자화되었다. 기사에 대한 즉각적인 반응은 크지 않았으나 시간이 갈수록 '사실'이 아니라 '진실'에 초점을 맞춘 새로운 저널리즘 스타일은 혁신적 가치를 인정받았다.

《새터데이 이브닝 포스트》는 2017년에 '사랑의 여름' 50주년을 기념해 1967년 9월 실었던 기사 전문을 다시 실었다. 원 기사와 함께 실린 그 유명한 커버 사진도 함께 실었다. 이 흑백사진에서는 딜러로 보이는 한 남자가 등을 돌린 히피 무리에서 혼자 뒤돌아보고 있다. 그 남자의 시선을 받으며 살짝 미소 띤 얼굴로 카메라를 똑바로 바라보고 선 디디온은 서른셋 제 나이에 비해 앳되고 아주 작아 보인다. 게다가 주변과 전혀 어울리지 않는 너무나도 이질적인 패션을 고수하고 있다. 세련된 스카프에 바버 재킷, 착한 학생처럼 하얀 스타킹에 단정한 메리제인 구두. 이상한 나라에서 길을 잃은 소녀 앨리스를 연상시키는 그 이미지는 충격적인 현실을 담담하게 써 내려간 기사만큼이나 큰 화제를 불러일으켰다.

작가로서, 또 셀럽으로서 디디온의 명성 또한 늘 이처럼 기묘하게 이질적인 요소들의 공존에 기대어 구축되었다. 패셔너블한 부잣집 아가씨의 이미지와, 거친 갈등과 참혹한 고통의 현장을 누비는 노련한 기자의 커리어. 수줍고 상처받기 쉬운 소녀 같은 여린 페르소나와 무정하리만큼 써늘하고 예리한 문체. 군더더기라고는 없는 간결한 문장과 서슴없이 정곡을 찌르는 킬러 본능, 그러나 단단한 표면 아래 흐르는 억눌린 애상. 객관적 묘사를 표방한 외연과 충돌하는, 냉소와 불안으로 점철된 주관성. 우아함, 세련됨, 뉘앙스, 아이러니, 그리고 이른바 "과거에 '한 성격 한다'고 말해진 어떤 자질." 이 모든 것들이 어우러져 대체 불가능한 브랜드, 작가와 예술가들이 선망하는 작가, 문체와 분위기와 작가관을 아우르는 의미에서 이른바 '스타일'의 창시자, 마치 소설처럼 읽히는 뉴저널리즘의 기수로서 영어권 저널리즘의 트렌드를 영원히 변화시킨 '조앤 디디온'을 이룬다.*

2.

삶은 빨리 변한다.
삶은 한순간에 변한다.

---

* 조앤 디디온의 세공된 문체와 날카로운 비판적 지성은 영미권의 문단에서 헤아릴 수 없는 추종자를 양산했다. 그레타 거윅, 미치코 가쿠타니 등 디디온의 팬을 자처하는 명사들도 지금까지 줄을 잇는다. 그러나 디디온이 오늘날까지 영미권 문단에 행사하는 압도적인 영향력을 역설적으로 훌륭하게 보여주는 글은 2017년 《가디언》에 실린 「디디온을 향해 웅크리다」라는 기사라고 생각한다. 이 글은 '디디온풍'(Didion-esque), '디디온 같은'(Didion-like), '디디온스러운'(Didion-ish)과 같은 형용사가 "백인 여성 작가가 쓴 통찰력 있는 글"을 일컫는 찬사로 통용되는 현실을 비판하며 "맹목적으로 디디온을 숭상하는 문단의 관행"이 출판계의 문화적 다양성을 저해하고 있다고 지적했다.

저녁 식탁에 앉으면 당신이 아는 세상이 끝난다.

자기연민의 문제.

— 『마술적 사유의 한 해』 중에서

조앤 디디온은 정확히 2018년 가을부터 조용한 부슬비처럼 내게 차근차근 스몄다. 공교롭게도 두 해가 넘도록 책에서 책으로 이어지는 인연이 이어졌다. 유달리 그 무렵이 또렷이 기억난다. 당시 내가 골몰하고 있던 화두는 사별 이후의 생존이었다. 재난 같은 사별을 연달아 겪고 살아남은 삶을 그린 패티 스미스의 『M 트레인』(2016)을 번역하고 난 후 뇌리를 떠나지 않는 질문이 있었다. 삶이 딛고 선 초석 같은 사람들이 문득 사라질 때, 우리는 무슨 힘으로 여생을 살아갈까. 그때 찾은 책이 디디온의 『푸른 밤』(2012)이다.

딸 퀸타나 루의 투병과 죽음을 다룬 『푸른 밤』에서 디디온은 하루의 햇빛이 갑작스레 끝나기 직전, 거짓말처럼 하늘이 특별한 푸른 빛으로 빛나는, 비현실적으로 아름다운 캘리포니아의 기상 현상에 집중한다. 죽음이 아니라 마지막으로 불타오르는 삶을 집요하게 돌이켜 기억한다. 다 끝나버린 절망의 어둠이 아니라 다시 돌아오지 않을, 덧없이 찬란한 푸른빛의 아름다움에 기억의 책을 바친다.

꾹꾹 눌러 담아 고요한 결정으로 뭉친 듯 응축된 감정의 빛과 질감에 매료된 나는 디디온이 쓴 또 다른 사별의 기록을 홀린 듯 찾아 읽었다. 그 책이 2006년에 "상실"이라는 제목으로 번역되어 출간되었으나 이제는 절판된 『마술적 사유의 한 해』(The Year of Magical Thinking)다. 2005년 전미도서협회상을 수상하고 전미비평가협회상과 퓰리처상 최종 후보에 오른 이 회고록에서, 디디온은 남편의 돌연한 죽음에 반응하는 자신의 심리를 면밀하게 회상하고 기술한다. 디디온의 남편인 작가 존 그레고리 던은 공교롭게도 딸이 중환자실에 누워 사경을 헤매고 있을 때 함께 병문안을 마치고 돌아와 앉은 저녁 식탁에서 심장마비로 쓰러져 숨을 거두었다. 충격적인 사별 이후, 디디온은 일 년이 넘는 시간 동안 상실에 반응하는 자신의 내면을 들여다보며 시시각각 현실을 부정하거나 비합리적인 환상에 빠지려는 비탄의 끈질긴 심리적 회피 기제를 관찰했다. 이른바 '마술적 사유'였다.

똑같이 상실과 애도를 다루고 있으나 이 책의 결은 『푸른 밤』과 사뭇 달랐다. 꾸밈이 하나도 없는 간결한 문장들이, 디디온의 자아가 회피하려 애쓰던 비극적 진실을 모루로 내리치듯 가차 없이 때려 박는다. "삶은 한순간에 변한다. 저녁 식탁에 앉으면 당신이 아는 세상이 끝난다." 디디온의 '글 쓰는' 자아는 비합리적인 현실 회피의 몽상에 빠진 '비탄하는' 자아를 외과의처럼 관찰하고 치료를 위해 고통스러운 수술을 감행한다. 비탄은 병명이며, 절제해야 할 종양의 이름은 '마술적 사유'의 저변에 깔린 '자기연민'이라는 듯이.

디디온은 70세에 『마술적 사유의 한 해』를 썼고 무려 77세에 『푸른 밤』을 출간했다. 디디온의 노년은 패티 스미스의 노년처럼, 아니 불운하게도 사랑하는 이들보다 오래 산 무수한 다른 이들의 노년과 마찬가지로, 삶의 의미를 찾는 트라우마 생존자의 실존적 사투다. 압도적으로 덮쳐오는 밤, 인간의 힘으로 옮길 수도 지울 수도 없는 슬픔, 절대적인 상실감. 맞서 싸울 수 있는 유일한 무기는 "말이 되는 적절한 어휘들을 찾아내는" 글쓰기의 노력뿐이다. 디디온에게 '마음을 추스른다'(compose oneself)는 것은 말 그대로의 의미로 '자기 자신을 작문으로 쓴다', 혹은 '글로 구성한다'는 행위로 가능하다. 하지만 꿈쩍도 하지 않는 무거운 슬픔 앞에서는 글쓰기마저 부전에 빠져 무기력하다. "적정한 어휘, 적절한 사고, 어휘들이 말이 되게끔 해주는 맥락, 리듬, 음악 그 자체를 불러내지 못하는 이 새로운 무능력이 (…) 이 새로운 무능력이 체계적인 것"일지도 모른다는 공포가 닥친다. 가족을 잃은 압도적 상실감이 디디온을 작가로서 마비시킨다. 평생 자아의 정체성을 지탱한 단 하나의 능력, 즉 "말이 되는 적절한 어휘"를 찾아내는 능력마저 상실할 위험 앞에 선다.

하지만 그때 나는 여전히 그것이 디디온에게 정말 얼마나 크나큰 공포였는지, 아니 무엇보다 얼마나 '생경한' 공포였는지 알지 못했다. 삶을 설명할 수 있는 어휘와 맥락이 사라진다는 것, 그것도 '자기연민'과 '감상성'에 압도당해 무력

화될 수 있다는 가능성. 그 생각이 다른 사람은 몰라도 디디온에게 얼마나 무참하고 고통스러운 실패를 뜻하는지 깨달을 기회는 조금 나중에, 『베들레헴을 향해 웅크리다』를 번역하는 행운으로 찾아왔다.

3.

글 쓰는 사람은 언제나 누군가를 팔아넘기고 있다.
─『베들레헴을 향해 웅크리다』 「서문」 중에서

『마술적 사유의 한 해』를 읽고 있던 무렵, 또 한 권의 의미 깊은 번역 작업과 연이 닿았다. 공교롭게도 조앤 디디온이 마지막 결론의 챕터를 장식하는 사상비평서였다. 여성에게 온정주의와 감상적 접근을 요구하는 사회적 기대와 달리, 그 누구보다 냉정하고 강인한 태도로 현실을 직시한 20세기 여성 지성인들을 다룬 『터프 이너프』(2019)다. 시몬 베유, 한나 아렌트, 수전 손택, 메리 매카시, 다이앤 아버스와 조앤 디디온을 나란히 거론하는 이 책의 가히 지난한 번역 작업을 거치며 디디온을 조금 더 깊이 알게 되었다.

　저자 데보라 넬슨에 따르면 디디온은 자기연민을 항상 자기망상과 짝지었다고 한다. 이 한 쌍의 어휘는 나쁜 정치

학과 나쁜 글쓰기를 정당화하는 도덕적 흠결이며, 디디온에게는 결국 같은 말이다. 자기연민과 자기망상으로 얼룩진 감상성은 스타일의 문제가 아니다. 자아를 달래주는 동시에 마비시키는 도덕적으로 파산한 체계다. 가감 없는 현실 인식과 투철한 정직성은 디디온 문체의 기조일 뿐 아니라 작가 윤리의 근간이다. 그리고『베들레헴을 향해 웅크리다』의 그 유명한 서문, "글 쓰는 사람은 언제나 누군가를 팔아넘기고 있다"는 선언은, 그 현실 인식과 정직한 반성이 비난하기 쉬운 타인이 아니라 자기 자신을 제일 먼저 향한다는 원칙의 약속이고 또한 실천이다.

《보그》에 입사해 처음 쓴 기명 칼럼「자존감에 관하여」는 패션 잡지의 악명 높은 마감을 위해 허둥지둥 쓴 소품이라고 하지만, 거창한 사회 현상이 아니라 일상의 마음가짐을 다룰 때조차 작가로서 디디온이 얼마나 용감하게 정직한지를 훌륭하게 보여준다. "착한 몸가짐과 단정한 머리와 스탠포드-비네 지능검사에서 입증된 학업 능력"이라는 토템의 힘을 안쓰럽게 신봉하고 "그딴 미심쩍은 부적들"에 자존감을 박제하던 과거를 고해하며 시작하는 이 글에서 디디온은 "여러 진부한 사기극 중에서도 자기기만이 가장 어려운 속임수"라고 말한다. "타인은 어쨌든 속이기 쉽"기에 "남들에게 먹히는 눈속임은 조명이 훤히 밝혀진 뒷골목에서 이루어지는 자신과의 밀회에 쓸모가 없다." 말하자면 디디온의 자존감은 타고난 것도 아니고, 무조건 자신을 달래고 칭찬하는 자기망상의 소산도 아니다. 칼 같은 윤리의식으로 쟁취하고 갈고닦고 지킨 자랑스러운 포상인 셈이다.

이 불타협의 정직성이 구체적인 현실을 언어로 포착하는 비범한 능력과 결합해 혼돈의 세계상을 서사적으로 파악하고 지직으로 실서를 부여하고자 하는 강력한 사명감으로 변한다. 여기서 '진실'은 두루뭉술한 보편의 이름으로 엄연히 차이가 있는 여러 시간과 공간을 함부로 묶고 아우르지 않는다. 디디온의 정직한 '진실'은 아주 특정한 시간, 아주 특정한 공간에서 발현하는 현상에만 적용된다. 시대성은 말할 것도 없고 장소성 또한 불가결하다. 진실은 오로지 특수한 지역성을 전제로 할 때만 의미 있다. 도너 파티의 역사를 품은 캘리포니아의 금욕적 태평함, 청춘의 파티장 뉴욕, 맥락과 사회로부터 실종된 아이들의 샌프란시스코, '격식'을 꿈꾸며 '키치'와 타협하는 서글프고 추레한 낭만의 라스베이거스, 그리고 "화려하게, 현란하게, 독보적으로 비사회적인" 반영웅 하워드 휴스의 할리우드, 전쟁의 상흔을 품은 자본주의의 관광지 하와이, 수형자들이 사라진 앨커트래즈.《뉴요커》가 "지난 60년간을 통틀어 가장 독보적인 영향력을 행사한 에세이 선집"이라고 추앙한 이 책에 실린 모든 글은 특정한 시간과 공간의 디테일한 구체성을 차곡차곡 쌓아 올려지은 지극히 '로컬'한 글이고 그렇기에 지금 여기, 2021년의 대한민국에서도 그 '진실'이 힘을 잃지 않는다.

4.

거대한 청소년 군단이 명령 대신 단어가 떨어지기를
기다리고 있다.

— 「베들레헴을 향해 웅크리다」 중에서

"적절한 어휘를 찾아내는 능력"의 상실이 특별히 디디온에
게 뼈아픈 일이고 생경한 비극이라는 걸, 이 책을 번역하면
서 비로소 깨닫게 되었다고 앞에서 말했다. 『베들레헴을 향
해 웅크리다』의 다양한 글들을 하나로 묶는 문제의식이 있
다면, 바로 미국에 팽배한 반지성주의, 즉 적절한 어휘를 찾
아낼 능력의 부재이기 때문이다.

이 아이들은 (…) 사회에 반항한다기보다는 사회를 아
예 모른다. 그저 이 사회에서 가장 널리 홍보된 내재적
의혹에 피드백을 할 줄만 안다. 베트남, 비닐 랩, 다이어
트 알약, 원폭.
아이들은 정확히 주어진 대로 피드백을 한다. 단어를
믿지 않기 때문에—체스터 앤더슨은 단어란 "먹물"용

이라고 아이들에게 말한다. 단어가 필요한 생각은 역시 잘난 척에 불과하다고—이 아이들이 유창하게 구사하는 유일한 어휘는 이 사회의 진부한 표현들이다. 사실 나는 독자적으로 사유하는 능력은 언어의 통달에 달려 있다는 생각을 아직도 몸 바쳐 믿고 있기에, 어머니의 이미지가 함께 살지 않는다는 말을 할 때 "결손가정" 출신이라는 표현에 만족하는 아이들의 미래를 낙관하지 않는다. (…) 거대한 청소년 군단이 명령 대신 단어가 떨어지기를 기다리고 있다.

「베들레헴을 향해 웅크리다」의 놀라운 결론은 이러하다. 우리에게 익숙한, 경찰에게 꽃을 나눠주는 이미지로 유명한 '꽃의 아이들'의 이미지, 조앤 바에즈나 마마스 앤드 파파스의 포크송으로 그려지는 히피의 낭만적 초상은 산산이 깨어진다. 실제로 조앤 바에즈를 다룬 「키스가 끊이지 않는 곳」만 보아도, 소위 이 '반문화 운동가'들의 모호한 감상주의와 얄팍한 지성에 대한 회의가 삐딱한 아이러니로 뾰족하게 드러나 있다. "수정 눈물"로 표현된 바에즈의 감상적 선의는 비판적 지성의 토대를 찾지 못했기에 현실적으로 안타깝게 무력하다. 감상적 공감대의 형성에 탁월한 재능을 지닌 예술가 바에즈가 자신이 원하는 바를 정확히 파악하지 못하고 정치적·금전적·종교적 이해관계를 지닌 제3자에게 휘둘리는 건 아닌지, 불안한 의혹마저 깔려 있다. 이처럼 미국의 반지성주의를 바라보는 씁쓸한 눈길은 「황금의 땅 라이프스타일」, 「키스가 끊이지 않는 곳」, 「미국 공산당 중앙위원회 소속의 라스키 동지」, 「로메인 스트리트 7000번지」, 「캘리포니아 드리밍」, 「결혼이라는 부조리극」 등, 1부에 실린 모든 글을 관통하는 화두다. 디디온은 반문화에서 새로운 문화의 가능성을 보고 싶어하지만 보지 못한 것 같다. 오히려 사회적·문화적·지성적 진공 상태에서 뭔가 공동체를 만들어보려는 무지한 아이들의 안쓰러운 노력을 보았다. LSD와 애시드에 절어 환각과 망상으로 하루하루 흘려보내는 아이들이 또 아이들을 낳아 유치원에 다닐 나이의 아이들에게 애시드를 주고 목숨이 위험한 상황에 몰아넣는다. 디디온은 이런 모습을 바라보며, 미국 사회에서 의미 있는 방향을 지시할 "어휘"를 내려주는 데 실패했기 때문에, 그리하여 한 세대가 "독자적으로 사유하는 능력"을 잃었기 때문에, 그들은 다 같이 길을 잃었다고 진단한다. 미국 대중문화의 멜로드라마를 내면화한 루실 밀러에게도, 수정 눈물을 흘리는 조앤 바에즈에게도, 라스키 동지에게도, 라스베이거스로 몰려드는 청춘들에게도, 민주주의연구소의 후원자들에게도 어휘는 없었다. "미국 사회가 원자화되는 증거, 만물이 해체되는 물증"이 "사회적 출혈"의 현장에 있었을 뿐이다.

디디온은 이 책의 서문에서 "글쓰기가 무의미한 행위고

내가 아는 세계는 이제 존재하지 않는다는 확신"을 떨치고 "무질서와 화해"하는 데 「베들레헴을 향해 웅크리다」를 쓰는 경험이 꼭 필요했다고 말한다. 이제 나는 다시 『푸른 밤』으로 돌아가려 한다. 사회적 혼돈과 무질서, 서사적 일관성으로 정리되지 않는 무의미와 평생 싸우며 "적절한 어휘"를 찾으니 의미를 부여하는 작가의 사명에 골몰했던 그녀가, 그녀마저, "적절한 어휘를 찾아내는 능력"을 영원히 잃어버릴까 두려워했다면, 그 비탄의 무게는 어떠했을까. 그런데도, 그럼에도 불구하고, 나는 자아를 해체하는 '그런' 슬픔 앞에서 '그런' 공포를 마주하면서도, 여전히 있는 그대로, 여전히 용감하게, 글로 포착하려는 노력을 놓지 않는 지성인의 투지를 상상한다. 그녀는 조앤 디디온이고, 조앤 디디온답게 건재하다.

P. S.

1. 각 글의 부제는 독자의 이해를 돕기 위해 역자가 제안했음을 밝혀둔다.

2. 제목 번역은 고민이 많았다. 원제 『Slouching towards Bethlehm』의 'slouch'는, 이 문장을 인용한 원전인 W. B. 예이츠의 시에서 베들레헴을 덮치려 힘을 모으며 웅크리고 있는 움직임을 나타낸다. 그러나 1967년 당시의 슬랭으로는, 정처 없이 어슬렁거리며 (마약을 하고) 노숙하는 행위 자체를 지시했다고 한다. 이 책에서는 원래 시의 맥락과 헤이트 애시베리에 모여든 아이들이 미국의 중심,

즉 베들레헴마저 위협할 잠재적 위험이라는 글의 함의에 초점을 맞
춰 "베들레헴을 향해 웅크리다"로 옮기기로 했다.

2021년 3월

김선형